······中国基础教育国家级教学成果文库

为生命而教

张显国　编著

北京师范大学出版集团
BEIJING NORMAL UNIVERSITY PUBLISHING GROUP
北京师范大学出版社

图书在版编目(CIP)数据

为生命而教 / 张显国编著. —北京：北京师范大学出版社，
2019.1

（中国基础教育国家级教学成果文库）

ISBN 978-7-303-24109-5

Ⅰ. ①为… Ⅱ. ①张… Ⅲ. ①生命哲学－教学研究－
中小学 Ⅳ. ①G633.202

中国版本图书馆 CIP 数据核字(2018)第 188749 号

营 销 中 心 电 话 010-58802181 58805532
北师大出版社职业教育与教师教育分社网 http://zjfs. bnup. com
电 子 信 箱 zhijiao@bnupg. com

出版发行：北京师范大学出版社 http://www. bnup. com
北京市海淀区新街口外大街 19 号
邮政编码：100875

印 刷：三河市兴达印务有限公司
经 销：全国新华书店
开 本：710 mm×1000 mm 1/16
印 张：17.25
字 数：263 千字
版 次：2019 年 1 月第 1 版
印 次：2019 年 1 月第 1 次印刷
定 价：45.00 元

策划编辑：路 娜 郭 翔 责任编辑：康 悦
美术编辑：焦 丽 装帧设计：焦 丽
责任校对：李云虎 责任印制：陈 涛

总　序

教育兴则国家兴，教育强则国家强。中共中央、国务院高度重视教育事业，始终将教育事业摆在优先发展的位置上。在中共十九大报告中，习近平总书记明确指出："优先发展教育事业。建设教育强国是中华民族伟大复兴的基础工程，必须把教育事业放在优先位置，深化教育改革，加快教育现代化，办好人民满意的教育。要全面贯彻党的教育方针，落实立德树人根本任务，发展素质教育，推进教育公平，培养德智体美全面发展的社会主义建设者和接班人。"2018 年 9 月 10 日，全国教育大会在北京召开，习近平总书记强调：在党的坚强领导下，全面贯彻党的教育方针，坚持马克思主义指导地位，坚持中国特色社会主义教育发展道路，坚持社会主义办学方向，立足基本国情，遵循教育规律，坚持改革创新，以凝聚人心、完善人格、开发人力、培育人才、造福人民为工作目标，培养德智体美劳全面发展的社会主义建设者和接班人，加快推进教育现代化、建设教育强国、办好人民满意的教育。

"两个一百年"奋斗目标的实现、中华民族伟大复兴中国梦的实现，归根到底靠教育，而基础教育则是实现伟大复兴中国梦、提高民族素质、促进人的全面发展的奠基工程。为此，要鼓励校长和教师创新教育思想、教育模式和教育方法，在实践中办出特色，教出风格。

近些年，基础教育领域教育教学成果斐然，涌现出了一大批有特色的学校、有个性的校长、有风格的教师。在此背景下，2014 年，教育部委托中国教育学会组织评选了首届"基础教育国家级教学成果奖"，共有417 项成果获奖。这些获奖成果是改革开放以来我国基础教育改革创新的缩影，凝聚着几代教育工作者的智慧和心血。获奖者中有的是历史悠久、文化积淀深厚，至今仍然在实践中勃发着育人风采的名校；有的是建校时间短，在校长和教师的勠力同心、共同耕耘下创出佳绩的新学校；有

的是办学理念先进、管理经验丰富、充满活力的校长；有的是师德高尚、业务精湛、热爱学生的教师。总结和推广他们的经验，是推动我国基础教育改革、提高基础教育质量、实现基础教育内涵式发展的重要动力，也是写好教育"奋进之笔"、实现教育现代化的重要保证。

为了宣传首届"基础教育国家级教学成果奖"的获奖成果，充分发挥优秀教学成果的示范、引领和借鉴作用，有效促进基础教育的教学改革与质量提升，教育部委托中国教育学会与北京师范大学出版社共同组织编写了"中国基础教育国家级教学成果文库"（以下简称"文库"）。"文库"围绕首届"基础教育国家级教学成果奖"中的特等奖、一等奖及部分二等奖进行组稿，将每一项教学成果转化为一部著作，深入挖掘优秀成果的创新教育理念与教育思想，系统展示教育教学模式和教育方法，着力呈现对教育突出热点问题和难点问题的工作思路、解决措施和实际效果。这套"文库"将成为宣传优秀教学成果、交流成功教改经验、促进基础教育教学质量提升的综合服务平台。

新时代呼唤更好的教育，人民群众期盼更好的教育。只有扎根中国大地，努力挖掘民族文化底蕴，不断吸收优秀文明成果，始终坚定本土教育自信，持续创生本土教育智慧，才能创造富有中国特色的教育理论和教育文明，推进教育教学改革实践探索；才能切实回应人民群众最现实的教育关切，增强人民群众的教育获得感；才能真正办好人民满意的教育，满足人民对美好生活的向往。人民满意的教育既是我们奋斗的目标，也是我们前进的动力。

2018 年 9 月

前　言

教育源于生命，循于生命，达于生命。

生命是教育的元基点。生命既是教育的起点，又是教育的终点，还是教育的中心点。从教育发生学的观点来看，教育因生命而发生。教育的本质是关注人的生命的发展，这种发展是指人的全面、自由、充分的发展。当前教育的现实表明，青少年学生依然被"升学为主""教师权威""学科本位""智育第一"等几座大山所"压迫"。学生学习的真正意义被异化，学生的心灵受到束缚，课业成了学生的负担……这与我们教育的初衷渐行渐远。只有教育与人的生命存在和发展紧密联系在一起，使教育饱含生命活力，才是素质教育终极目标的体现。

教育应改变当今仅仅强调智育的现状，更加关注生命存在、生命智慧、人生境界和生命价值等重要问题。叶澜教授指出，基础教育的培养目标包括三个方面：培养基础性学力、唤醒生命自觉和提升生存智慧。我们要让教育回归到唤醒人的生命意识、建构人的精神世界、提升人的生命价值的终极目标上来，使教育重新焕发出生机与活力。

2005 年 9 月，我们决定与四川师范大学教育科学学院联合开展生命教育的研究。2006 年 11 月，"中学生命教育的实践与研究"被批准为四川省教育厅普教科研资助金项目重点课题。2008 年，四川汶川发生特大地震后，生命教育得到了学术界和社会各界的高度关注。同年 12 月，成都市教育局与石室中学联合申报了教育部"十二五"规划课题"成都市区域性推进中小学生命教育的实践研究"，在区域性范围内推行生命教育。2010 年 12 月，石室中学申报了成都市教育科学"十二五"规划课题"生命教育视野下德育校本课程的建构与实施"。2014 年 1 月，四川省科研资助金项目规划课题"中学生态德育的实践研究"立项。2015 年 4 月，中国教育学会科研课题"高中生命价值观教育的实践研究"立项。

　　我们用了十余年的时间，通过五个课题推动生命教育的研究，取得了丰硕的研究成果。学校引导教育回归生活现场，让学生活着、活好、活出价值，整体构建了三维生命教育理论与实践体系，强化了学生的生命意识感、生命幸福感和生命价值感，创造了充满生命气息的教育；引导教育回归生命原点，立足学生生活实践，构建了全新的教育生态，倡导生命、生活、生态的"新三生教育"思想，发现和唤醒了生命成长基因，培养了学生的生存力、发展力和卓越力。

　　石室中学深入推进了三维生命教育的实践化、具体化和操作化，着力构建并形成了以生命教育课程为核心、以社团课程为主体、以活动课程为基础的生命教育实践课程体系，组织召开了国家级、省级、市级主题研讨会 4 次，极大地促进了生命教育区域性研究的发展。生命教育的研究获得了中国教育学会全国优秀科研成果一等奖、四川省人民政府第四届教学成果一等奖、教育部首届"基础教育国家级教学成果奖"二等奖、教育部社会主义核心价值观教育优秀范例奖等多项奖项。

　　本书由成都市特级教师、成都市未来教育家、四川师范大学硕士研究生导师张显国担任主编，叶幼梅、王东、伍陵、唐斌、罗朝军、黄飞非、岳培东等人参与编写。在此，特别感谢关心石室中学生命教育研究的各位专家和同人们！感谢王明宪、田间、戴艳、李贤中、何建明、刘卡静等相关领导和专家的大力支持！感谢参与生命教育研究的石室中学的领导、老师、同学和家长们！编者水平有限，如有遗漏、不恭之处，恳请谅解。期望得到广大热心读者的意见反馈，我们会虚心听取，不断进步。

　　教育的终极目的是向人类传送生命的气息，即为生命而教育。强化学生的核心素养，培养学生适应终身发展和社会发展的必备品格和关键能力，努力实现教育的价值与人的价值的融合，学生的生命将拥有自由舒展的空间，朝气蓬勃的教育景象也将会向我们走来！

　　让我们不忘教育初心，执着教育梦想，共创教育未来！

张显国

2017 年 3 月 20 日

目　录

第一章

生命的沉思

第一节 冲动与诉求

著名作家老舍先生曾经说过："从私塾到小学，到中学，我经历过起码二十位老师吧，其中有给我很大影响的，也有毫无影响的，但是我真正的老师，把性格传给我的，是我的母亲。母亲并不识字，她给我的是生命的教育。"

一、生命的困惑

"我是谁？""我从哪里来？""我将要去哪里？"是人类对生命最深刻的追问。实际生活中，很少有人对自己的生命进行应有的关注和思考。一提到生命，人们要么把它抽象化为一个神秘的概念，要么把它看作世间生物都有的基本存在形态。在享乐主义盛行的今天，在社会价值多元化的发展过程中，很多人虽然活着，精于"何以为生"的手段，却不明白自己为什么活着，穷于"为何而生"的思索，于是困惑、迷茫、忧郁成为个体强烈的生活感受，各种心理问题也随之产生。因为缺乏对生命的认识、理解、热爱和敬畏，个体面对很难应对的压力和很难解决的困难时，就容易将放弃自己的生命作为最彻底的解决方式，或者以伤害他人的生命或其他生物的生命作为缓解压力的手段。青少年学生的生命困惑主要表现为以下几点。

第一，对生命现象和生命发生发展规律缺乏基本了解。青少年学生不能真正意识到生命的唯一性和不可逆性，对生命的终结，即"死亡"的概念模糊。同时，由于思维能力有限，他们有时不能分清现实世界和虚拟世界的界限，对"死后复生"或"几条命"抱有幻想。有些学生甚至模仿影视剧和电脑游戏中的某些场景，和同伴玩"死亡"游戏，造成自己或他人伤亡事件的发生。有些学生稍不如意，就选择以极端的方式抛弃生命，而不能意识到后果的严重性。

第二，对生存技能和生命安全知识缺乏全面认识。不少青少年学生人身安全意识淡薄，缺乏自护知识和技能。联合国儿童基金会等机构提供的一份调查报告表明，儿童伤残的主要原因已从传染性疾病转为意外伤害。另据报道，我国中小学生因溺水、交通事故、食物中毒、建筑物倒塌等意外死亡的，平均每天有40多人，"每天消失一个班"①。同时，由于年幼，且缺乏自我防范意识，青少年容易受到不轨之徒的利用和侵害。

第三，对生命价值和生命意义缺乏深刻理解。学习的真正意义被异化，同时学生的心灵受到束缚，渐渐失却对生活的自知自觉，失却对人生乐趣的感受，进而失却对生命价值的判断和对生命意义的省悟，反映在相应的行为方式上，就是对人不感激，对物不珍惜，对己不尽心，对事不尽责。

以"迷失生命价值观"为典型的青少年问题已经引起了教育行政部门和社会的广泛关注，从此生命教育不再是教育的"盲点"。因此，实施生命教育，一方面，可以尊重生命、肯定生命的价值与意义，并达成自我实现及关怀人类的目标；另一方面，可以避免自我伤害或自杀行为的发生。② 实施生命教育，帮助学生认识生命、珍惜生命、尊重生命、热爱生命，增强生命意识、生存技能，提升生命价值和生活质量，正确处理人与自己、人与他人、人与自然的关系，消除生命的困顿感，显得尤为重要。

二、 教育的荒漠

学校生命教育相对缺失的现状呼唤生命教育研究全面深入开展。生命教育在全球开展的历史不长，在我国起步不久，在我国西部地区刚刚开始。四川省有少部分学校进行了一些专题研究和尝试，但尚未形成具有普遍指导意义的生命教育实施意见，没有建立系统的学校生命教育目标内容序列，缺乏有特色的生命教育课程体系和课程资源。从学生方面讲，"生命困顿"而导致的不珍惜生命的现象仍然存在；学生不知如何解

---

① 郭之纯：《"每天消失一个班"警示我们》，载《南京日报》，2004-10-28。
② 张振成：《生命教育的本质与实践》，载《上海教育科研》，2002(10)。

决生命发展中出现的各种问题，在面对突发的灾难时不知如何应对，对生命的价值意义缺乏深刻的认识和体验。

新一轮课程改革提出了"以学生发展为本"的核心理念，在教学中，强调发挥学生的主动探究意识，确立了"知识与能力、过程与方法、情感态度与价值观"的三维教学目标，更加彰显学生的创造力和生命力，一切为了每一位学生的发展，为德育的发展提供了强有力的教学支撑。但是教学工作对学生身心发展的针对性和指导性不强，对学生生命意识、生命意义的培养缺乏有效的操作性策略，缺乏系统性、整体性和连续性的课程规划，缺乏一套有关生命价值观的丰富而完整的课程体系和教学模式。这种现状呼唤生命教育的研究与发展，需要学校教育从教育理念、课程改革、校园文化、师资培训等方面进行顶层规划和设计。

"为生命而教"是学校教育向本质回归的内在要求，是全面推进素质教育的根本体现。泰戈尔曾说过，教育的终极目的是向人类传送生命的气息，即为生命而教。生命是整个教育的起点，因为有人的生命的存在，才谈得上有教育的活动。只有关注了生命质量的教育，才是有生命力的教育；只有关注了生命价值的教育，才是有价值的教育。

生命是教育的原点。教育的本质是关注人的生命的发展，即人的全面、和谐、自由的发展，而不只是强调人的智能的提高，不只是强调成材教育和生存教育，更要关注生命存在、生命智慧、人生境界和生命价值等重要问题。生命教育就是要培养学生的生命活力，使他们树立正确的生命意识和生命观，以更积极的心态去正确面对人生的挫折和困难，更加珍惜生命、热爱生命和尊重生命，乃至不断去发展和提升自己的生命内涵，实现自我生命的价值。这不仅与素质教育的理念一脉相承，而且也更进一步诠释和丰富了素质教育的内涵。同时，生命教育追求的是人的自我价值、社会价值和自然价值的和谐统一，让人尊重人，让人热爱自然生命，关照人类生存环境，全面地体会和领悟人生的价值。这也是教育实现可持续发展的应有之义。因此，对青少年进行生命教育是切实实施素质教育不可缺少的内容，是素质教育的底色。

青少年的生命价值观教育也引起了党和国家的重视。2006 年，中

国共产党第十六届中央委员会第六次全体会议通过的《中共中央关于构建社会主义和谐社会若干重大问题的决定》明确提出："马克思主义指导思想，中国特色社会主义共同理想，以爱国主义为核心的民族精神和以改革创新为核心的时代精神，社会主义荣辱观，构成社会主义核心价值体系的基本内容。"2014年，党的十八大首次以12个词概括了社会主义核心价值观。二者是在当代中国经济体制深刻变革、社会结构深刻变动、利益格局深刻调整、思想观念深刻变化的背景下提出的。如今，国家的改革已经进入深水区。改革不可避免地会受到消极因素的影响，所以急需以社会主义核心价值观为代表的科学价值观引领人民的价值取向。习近平总书记提出"人生的扣子从一开始就要扣好"。他在与北京大学师生座谈时提出"青年的价值取向决定了未来整个社会的价值取向"。青少年是国家未来的栋梁，是国家未来价值取向发展的掌舵人，是民族精神与优秀文化的传承者。因此，引导青少年树立正确的价值观，引导青少年正确选择社会主流的价值取向是践行社会主义核心价值观的重要组成部分。国家文化软实力的建设要求和民族复兴的中国梦给德育工作提出了新的要求，这也促使德育工作者在德育工作中不断加强对青少年的生命教育，努力将中小学变成践行社会主义核心价值观的主要阵地。

三、 地震之殇

四川省重大自然灾害(如地震)的预防和应急处置需要学校进一步推行生命教育。"5·12汶川大地震"和"4·20雅安地震"，是让所有四川人乃至全体中国人都刻骨铭心的事件。通过大地震中一个个惊心动魄、生死与共的场景，我们真切地感悟到，尽管生命在巨大的灾难面前是那样渺小和脆弱，但是人们用爱和惊人的意志力表现出来的生命力是那样强大和坚韧。灾难在给我们留下悲伤的同时，也给了我们更多的思考和启迪——面对灾难，教育能为生命做些什么？把灾难作为一种正向的教育资源，发掘灾难背后积极的生命意义，用这些资源和意义去重新诠释我们的教育内涵，去重新构建我们的教育生活，生命的篇章也许会谱写得更加灿烂！

因此，让我们更加关注生命价值，关注生命教育，培养学生对生命价值的正向认知，是本书最大的意义和价值。

第二节　生命现状调查

为了了解中学生的生命现状，我们对石室中学高一、高二年级的1258名学生进行了问卷调查，结果如下。

一、 总体情况

我们采用自制的生命意识、生存技能、生活质量和生命意义感调查问卷进行调查，结果见表1-1。

从表1-1中我们可以看出，在生命意识方面，学生总体是中等偏上的，具体表现在认识生命及其特点、对死亡的认识、面对挫折等维度上，但对自杀的认识较模糊，处于中等偏下水平。总体而言，全体学生对生命具有较为积极的认识。通过表1-1的结果我们可以看出，学生在生存技能上也处于中上水平。从生命意义感来看，学生总体处于中等偏上水平，即中学生对生命价值的认识和体验都是较为积极向上的。

表 1-1　中学生生命意识、生存技能、生活质量和生命意义感总体情况

	维度名称	平均分	标准差
问卷一 生命意识调查	认识生命	3.70	0.47
	认识生命特点	3.63	0.39
	对自杀的认识	2.87	0.52
	对死亡的认识	3.42	0.55
	面对挫折	4.31	0.80
	对自我生命的认识	4.03	0.63
	生命意识	3.05	0.30

续表

	维度名称	平均分	标准差
问卷二 生存技能调查	个人能力	3.65	0.60
	对自我生命的接纳	3.82	0.71
	心理复原力	3.70	0.57
	了解自身特点	3.32	0.68
	会倾听和表达	3.16	0.80
	能正确认识和 处理情绪问题	3.40	0.92
	理解与同情他人	3.49	0.83
	有效解决问题的能力	3.57	0.75
	避免攻击性言行的能力	3.75	0.81
	现实中应有的技能	3.34	1.00
	生存技能	3.44	0.42
问卷三 生活质量调查	交往能力	1.94	0.56
	学习能力	2.61	0.51
	生活质量	2.69	0.55
	生活总体质量	2.24	0.43
问卷四 生命意义感调查	生命热诚	2.89	0.42
	生活目标的实现程度	3.65	0.73
	自主感	2.23	0.95
	积极性	3.66	1.20
	未来期许	2.53	0.78
	生命价值取向	3.11	0.83
	生命意义感	3.08	0.30

二、 不同团体的比较研究

我们采用统计分析，对不同团体的生命意识、生存技能、生活质量和生命意义感进行了比较研究。

其一，高一、高二年级学生的比较。高一、高二年级学生在四个问卷总分上没有显著差异。在生存技能和生命意义感的调查中，我们发现了两点：第一，学生在生存技能中的了解自身特点的维度上差异明显，高一学生更能了解自身特点；第二，在生命意义感调查中，在生命热诚维度上，高一学生显著高于高二学生，但是在自主感维度上，高二学生显著高于高一学生。

其二，男女学生的比较。男女学生生命意识差异不明显，但是在对死亡的认识、面对挫折和对自我生命的认识上存在显著差异，女生比男生认识得更清楚。生存技能方面，总体上是女生显著优于男生，但在有效解决问题的能力、避免攻击性言行的能力、现实中应有的技能维度上，男生优于女生。而在了解自身特点、会倾听和表达、能正确认识和处理情绪问题、理解与同情他人维度上，女生显著优于男生。在生命意义感调查中，总体差异不显著，但是在生活目标的实现程度上，女生显著优于男生。而在积极性和生命价值取向维度上，男生显著优于女生。

其三，文理科（包括拟选文理科）学生的比较。四个问卷的总体差异不显著。在生存技能的了解自身特点以及能正确认识和处理情绪问题维度上，文科学生显著优于理科学生。

其四，干部学生和非干部学生的比较。在生命意识问卷中，干部学生显著优于非干部学生。其中，在认识生命特点、对死亡的认识、面对挫折和对自我生命的认识维度上，干部学生均显著优于非干部学生。在生存技能问卷中，干部学生也显著优于非干部学生。其中，在个人能力、对自我生命的接纳、会倾听和表达、能正确认识和处理情绪问题、理解与同情他人、有效解决问题的能力维度上，干部学生也显著优于非干部学生。在生命意义感问卷中，干部学生也显著优于非干部学生，特别是在生活目标的实现程度维度上。

其五，来自农村和城镇的学生的比较。在生命意识问卷中，来自农村和城镇的学生的差异不显著。但在对自我生命的认识维度上，来自城镇的学生显著优于来自农村的学生。在生命意义感问卷中，来自城镇的

学生显著优于来自农村的学生。

其六，不同学习成绩的学生的比较。在生命意识问卷中，不同学习成绩的学生的差异显著，特别是在认识生命、认识生命特点、对死亡的认识、面对挫折、对自我生命的认识维度上差异明显，优等生比待优生更能正确认识生命。在生存技能问卷中，不同学习成绩的学生的差异显著。在个人能力、对自我生命的接纳、心理复原力、会倾听和表达、能正确认识和处理情绪问题、理解与同情他人、有效解决问题的能力维度上，优等生比待优生做得更好。在生命意义感问卷中，不同学习成绩的学生的差异显著。在生命热诚、生活目标的实现程度、自主感、积极性维度上，优等生比待优生得分更高。

其七，不同家庭结构的学生的比较。在生活质量问卷中，在交往能力维度上，传统大家庭的学生的得分高于核心家庭，核心家庭的学生的得分高于单亲家庭，得分最低的是再婚家庭。在生命意义感问卷中，不同家庭结构的学生的差异显著。在生活目标的实现程度维度上，传统大家庭＞核心家庭＞单亲家庭＞再婚家庭；在自主感维度上，传统大家庭＞核心家庭＞再婚家庭＞单亲家庭；在积极性维度上，传统大家庭＞核心家庭＞单亲家庭＞再婚家庭；在未来期许维度上，再婚家庭＞单亲家庭＞核心家庭＞传统大家庭。

其八，在父亲的受教育程度上的比较。父亲的受教育程度对学生生命意识状况影响比较大，尤其在认识生命、面对挫折及对自我生命的认识三个方面，博士＞本科＞硕士＞专科＞高中＞初中。

其九，在母亲的受教育程度上的比较。母亲的受教育程度对学生有明显影响。除了对自杀的认识、了解自身特点、理解与同情他人、有效解决问题的能力、学习能力、生命热诚、自主感和生命价值取向，其他维度都存在显著差异。

三、 生命意识、 生命质量和生命价值感研究

在对石室中学学生进行调查的基础上，我们对编制的生命意识问卷、生存技能问卷和生命意义感问卷进行了修订，编制成标准化的心理

测量问卷，在成都、绵阳、雅安等地的 8 所全日制普通中学和职业中学进行测查。主要研究内容如下。

（一）调查问卷

此次调查问卷共包括生命意识问卷、生存技能问卷和生命意义感问卷三个组成部分。每个问卷包括五个维度，并赋予每个维度相应含义，见表 1-2。

表 1-2　问卷的维度及其含义

问卷	维度	维度含义
生命意识问卷	自杀态度	对自杀的性质、表现等的态度
	生命特点	对生命独特性、不可逆性等特点的认识
	他人生命	对他人生命存在和关系的认识
	自我生命	对个人生命存在和保护的认识
	死亡意识	对死亡本质的认识和态度
生存技能问卷	挫折应对	面对挫折的心理复原能力
	个人能力	个体的理解、共情、交往和表达等能力
	解决问题	有效解决问题所需要的判断和适应能力
	自我调节	个体的情绪和行为自控能力
	自我悦纳	对自我现状的认识和接纳程度
生命意义感问卷	生命热诚	个体对生命的热爱程度
	生活目标	个体对生命目标的设定情况和明确程度
	自主感	个体自我感觉对生命活动的自我控制感
	积极性	积极面对生命的挫折和困难，主动追求幸福
	未来期许	是否觉得自己的未来是有希望的

每个问卷都采用 5 点计分的方式计分，平均分大于 3，则表示学生在这方面的发展状况良好。得分越高，表明发展状况越好。

（二）总体现状

生命意识、生存技能和生命意义感三个问卷的平均分和标准差见表 1-3。我们可以看到，在三个问卷中，生命意识的平均分最高(4.0052)，

其次为生存技能(3.7252),最低的是生命意义感(2.2420)。

表 1-3　中学生命教育总体现状

	生命意识	生存技能	生命意义感
平均分	4.0052	3.7252	2.2420
标准差	0.4706	0.5124	0.6730

生命意识、生存技能和生命意义感三个问卷各个维度的平均分和标准差见表 1-4。我们可以看到,在生命意识问卷中,生命特点的平均分最高(4.4138),其次为自杀态度、死亡意识、他人生命,最低的是自我生命(3.6193);在生存技能问卷中,自我悦纳的平均分最高(4.2162),其次为挫折应对、解决问题、个人能力,最低的是自我调节(3.2337);在生命意义感问卷中,未来期许的平均分最高(2.4719),其次为生命热诚、积极性、生活目标,最低的是自主感(1.9902)。

表 1-4　三个问卷各个维度的现状

问卷	维度	平均分	标准差
生命意识	自杀态度	4.2813	0.81285
	生命特点	4.4138	0.50634
	他人生命	3.7793	0.69184
	自我生命	3.6193	0.73036
	死亡意识	3.9321	0.84760
生存技能	挫折应对	3.9751	0.61615
	个人能力	3.5709	0.64393
	解决问题	3.6193	0.67042
	自我调节	3.2337	0.82191
	自我悦纳	4.2162	0.71459
生命意义感	生命热诚	2.4250	0.66832
	生活目标	2.1219	0.67877
	自主感	1.9902	0.93228
	积极性	2.3654	0.95827
	未来期许	2.4719	0.92609

（三）生命意识、 生存技能和生命意义感的差异性分析

1. 干部学生与非干部学生的差异比较

通过是否担任学生干部的 t 检验，我们可以发现，干部学生的生命意识和生存技能两个问卷的得分显著高于非干部学生，而生命意义感问卷的得分却低于非干部学生，且两者之间存在显著差异，见表 1-5。

表 1-5　干部学生与非干部学生的生命意识、生存技能和生命意义感的差异

		生命意识	生存技能	生命意义感
干部学生	平均分	4.0559	3.7843	2.1863
	标准差	0.45763	0.50255	0.66408
非干部学生	平均分	3.9177	3.6093	2.3377
	标准差	0.47285	0.52076	0.67780
	t 值	5.581**	6.430**	−4.103**

注：** $p<0.01$，* $p<0.05$。

通过是否担任学生干部的 t 检验，我们还发现干部学生与非干部学生在三个问卷的各个维度上都存在显著差异：干部学生在生命意识问卷的五个维度和生存技能问卷的五个维度上的得分都高于非干部学生，且两者差异显著；干部学生在生命意义感问卷的五个维度上的得分都低于非干部学生，且两者差异显著。结果见表 1-6。

表 1-6　干部学生与非干部学生在三个问卷各个维度上的差异

问卷	维度	干部学生		非干部学生		t 值
		平均分	标准差	平均分	标准差	
生命意识	自杀态度	4.3265	0.78309	4.1906	0.86626	3.124**
	生命特点	4.4612	0.48702	4.3407	0.51243	4.541**
	他人生命	3.8292	0.68516	3.6797	0.69462	4.059**
	自我生命	3.6748	0.71751	3.5300	0.73771	3.736**
	死亡意识	3.9877	0.81450	3.8474	0.89127	3.114**

续表

问卷	维度	干部学生		非干部学生		t 值
		平均分	标准差	平均分	标准差	
生存技能	挫折应对	4.0284	0.60561	3.8717	0.61660	4.807**
	个人能力	3.6343	0.62867	3.4537	0.65047	5.305**
	解决问题	3.6849	0.65967	3.4985	0.66908	5.257**
	自我调节	3.2845	0.82399	3.1149	0.80006	3.889**
	自我悦纳	4.2896	0.67162	4.1075	0.75003	4.859**
生命意义感	生命热诚	2.3770	0.66346	2.5080	0.67692	−3.554**
	生活目标	2.0686	0.66393	2.2031	0.69024	−3.620**
	自主感	1.9138	0.92428	2.1023	0.92637	−3.697**
	积极性	2.2959	0.94454	2.4903	0.97272	−3.692**
	未来期许	2.4170	0.92606	2.5809	0.92004	−3.216**

注：** $p < 0.01$，* $p < 0.05$。

2. 普通中学学生与职业中学学生的差异比较

通过普通中学与职业中学的 t 检验我们可以发现，总体上普通中学学生在生命意识、生存技能两个问卷中的得分显著高于职业中学学生，在生命意义感问卷中的得分却低于职业中学学生，且两者之间存在显著差异，见表 1-7。

表 1-7　普通中学学生、职业中学学生在三个问卷总分上的差异

		生命意识	生存技能	生命意义感
普通中学学生	平均分	4.0532	3.7527	2.1771
	标准差	0.47611	0.52096	0.64248
职业中学学生	平均分	3.9129	3.6662	2.3943
	标准差	0.44607	0.51065	0.71781
	t 值	5.676**	3.149*	−5.743**

注：** $p < 0.01$，* $p < 0.05$。

同时，t 检验还发现普通中学学生与职业中学学生在三个问卷各个维度上都存在显著差异：普通中学学生在生命意识问卷的五个维度和生

存技能问卷的五个维度上的得分都高于职业中学学生，且两者差异显著；普通中学学生在生命意义感问卷的五个维度上的得分都低于职业中学学生，且两者差异显著。结果见表1-8。

表 1-8 普通中学学生、职业中学学生在三个问卷各维度上的差异

问卷	维度	普通中学学生		职业中学学生		t 值
		平均分	标准差	平均分	标准差	
生命意识	自杀态度	4.3169	0.79172	4.2130	0.84851	2.414
	生命特点	4.4679	0.48374	4.3099	0.53236	5.943**
	他人生命	3.8503	0.67342	3.6431	0.70679	5.701**
	自我生命	3.6644	0.73863	3.5327	0.70686	3.409**
	死亡意识	3.9667	0.84578	3.8657	0.84791	2.248
生存技能	挫折应对	4.0274	0.61502	3.8748	0.60636	4.697**
	个人能力	3.5956	0.63645	3.5235	0.65604	2.114*
	解决问题	3.6393	0.67835	3.5809	0.65382	1.645*
	自我调节	3.2739	0.82943	3.1565	0.80239	2.697**
	自我悦纳	4.2271	0.71103	4.1954	0.72157	0.837
生命意义感	生命热诚	2.3748	0.65938	2.5430	0.67500	−4.460**
	生活目标	2.0392	0.61987	2.3160	0.76657	−7.304**
	自主感	1.9016	0.89613	2.1980	0.98219	−5.654**
	积极性	2.3206	0.92433	2.4706	1.02700	−2.761
	未来期许	2.4253	0.90604	2.5814	0.96370	−2.977*

注：** $p < 0.01$，* $p < 0.05$。

3. 中学各年级学生的差异比较

对年级变量在生命意识、生存技能和生命意义感三方面的差异进行方差分析和事后检验，我们发现，生命意识问卷的总分及其五个维度在年级上存在显著差异，且事后检验发现：在生命特点维度上，高三高于初三；在他人生命维度上，初一高于高二，初二高于高一、高二、高三；在自我生命维度上，初二高于高一。结果见表1-9。

表 1-9　生命意识的年级差异的方差分析和事后检验

		自杀态度	生命特点	他人生命	自我生命	死亡意识	问卷总分
初一	平均分	4.3037	4.4103	3.6582	3.9555	4.0433	4.0433
初一	标准差	0.77280	0.53491	0.69080	0.76317	0.89866	0.47003
初二	平均分	4.3588	4.4328	3.9515	3.7568	3.9617	4.0923
初二	标准差	0.81505	0.56376	0.68375	0.78034	0.90572	0.53015
初三	平均分	4.1801	4.3226	3.7846	3.6613	3.8151	3.9527
初三	标准差	0.82897	0.50912	0.68994	0.75797	0.87735	0.46082
高一	平均分	4.3345	4.4460	3.7310	3.5161	3.8931	3.9841
高一	标准差	0.76922	0.46972	0.67844	0.67007	0.81016	0.44260
高二	平均分	4.1935	4.4008	3.6523	3.5711	4.0394	3.9714
高二	标准差	0.81697	0.50982	0.70014	0.69227	0.77984	0.46348
高三	平均分	4.3572	4.4881	3.7349	3.5975	3.9566	4.0269
高三	标准差	0.85469	0.45222	0.67368	0.71644	0.81824	0.46445
F		2.730	3.513**	6.092**	3.200	2.340	2.960*
事后检验			6>3	1>5 2>4、5、6	2>4		

注1：** $p < 0.01$，* $p < 0.05$。

注2：1=初一，2=初二，3=初三，4=高一，5=高二，6=高三。

生存技能问卷总分及其五个维度在年级上存在显著差异，且事后检验发现：在挫折应对维度上，初一高于高二；在个人能力维度上，初二高于高一、高二、高三。结果见表 1-10。

表 1-10　生存技能的年级差异的方差分析和事后检验

		挫折应对	个人能力	解决问题	自我调节	自我悦纳	问卷总分
初一	平均分	4.0805	3.6095	3.7232	3.3432	4.1589	3.7831
初一	标准差	0.59855	0.65388	0.70349	0.82951	0.80501	0.53834
初二	平均分	4.0582	3.6888	3.7143	3.4464	4.2883	3.8392
初二	标准差	0.68454	0.69477	0.74210	0.79481	0.73542	0.56868

		挫折应对	个人能力	解决问题	自我调节	自我悦纳	问卷总分
初三	平均分	3.9743	3.5573	3.6452	3.2540	4.1350	3.7132
	标准差	0.64866	0.65761	0.67858	0.81899	0.76586	0.53464
高一	平均分	3.9697	3.5270	3.5310	3.1138	4.2603	3.6804
	标准差	0.56266	0.63077	0.63582	0.84170	0.67863	0.48892
高二	平均分	3.8975	3.5209	3.5335	3.1756	4.1989	3.6653
	标准差	0.58170	0.58701	0.64339	0.78060	0.67911	0.48032
高三	平均分	3.9087	3.5660	3.6132	3.1472	4.2792	3.7029
	标准差	0.61518	0.64447	0.61901	0.82287	0.61031	0.50108
	F	3.630*	2.127	3.975**	5.686**	2.179	3.815**
	事后检验	1>5	2>4、5、6				

注1：** $p<0.01$，* $p<0.05$。

注2：1=初一，2=初二，3=初三，4=高一，5=高二，6=高三。

在生命意义感方面，经方差分析和事后检验，我们发现，不同年级的学生不存在显著差异。

4. 不同学业成绩的学生的差异比较

不同学业成绩的学生在生命意识、生存技能和生命意义感三个问卷中存在显著差异，且事后检验发现：在生命意识和生存技能问卷中，优高于良、中、及格和不及格；在生命意义感问卷中，优的平均分低于其他学业成绩档次的平均分。结果见表1-11。

表1-11　不同学业成绩学生的三个问卷总分的方差分析和事后检验

		生命意识	生存技能	生命意义感
优	平均分	4.1551	3.9575	2.0040
	标准差	0.49072	0.49543	0.61862
良	平均分	4.0170	3.7696	2.2343
	标准差	0.44394	0.46710	0.66863

续表

		生命意识	生存技能	生命意义感
中	平均分	3.9783	3.6650	2.3055
	标准差	0.45962	0.49182	0.62853
及格	平均分	3.9057	3.5288	2.4025
	标准差	0.46026	0.51045	0.69644
不及格	平均分	3.8040	3.4475	2.5140
	标准差	0.48153	0.64173	0.76479
	F	16.247**	37.687**	18.661**
	事后检验	1>2、3、4、5	1>2、3、4、5	1<2、3、4、5

注1：** $p<0.01$，* $p<0.05$。

注2：1＝优(90分及以上)，2＝良(80～89分)，3＝中(70～79分)，4＝及格(60～69分)，5＝不及格(60分以下)。

不同学业成绩的学生在生命意识的各个维度上存在显著差异，见表1-12。事后检验发现：在自杀态度维度上，优高于良、中、及格和不及格；在生命特点维度上，优高于中、及格和不及格，良高于及格和不及格；在他人生命维度上，优高于不及格，良高于不及格，中高于不及格；在自我生命维度上，优高于良、中、及格和不及格；在死亡意识维度上，优高于中、及格和不及格，良高于及格。

表1-12　不同学业成绩的学生的生命意识的方差分析和事后检验

		自杀态度	生命特点	他人生命	自我生命	死亡意识	问卷总分
优	平均分	4.4504	4.5347	3.8795	3.8274	4.0833	4.1551
	标准差	0.72587	0.52131	0.68129	0.75220	0.83607	0.49072
良	平均分	4.2719	4.4458	3.7940	3.5804	3.9928	4.0170
	标准差	0.79946	0.49210	0.64356	0.71483	0.80291	0.44394
中	平均分	4.2454	4.3828	3.7974	3.5797	3.8860	3.9783
	标准差	0.83001	0.46519	0.67725	0.70812	0.84472	0.45962

		自杀态度	生命特点	他人生命	自我生命	死亡意识	问卷总分
及格	平均分	4.2161	4.2906	3.7152	3.5299	3.7766	3.9057
	标准差	0.84459	0.53034	0.72201	0.71516	0.89806	0.46026
不及格	平均分	4.0201	4.2610	3.4880	3.4980	3.7530	3.8040
	标准差	0.98271	0.51875	0.85798	0.79356	0.89502	0.48153
	F	6.447**	11.795**	6.221**	9.130**	6.860**	16.247**
	事后检验	1>2、3、4、5	1>3、4、5 2>4、5	1>5 2>5 3>5	1>2、3、4、5	1>3、4、5 2>4	1>2、3、4、5

注1：** $p<0.01$，* $p<0.05$。

注2：1＝优(90分及以上)，2＝良(80～89分)，3＝中(70～79分)，4＝及格(60～69分)，5＝不及格(60分以下)。

不同学业成绩的学生在生存技能的各个维度上存在显著差异。事后检验发现：在挫折应对维度上，优高于良、中、及格和不及格，良高于及格、不及格；在个人能力维度上，优高于良、中、及格和不及格，良高于不及格；在解决问题维度上，优高于良、中、及格和不及格，良高于及格；在自我调节维度上，优高于良、中、及格和不及格，良高于及格、不及格，中高于及格、不及格；在自我悦纳维度上，优高于中、及格和不及格，良高于及格、不及格，中高于及格。结果见表1-13。

表1-13 不同学业成绩的学生的生存技能的方差分析和事后检验

		挫折应对	个人能力	解决问题	自我调节	自我悦纳	问卷总分
优	平均分	4.1940	3.8194	3.8452	3.5164	4.4122	3.9575
	标准差	0.60974	0.62332	0.64776	0.86414	0.61973	0.49543
良	平均分	4.0017	3.5901	3.6536	3.2930	4.3095	3.7696
	标准差	0.57138	0.58469	0.62982	0.80622	0.67094	0.46710
中	平均分	3.9176	3.5046	3.5375	3.1937	4.1717	3.6650
	标准差	0.58240	0.63370	0.64990	0.74430	0.69337	0.49182

		挫折应对	个人能力	解决问题	自我调节	自我悦纳	问卷总分
及格	平均分	3.8198	3.3913	3.4896	2.9817	3.9615	3.5288
	标准差	0.61862	0.66590	0.67079	0.78217	0.76419	0.51045
不及格	平均分	3.6892	3.4177	3.3293	2.8193	3.9819	3.4475
	标准差	0.77223	0.77625	0.80183	0.78312	0.91547	0.64173
F		21.321**	20.883**	18.423**	23.722**	20.553**	37.687**
事后检验		1>2、3、4、5 2>4、5	1>2、3、4、5 2>5	1>2、3、4、5 2>4	1>2、3、4、5 2>4、5 3>4、5	1>3、4、5 2>4、5 3>4	1>2、3、4、5

注1：** $p < 0.01$，* $p < 0.05$。

注2：1＝优(90分及以上)，2＝良(80～89分)，3＝中(70～79分)，4＝及格(60～69分)，5＝不及格(60分以下)。

在生命意义感方面，成绩优秀的学生在生命热诚、生活目标、自主感、积极性、未来期许五个维度上的得分都低于成绩良、中、及格和不及格的学生；成绩良的学生在生命热诚、自主感、未来期许三个维度上的得分都低于成绩不及格的学生。结果见表1-14。

表1-14　不同学业成绩的学生的生命意义感的方差分析和事后检验

		生命热诚	生活目标	自主感	积极性	未来期许	问卷总分
优	平均分	2.2270	1.9086	1.6717	2.1175	2.1928	2.0040
	标准差	0.67841	0.60685	0.76895	0.89800	0.88911	0.61862
良	平均分	2.4089	2.1007	1.9814	2.3972	2.4606	2.2343
	标准差	0.65771	0.64678	0.92135	0.95590	0.89012	0.66863
中	平均分	2.4770	2.2159	2.0919	2.4232	2.5512	2.3055
	标准差	0.60281	0.68192	0.94077	0.91858	0.91171	0.62853
及格	平均分	2.5655	2.2622	2.2012	2.4959	2.6504	2.4025
	标准差	0.69397	0.70407	0.98518	1.02219	0.93555	0.69644

		生命热诚	生活目标	自主感	积极性	未来期许	问卷总分
不及格	平均分	2.7047	2.2854	2.3313	2.5875	2.8375	2.5140
	标准差	0.70184	0.84785	1.07310	1.06965	1.039	0.76479
	F	14.463**	14.098**	17.180**	8.292**	14.007**	18.661**
	事后检验	1<2、3、4、5 2<5	1<2、3、4、5	1<2、3、4、5 2<5	1<2、3、4、5	1<2、3、4、5 2<5	1<2、3、4、5

注1：** $p<0.01$，* $p<0.05$。

注2：1＝优(90分及以上)，2＝良(80~89分)，3＝中(70~79分)，4＝及格(60~69分)，5＝不及格(60分以下)。

5. 其他变量的差异比较

由于藏族、彝族和其他民族的被试都比较少，我们就把这三个方面合为少数民族，然后也在性别、是否住校、家庭所在地、重点学校与非重点学校和民族这五个自变量上对生命意识、生存技能和生命意义感进行了 t 检验，在父亲受教育程度、母亲受教育程度这两个变量上进行了方差分析和事后检验，结果发现：这些变量在三个问卷的总分上存在差异，但都不存在显著差异；每个问卷的个别维度也存在差异，但差异不显著。

第三节　回归教育原点

当前的教育存在诸多问题。学校教育如此辛苦，却很难得到公众的认可。深入反思教育现象背后历史的、逻辑的原因，尤其对涉及教育根本问题的价值追求进行重新审视，具有重要的理论与现实意义。这个根本的问题，就是关于教育原点的问题。

一、 教育原点的遮蔽

当前教育的现状表明，教育的功利目的遮蔽了教育的原点。青少年学生依然被"升学为主""教师权威""学科本位""智育第一"这几座大山所压迫。学生学习的真正意义被异化，心灵也受到束缚。课业变成了学生过重的负担。为数不少的未成年人对自身以及他人生命的漠视、伤害等现象层出不穷。这些问题突出表明，部分青少年缺乏对生命最起码的尊重和珍惜，缺乏对生命质量的追求，缺乏对生命意义的感悟和理解。

这些现象存在的主要原因之一在于当今教育对生命关照的缺失，在于当今教育在某种程度上背离了教育的原点。这与我们教育的初衷渐行渐远。教育与人的生命存在和发展紧密联系在一起，所以使教育饱含生命活力，才是素质教育终极目标的体现。教育在人才培养目标上，过分强调为未来生存做准备，体现了鲜明的"社会本位"的功利思想，是对"工具人"形象的典型设计。它忽视了当下个体的生命状态，忽视了人自身的"存在"问题，没有真正体现"人本位"的价值取向，忽视了"目的人"形象的顶层设计。两百多年前，康德就提出了"人是目的"，不能把人仅仅作为手段和工具看待。当前，社会、学校和家长都迫切希望学生成才、成器、成"龙"，而不是成"人"。因此，当前的学校教育着重解决人的"生存问题"，着重教给学生生存的意识和技能，着重为学生未来的职业生活奠基。石中英教授指出，这种"生存教育"遮蔽了"生命存在"的问题，没有教给人们生存的理由和依据，没有给予人们清醒的头脑。这样的教育即使教给人们强大的生存能力，也会使人们越来越对生命存在的必要性产生怀疑，使得现代人的生活无聊、空虚、寂寞和无意义，从根本上威胁到人生的幸福和人类文明的进步。这样的教育如何能实现人的生命的价值？如何能实现"人是目的"的理想？从这个意义上来说，今天的学校教育，应该比以往任何时候都需要关注教育的原点问题。

同时，在现实的教育中，不仅人的"存在问题"被忽视，而且人生的境界问题也被学校、学生、家长所遗忘。现代社会的功利化，导致现代教育越发追逐功利。整个社会人们的人生境界一旦存在严重的问题，就会影响到这个社会的文明进步。这就需要去除遮蔽在教育上的那些功利的东西，让教育成为提升人生境界的力量。正如教育哲学家李石岑所说，教育的目的和功用就是提升人的境界。因此，我们对教育的原点问题的深入思考，有助于我们重新审视教育的根本目的，有助于让当今的教育向原点回归。

二、 教育原点的追寻

近年来，我国教育学者明确提出了教育的原点问题，试图回答和解释教育是什么、教育的目的是什么等基本问题，从而引领教育改革和发展的方向。

早在 1988 年，北京大学钱理群教授就对教育原点进行了追问，他指出："现在的教育问题不仅仅是中小学的问题，也不仅仅是大学的问题，而是整个国家的教育问题。其中最根本的问题就是教育的精神价值的失落。如果要解决这个问题，首先我们要回到教育原点上来进行追问：我们办教育是干什么的？大学是干什么的？中小学是干什么的？如果这些根本的问题得不到解决，其他的枝节问题就无从谈起。"朱永新教授认为："素质教育的问题，减轻中小学生课业负担的问题，讲了多少年，一直没有解决路径。一个重要的原因，就是我们的方向还不明确，我们不知道教育是什么，不知道教育要干什么，不知道什么是好的教育！这样一个看似简单，其实决定着教育全局的根本性问题，被我们忽略了。"这个"根本性问题"就是教育的原点问题。

顾明远教授指出，要从根本上解决诸多复杂的教育问题，首先还是要最终回到"人的发展"这一教育问题的原点上，回答"教育究竟是什么，我们究竟如何理解教育"这一问题。鲁洁教授认为教育的原点是育人，教育的根本要旨就是促进人的全面发展。华南师范大学王建平等学者吸收陶行知生活教育思想的精髓，认为"生活是教育的原点"。也有学者认为理解和尊重才是和谐教育的原点，即只有教师理解学生的独特心理、尊重学生的独立人格，学生才会张扬个性，将来才会有幸福的人生……这是我国教育界近年来对教育原点问题进行的一系列的探讨和追问，具

有重要的意义和价值。

在国外，很多哲学家和教育家都对教育的本质、人与教育的关系进行了深刻的阐述。雅斯贝尔斯指出："所谓教育，不过是人与人的主体间的灵肉交流活动。""教育关注的是人的潜力如何被最大限度地调动起来并加以发挥，以及人的内部灵性和可能性如何充分生成。换言之，教育是人的灵魂的教育，而非理智知识和认识的堆积。"狄尔泰认为人文世界是一个自由的和可创造的世界，是一个意义世界，且人文世界是由一种内在的力量，即有意识的生命来驱动的。他批判当时的社会危机，指出其基本的症状是"知识与生命根本脱节，理论与实践严重分离，产生了许多无思想的生命和无生命的思想"。该学派的后来者还指出应从生命本身来理解教育，认为教育是一个人心灵的唤醒。教育要打破知性对人的钳制，把教育过程变为对文化的摄取和人生的体验过程，通过文化理解，进而陶冶人格和灵魂，唤醒人的精神和生命活力。史怀哲认为所谓伦理就是"敬畏我自身和我以外的生命意志"，敬畏生命，使人的生命获得新的意义，使人的生存被提高到一个新的境界。泰戈尔认为："教育的终极目的是向人类传送生命的气息，即为生命而教育。"蒙台梭利曾指出，教育的目的在于帮助生命力正常发展，教育就是帮助生命力发展的一切作为。杜威认为，教育即生长，教育即生活，教育即经验的改组和改造。

中外教育家从不同角度出发对教育的理解，为厘清教育的原点问题提供了很好的思路，具有重要的借鉴意义。

三、 教育原点的回归

在讨论教育原点时，我们需要从教育的产生和起源来进行考察。叶澜教授在《教育学原理》中提出了教育的"交往起源论"，认为教育起源于人类的交往活动，而不是生产劳动。尽管人类社会最初的大量的交往活动是在劳动中进行的，但我们依然不取生产劳动为教育的形态起源。因为教育关系是人与人之间的关系；而劳动中的关系是人与物之间的关系，所以劳动不是教育的形态起源，教育的形态只能起源于人与人之间的交往。叶澜教授从活动性质本源上把教育的"人的培养"与"物的生产"的目的做了区分，揭示了教育作为一种"人类自身的更新性再生产"的实践的独特性。

从教育发生学的观点来看，教育因生命而发生，即生命是教育的原点，教育是生命的需要。本真的教育是以生命为原点，关怀生命，提升生命质量的教育。任何无视生命、偏离生命、摧残生命的教育都是教育的"异化"，也是"反教育"的。叶澜教授认为，教育除了鲜明的社会性之外，还有鲜明的生命性。人的生命是教育的基石，同时生命是教育学的原点。在一定意义上，教育是直面人的生命、通过人的生命、为了人的生命质量的提高而进行的社会活动，是以人为本的社会体现生命关怀的一种事业。孟建伟教授认为教育源于生命发展的需要，且教育的目的在于用生命启迪智慧，将智慧融入生命，最终提升生命的意义。苗杰认为，教育并不能将人之外的某种东西作为终极目标，而应该以生命的教育为"本"、为"根"、为"源"，把促进人的全面、自由发展作为最高目标和终极目的。东北师范大学王小英教授认为教育原点应向点化和润泽生命回归。韩春红等人认为，教育源于生命，循于生命，达于生命，即生命是教育的元基点。

我们认为，生命是教育的原点。生命的存在是教育得以展开的先决条件，是教育的起点。同时，教育以唤醒人的生命意识、建构人的精神世界、提升人的生命意义和生命价值为终极目的，因此，生命又是教育的终点。生命还是教育的中心，所以整个教育活动围绕生命展开。教育目的、培养目标、教育内容、教育方式、教育对象、教育基础都着眼于人的生命的发展和完善。只有突出教育与生命的本源性，才能真正让教育回归到生命的原点。教育是一棵树摇动另一棵树，是一朵云推动另一朵云，是一个灵魂唤醒另一个灵魂。这个灵魂就是生命的精神世界。教育具有提升人的生命价值和创造人的精神生命的意义，因此，生命价值是教育的基础性价值。教育作为人与人之间的交往活动，其实质就是生命的精神能量在师生、生生之间相互影响并生成新的精神能量的过程，使人的生命能量成为教育转换的基础性构成。因此，让教育回归生命的

原点，就是要使原本就因生命存在而充满内在生机的教育，从传统教育弊端造成的"沙漠状态"，重新转回到"绿洲"的本真状态。

让教育回归原点，就是要厘清教育的本质，重新聚焦人的生命的发展。这种发展是指人的全面、和谐、自由的发展，而不仅强调人的智能的提高，不仅是成材教育、生存教育，更要关注生命存在、生命智慧、人生境界等重要问题。教育要激扬学生的生命活力，使他们树立正确的生命意识和生命观，使他们以更积极的心态去正确面对人生的挫折和困难，使他们更加珍惜和热爱生命、尊重生命，乃至不断发展和提升自己的生命内涵，实现自我生命价值的建构。这正是素质教育的价值取向，同时也更进一步地诠释和丰富了素质教育的内涵。教育还要追求人与自我、人与社会、人与自然的和谐，让人尊重、珍惜、敬畏、热爱生命，关照生存环境，体悟人生价值，这也是教育实现可持续发展的应有之义，更是形成良好的教育生态的必然要求。在教育目标和培养目标上，教育应该淡化功利主义，以更高的层次，即生命的层次，用动态生成的观念，构建新的人才培养目标，实现人的社会化和个性化的统一。叶澜教授提出基础教育的具体培养目标应包括三个方面：培养基础性学力、唤醒生命自觉和提升生存智慧。这进一步强调了生命作为教育的基础的价值。在教育主体和对象上，教育应把"生命"定义为教育的主体，从自然生命、社会生命和精神生命三个层次去构建新的生命观。教育就是要让作为主体的生命活着、活好、活出价值。在教育内容上，教育要向原点回归，就应更加重视生命存在的教育和人生境界的教育，引导生命个体强化生命意识感、追求生命幸福感、提升生命价值感。同时，生命也是教育的基础，所以教育应依据生命特征，遵循生命发展的原则，以潜在的生命特质为基础，通过选择优良的教育方式，唤醒生命意识，启迪精神世界，开发生命潜能，提升生命质量，关注生命的整体发展，使学生充满生命活力，具有健全的人格、鲜明的个性和生存的智慧。

让教育回归原点，从尊重生命开始吧！

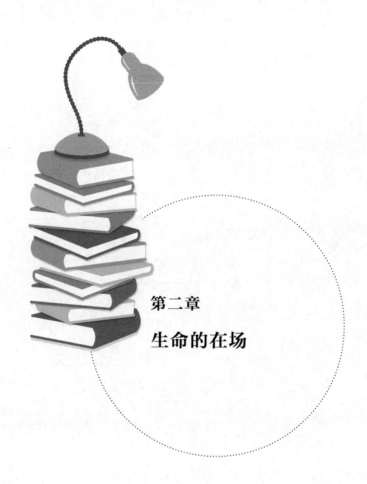

第二章

生命的在场

第一节　理论溯源

一、 追寻人的自我实现

人本主义心理学，是研究整体人的本性、经验与价值的心理学，亦即研究人的本性、潜能、经验、价值、意向性、创造力、自我选择和自我实现的科学。简言之，人本主义心理学因强调以人为本体的价值观而得名。早在 20 世纪 40 年代，人本主义心理学就开始萌芽，到 20 世纪 60 年代正式形成。直至今天，人本主义心理学的产生与发展对哲学、自然科学、医学、文学、历史、宗教、教育、商业、管理科学等诸多领域产生了深刻的影响。教育是人本主义心理学关注的一个重要领域。在 20 世纪 60 年代和 70 年代初，教育的主题就在人本主义心理学新闻中心占有重要地位。近年来，生命教育逐渐受到社会各界尤其是教育界的关注，这是现代教育对后工业社会反人性化走向的反省，也是现代教育进一步深入人的精神世界的一个重要趋向。教育的价值在于促进人的健康成长，而健康的价值在于提升人的生命意义与境界。从这个意义上讲，关怀生命是现代教育的核心价值。"生命教育是帮助学生认识生命、珍惜生命、敬畏生命、欣赏生命，提高生存技能和生命质量的一种教育活动。"[1]它致力于帮助学生建立生命历程的三种和谐关系——生命与自我、生命与社会(人和社会环境)、生命与自然(自然环境和宇宙)。而和谐的关系需要突出生命的完整性或整体性，从生命的整体意义上来建构。由此不难看出，人本主义心理学是生命教育的理论依据，同时生命教育的实施是人本主义心理学思想在教育活动中的体现和运用。

---

[1]　吴增强：《生命教育的历史追寻及其启示》，载《思想理论教育》，2005(17)。

（一）人本主义心理学的哲学背景是生命教育的主要哲学渊源

生命教育作为一个现代教育概念是在近几年提出来的。不过，人类关注生命的教育思想源远流长，一部人类文明史就是一部人类不断解放自己，追求自由和追寻生命意义的历史。在后工业社会，一方面，科学技术突飞猛进，经济发展异常迅速，物质生活空前丰富；另一方面，人的精神裂变加剧，人性日益异化，表现出价值观危机、孤独感强烈、综合感缺失、意义性丧失。社会生活中只见"社会"不见"人"，以及学校教育活动中只见"学生"不见"人"的情形常有发生。人的完整性和主体性丧失，如何走出自身生命的异化，是提倡以人为本体的人本主义心理学家关注的问题。它的哲学背景也是生命教育的主要哲学渊源，主要体现为以下几点。

第一，人道主义和人性论。人道主义产生于 14 世纪欧洲文艺复兴时期的意大利，主张以人性作为衡量历史和现实的准则，重视个人的价值，维护个人的尊严和权利，解放个性，使人得到充分自由的发展，实现现实中的个人幸福。人本主义主张人性的解放，强调关心人的价值与尊严，使得人得到充分的发展，继承了人道主义的传统。生命教育呼吁教育过程要尊重学生生命的主体性和完整性，解放学生的个性。生命教育的宗旨就在于捍卫生命的尊严，激发生命的潜能，提升生命的品质，实现生命的价值。[①] 这一思想正是对人道主义和人本主义的继承。关于人性论，以马斯洛、罗杰斯为代表的大多数人本主义心理学家都持人具有潜在的善性这一观点，并且相信人性具有建设性。马斯洛人性积极成长的假设、罗杰斯人性有方向形成倾向的假设、罗洛·梅平衡主客体对立的成长假设和布根塔尔人性本真成长的假设是生命教育倡导的尊重学生生命的生成性、自主性与创造性的重要的哲学基础。

第二，存在主义和现象学。存在主义是一种人生哲学，故又称为生存哲学。存在主义以自由选择和责任为研究的主题，而自由、选择和责

---

① 平子：《生命教育：道德教育的超越与提升——肖川博士访谈录》，载《班主任之友》，2002(9)。

任是人本主义心理学重要的研究内容。生命教育提倡要还学生自由、解放学生个性的思想也来自存在主义。同时，存在主义对人与先验世界、人与自我的关系做了比较全面的分析。人本主义心理学提出要由对"外部空间"的开拓转向对"内部空间"的探索，充分发挥人的潜能，促使人性的完满展现。这是生命教育提出的建立人与自我的和谐关系的直接的哲学指导思想和来源。现象学哲学以人为目标的崇高事业，通过对纯粹"意识内的存在"进行研究，进而揭示人的生活界的本质。人本主义心理学家也非常重视作为欧洲现象学的核心主题的意向性问题。罗洛·梅和布根塔尔都认为意向性是人类存在的一个基本成分，包含我们的愿望、需要、意志的完全参与。生命教育尊重学生的需要和愿望，尊重每一个学生生命的独特性和主体性，重视直觉、顿悟等非理性的学习方式就来自这里。

（二）人本主义心理学整体人观的方法论对生命教育目标、 实施途径的关怀

整体人观的人本主义心理学的方法论强调研究整体的人或人的整体。戈德斯坦明确指出有机体是一个统一的整体，且心与身是一个统一的整体。奥尔波特也强调人的心理是由知、情、意三种过程构成的功能统一体，主张心理学应该以统一的人作为研究对象。实施生命教育的前提就是要尊重生命的完整性、主动性、独特性和创造性，需要生命教育明确提出要把学生当作人来培养。完整的生命不只包括知识、智力、智慧等认知因素，而且包括情感、意志等因素，所以教育不仅应该促进学生的认知能力的自由发展，而且应该促进学生的情感、意志等的自由发展。简言之，教育的目标就是要促进人的全面发展。生命的整体性也表现为人的生命不仅指有机体的生理生命，还包括精神生命(心理生命)和社会生命(类生命)。那么生命教育就应该不仅关注个体的生理生命，还应该关注个体的精神生命和社会生命。生命教育的目的就是帮助学生通过认知、体验和实践为一体的方式去认识生命、珍惜生命、敬畏生命和欣赏生命，从而提高生存技能水平和生命质量，使个体成为最好的自己。

生命具有完整性，因此，实施生命教育需要学校、家庭和社会的有机统一。在学校实施生命教育不是孤立的，需要德育、智育、体育、美育等各个方面的密切配合。实施生命教育的具体措施，除了独立设置生命教育课外，还应该在语文、数学、综合实践活动、音乐等各类课程中渗透生命教育思想，同时在各种各样的学校活动中让学生掌握生命知识和必要的生存技能，让学生形成正确的生命态度和生命意识，提升生命价值。

（三）马斯洛自我实现心理学对生命教育内容及其层次的关怀

需要、欲望和动机是人性的表现，是价值观的必要前提，也是善性和潜能发展的内在动力。需要层次理论是马斯洛自我实现心理学的重心和精髓。马斯洛把人的需要分为两大类：一类是基本需要，指个体不可缺少的普遍的生理和社会需要，包括生理需要、安全需要、归属和爱的需要、尊重需要；另一类是成长需要，指由个体自身的健康成长到自我实现的需要，包括认知需要、美的需要和自我实现需要。生命教育能够使学生树立正确的生命观、培养对自己和他人生命珍惜和尊重的态度，增强社会责任感，使学生的人格获得健全地发展。它的目标与内容包括引导学生珍惜生命、敬畏生命和引导学生欣赏生命、感悟生命的价值与意义两个层次。[①] 这与马斯洛的需要层次理论有很多一致的地方。

第一，生命的存在首先是以生理生命的形式存在的，所以进行生命教育首先要保证生理生命的有机体存在。生命教育的第一个层次就是引导学生珍惜生命、敬畏生命。珍惜生命又包括引导学生认识生命、保护生命和尊重生命三个方面。其中，保护生命就是生存教育，主要是在于帮助学生具有生存意识，学会基本的生存技能，满足生命生存的需求。[②] 马斯洛的需要层次理论中最底层的生理需要和安全需要就是为了保存生命的有机体的存在。生理需要是维持个体和种族发展的需要，也

---

① 刘志春：《生命教育：学校教育的题中应有之义》，载《河南师范大学学报（哲学社会科学版）》，2002(4)。

② 许世平：《生命教育及层次分析》，载《中国教育学刊》，2002(4)。

是人的各种需要中最原始、最基本、最需优先满足的一种需要。安全需要是个体希望获得稳定、安全、秩序，免受惊吓、焦虑和恐惧的折磨的一种需要。因此，生命教育的第一个层次，即珍惜生命、敬畏生命就应该从三个方面入手：生命安全教育，让学生学会保护自己的身体免受外界的伤害；生活态度教育，教会学生坦然、坚强地面对生活中的挫折和失败，从而保护自己免受自己心理上的折磨；死亡体验教育，让学生通过体验死亡的场面，清楚生命的来之不易，从而更加珍惜自己的生命。马斯洛的需要层次理论的中间层次是归属和爱的需要以及尊重需要。归属和爱的需要是个人对友伴、家庭的需要，对组织、团体认同的需要。尊重需要指的是个人对自己尊严和价值的追求。现代社会中，有些人轻易选择自杀，表现出对生命的不尊重和不珍惜，更多是因为他们不能很好地处理自己与自己以及自己与别人的关系，找不到自己的尊严和价值，因为自己归属和爱的需要以及尊重需要得不到满足而不能很好地生存下去。所以在现代社会，人们要学会如何与人相处，如何在机遇和挑战并存的社会里找到自己的尊严和价值，从而让自己很好地在世界上生存下来。由此不难看出，马斯洛的需要层次理论中的基本需要是和生命教育中生命的有机体的存在密切联系在一起的。

第二，生命的存在是心理生命的存在和社会生命的存在，所以生命教育的第二个层次就是引导学生欣赏生命、感悟生命的价值与意义。人的心理生命即人的精神生命，而人的精神生命最突出的表现就是生命的主体性。精神生命的主体性的表现是多方面的，例如，人迫于自身生存的压力，必须凭借自身的智慧之光，即求知欲，更好地认识自然、改造自然。马克思也指出："人是名副其实的政治动物，不仅是一种合群的动物，而且是只有在社会中才能独立的动物。"这都充分体现了人的社会生命的存在，因此实施生命教育就必须关注学生生命的心理生命和社会生命的存在。人的自由是心灵的最高属性，人的这种自由的实现过程是通过劳动自我实现的过程，是人在改造客观世界的同时，满足自身发展需要的过程，并具有自为、自我创造的特征和意义。这是马斯洛需要层次理论的最高层次的需要，即自我实现的需要在生命教育中活生生的体

现。自我实现就是指个体成长对未来最高目标和境界追求的动机或愿望，即一个人力求变成他能变成的样子——"成为你自己"。这也就是生命教育的第二个层次，引导学生欣赏生命、感悟生命的价值与意义，帮助学生自我实现。

（四）人本主义心理学的教育观对生命教育教学过程的关怀

人本主义心理学的教育观直接来源于治疗实践和临床经验，其哲学基础是存在主义和现象学，主张开展教育改革运动，倡导以学生为中心的全人化教育。人本主义心理学明确提出教育的目标就是帮助受教育者自我实现。人本主义心理学家力主学校课程人本化，并主张开设三种类型的课程：知识课程、情感课程和体验课程(又称自我实现课程)。情感课程是指健康、伦理及游戏这一类旨在发展学生非认知领域的能力的课程。体验课程是指通过认知与情感的统一旨在唤起学生对人生意义的探求以塑造整体人格的课程，它包括综合运用各学科的知识，在新辟的课时里(含校外活动)的体验性学习。马斯洛强调一种人本主义教育，"这种教育将更强调人的潜力之发展，尤其是那种成为一个真正的人的潜力；强调理解自己和他人并与他人很好相处；强调满足人的基本需要；强调向自我实现的发展。这种教育将帮助'人尽其所能成为最好的人'"①。此种学习非常重视学习者的主动性、意识、情感和价值观等心理因素的作用。罗杰斯认为，人类有机体是积极主动的、自我指导的和自我实现的主体。他既反对精神分析学说以潜意识决定论来说明人的意识和行为，也反对行为主义用环境决定论来否认意识的主动性，特别重视人的意识、体验、价值、创造性等心理因素在学习中的作用。因此，人本主义心理学家要求学校教育必须克服知情分离倾向，把情感活动和认知活动有机统一起来，培养学习者成为能够应对任何心理变化的"完整的人"。这与生命教育的开展要实行显性课程和隐性课程相结合，重视学生的情感、意志和价值观等因素在学习中的作用，提倡体验性课程

---

① ［美］弗兰克·戈布尔：《第三思潮：马斯洛心理学》，76页，上海，上海译文出版社，1987。

教学的教学过程是一致的。人本主义心理学家的教育观对生命教育的教学过程具有重要的指导作用和启发意义。

二、 教天地人事，育生命自觉

"生命·实践"教育学自 2004 年正式提出，经过 10 余年的创建历程，已走过了自己的初建年，形成了自己的教育信条。教育信条是"生命·实践"教育学派精神内核的集中概要式表达，它是中国教育学百年建设的当代成就，是华东师范大学几代教育学人的接力成果，也是叶澜教授 30 余年心血与智慧的结晶创造。

（一）关于教育[①]

这里主要包括三大信条。

信条一：教育是直面人的生命、通过人的生命、为了人的生命质量的提高而进行的社会实践活动，是以人为本的社会最体现生命关怀的一种事业。

这是"生命·实践"教育学派关于教育的总述。

教育的直接对象永远是一个个具体的、有生命的个体。忘记、忽视或抹杀对象的生命性，就没有真实的人的教育，就会使教育异化为驯兽。教育起源于人际交往。教育者、受教育者、教与学的内容是教育最基本的元素。

教育需要"爱"，因此，人的教育要通过教育者与受教育者的直接沟通才能整体实现。当代信息技术再发达，都不应也不可能以代替教师为目的，尤其是在基础教育阶段。这是教育中的"仁"，是教育的人性要求。当代社会要善于运用信息技术，同时要警惕信息技术的异化。

信条二：教育通过"教天地人事，育生命自觉"，实现人的生命质量的提升，体现教育人文关怀的特质。

---

① 华东师范大学"生命·实践"教育学研究院：《"生命·实践"教育学研究》，1～8 页，上海，上海教育出版社，2017。

这是"生命·实践"教育学派对教育是什么的中国式表达。

"教天地人事"指用大自然和人类文明的财富，丰富受教育者的精神世界，是教育中受教育者认识外部世界、学会生存、学会学习、学会创造等重要的基础性任务。

"育生命自觉"是教育指向内在自我意识发展的重要使命。"生命自觉"主要包括热爱生命和生活，悦纳自我，具有积极、自信的人生态度，具有反思自我的意识和能力，具有在人生中不断实现自我超越的信念和能力，具有策划人生、主动把握时机、掌握自我命运的意识与能力。

"教天地人事，育生命自觉"，应贯穿于各级各类教育全程，是教育活动相互包含和转化的内外关系。两者不可分割，舍其一，则不能成为完整的教育。"天地之道"与"人事之道"最后融汇、达于"人心之道"，三"道"各有其内在逻辑，又相互完善。

基础教育是为人生打好底色、形成底蕴、认清底线的重要阶段，是人生幸福奠基和社会公民养成的关键时期。

信条三：教育通过提升人的生命质量，为社会提供各种人才，实现其社会功能。教育是人类和社会的"更新性再生产"活动。社会发展要求实现终身教育，要求"社会教育力"的集聚与提升。

这是"生命·实践"教育学派对教育与社会关系的重建式回答。

教育是社会有机体的"心脏"，是人类社会吐故纳新的更新性再生产，是社会有机体的基础支撑。教育也是全社会的事业，因此，一个社会不能不尊重教育，教育坏掉的社会是可怕的。

终身教育是衡量当代社会发展的教育尺度，它以促进人的多方面终身发展和人格完善、创造更富有意义的人生和更美好的世界为价值取向，以化入人生全程和社会各领域的社会教育力为特征，体现于人人、时时、处处、事事。

（二）关于学校教育

这里主要包括五大信条。

信条四：学校是师生开展教育活动的生命场；提升学校的生命质量是学校变革的深层次诉求。

这是"生命·实践"教育学派对学校是什么的当代回答。

学校不是近代意义上的大工厂，也不是后现代视野里的"监狱"，而是师生开展教育活动、共生共长的生命场。从"大工厂"转换为"生命场"，从"塑造人"转换为"成就人"，提升学校生命质感，是学校变革的深层次诉求。

学校生命质感通过学校时空、整体活动和活动主体的特殊性体现。

在学校时空方面，学校时间的配置以生命成长的节律为依据，与自然变化相适应，按学生年龄阶段的不同区分。学生发展是衡量学校时间效率的第一标准。目前，"生命·实践"教育学合作校率先探索、研究的"四季系列活动"，以儿童成长节律为基础，以四季节气为轴线，是一种融通的深度创造，正在逐渐形成学校新的"节语"和生命节律。

学校空间的配置必须顾及师生生命安全和多方面发展、开展教育活动、满足交往与表达的需要，并注意空间分隔的固定与灵活、功能的通用与专用等区别。学校空间是学校文化的重要载体，是教育理念的空间存在形态，也是尚待深入研究的大学问。

学校时空在有限中包含无限的延伸可能，在循环往复中实现生命的螺旋式、沉积式和阶段式发展。学校充满成长气息，在那里能听到生命拔节的最美声响。

学科教学和综合活动是学校教育最基础的构成部分。学校中的领导与管理由不同层次和方面的责任人合作承担。学校中每个成员都积极主动、形成合力，是提升学校生命质感的重要保证。当代中国学校转型性变革的方向是"价值提升、重心下移、结构开放、过程互动、动力内化和整体融通"，这是新型学校内在气质的整体表达。

信条五：学科教学和综合活动是学校教育特殊性的体现，是师生在学校承担社会责任的具体表现，也是师生学校生活的基础性构成。

这是"生命·实践"教育学派对学校中最大量存在的日常、基本活动的概括。

在学科教学方面，教学改革需要深度开发学科内含的育人价值。学科教学是学生人生中超越个体经验束缚、跨进人类文明宝库的捷径，是综合理解人类各项社会活动，进而研究问题、解决问题必不可少的基础。

在当前教育淡化学科的背景下，我们要保持清醒的头脑，坚守基础教育对人类文明传承和个体生命成长的基础价值，做好最基本的学科教学。我们应深度开发各学科内含的独特育人价值，包括符号系统、发展历史、未知领域、知识要素、杰出人物、前沿问题、结构体系、社会贡献、多元观点、内在逻辑、人类价值、探索方向、研究方法、学科精神和不同可能等。只为应对考试而进行的教学，是学科教学的异化。

课堂教学是师生共同推进的过程。教师与学生、教与学是课堂教学中两个不可分割的部分。在课堂教学中，师生关系不是主客、主次、中心和边缘的关系，而是协同依存、交互反馈的合作共生体关系。

课堂教学还是一种生活。师生、生生、群体与个体随教学需要而发生多重角色体验，用多种方式学习。情感体验也始终伴随其中。在课堂教学中学习倾听与表达、赞赏与帮助，是学生实现成长的重要过程。

综合活动和学科教学各有其教育价值，不是非此即彼的"对头"，也不能相互替代。学科教学为综合活动提供发现、研究新问题的基础能力和保障。学科界限在综合活动中被打破，而不是在教学中被打破的。综合活动的跨界，指其可突破学科之界、学校行政组织之界、校内外空间之界、学期与假期之界，具有极强的灵活性，是相对自由的天地，既是学生体验成长的天地，也是教师研究创造的天地。综合活动的主题和项目，可来自社会生活、自然世界、传统文化、科学技术、文学艺术等领域，可从多角度切入与开展。鉴于以上特点，综合活动需要学校做出系统化统筹安排。每项具体活动，从项目确定、活动策划，到组织开展中的问题解决与调整、小结反思与再策划，应更多让学生主动承担，发挥活动独特的育人价值。

班级建设和学校各项活动，是开展综合活动的基础。班集体是学生成长的重要支持，是学生实现与同龄人交往合作、在群体中发展个性、以个性丰富集体等社会化过程的温暖家庭。我们不能把综合活动课程化，要警惕美国式课程概念、走班做法等带来的偏差和误导。

信条六：教师是从事点化人的生命的教育活动的责任人。没有教师的创造性劳动，就不可能有新的教育世界。教师只有将创造融入自己的教育生命实践，才能体验这一职业内在的尊严与欢乐。

这是"生命·实践"教育学派对学校教育活动复合主体教师的基本认定。

教师不是服务者，不是简单的传递者，而是知识分子群体中最大量的草根阶层，虽不显赫，但关系到个体、社会、国家和民族的发展。教师平凡但不庸常，同时教师没有任何理由自卑。自尊、自爱是教师发展的前提心态。不尊重教师的社会是没有希望和明天的社会。

教师在日常的研究性变革实践中，用创造性的工作实现自身成长，在发展学生精神力量的同时，焕发自身的生命活力。研究性变革实践是将学习、思考、策划、实施、反思和重建贯穿教育全程的实践。

信条七：每个人都得自己活，不能由别人代活。学校中的学生处于生命成长的重要时期，具有主动发展的需要与可能。学生是学习活动的主体和责任人，是教学活动复合主体的构成部分。"育生命自觉"从培养学生的自尊、自信和主动性开始。

这是"生命·实践"教育学派对学校教育活动复合主体学生的基本认定。

基础教育阶段的学生处于生命成长的重要时期，该阶段学生最具有主动发展的需要与可能。自尊、自信、自主是学生"生命自觉"的基础。每个学生都有自己的独特性，都应得到尊重，因此，教育对他们的发展有基本要求，但不能用一把尺子量。学生群体会有共同的需要，但差异始终存在。差异是教育活动的资源，不是必须消灭的"敌人"。有差异的发展是教育的常态。

兴趣是开启学生心灵世界大门的钥匙，所以教育最终要使学生对学习、研究和自我发展有兴趣。感性刺激是通往心灵世界的起点，但教育不能停留于此。停留于此者，不是教育，而是迁就，是误人子弟。

学生只有在积极参与各项必需、合适的教育实践中，才能逐渐生成主体意识和主动应对环境、实现自我发展的能力，也才可能成为推动当代中国发展的公民，成为实现自我抱负、创造有意义的充实的幸福人生的个人。

信条八：用创造学校新生活的理念开展日常教育活动，使师生成为学校生活的主动创造者。教育的意义不只在未来，而且就在当下创造生命成长的、丰富的各项学校活动中。

学校的各项工作，都贵在日常、持续的生长式积淀中。教育与生命成长相同，是一个长期、逐步过渡、阶段性跃迁的慢的事业。教育忌浮躁、跟风、突击、运动、竞争、赛事频频、虚荣和浮夸。

学校创造的性质是教育创造，不同于社会其他行业的创造发明。它是为生命发展、新人培养而做的研究，是对已有理论、实践、经验与教育习俗的改造，是对学校新问题的答案寻找，是具有教育学意义的创造。

三、 体验与理解人的精神世界

生命哲学是19世纪末20世纪初反对实证主义和理性主义思潮的产物，发端于叔本华和尼采，代表人物主要有德国的狄尔泰、齐美尔和法国的柏格森。生命哲学是一种非理性主义的哲学思潮，它以生命、生活作为哲学研究的出发点，比较关注体验与理解，强调直觉的方法，注重揭示生命的意义，将哲学的主题从自然物质世界转向人自身，进而扩大到对整个世界的研究。生命哲学为生命教育的发展奠定了理论基础。

当我们在生命哲学的视野下重新审视儿童的社会性教育时，我们倡导教师的角色应从知识、规范的权威者转向与儿童平等参与的体验者；教学过程应从知识、规范的灌输与训练转向对个体精神的"教化"；教学目标应从教育价值的外在诉求转向对儿童内在心灵的陶冶。

生命哲学注重体验与理解人的精神世界，有利于我们克服传统教育只重知识的传授，不重视人的感受的缺点；通过开展生命教育，引导教师将关注的主题由自然物质世界转向了人自身与人的生命及与人的生命不可分割的生活；不把学生看作物质或精神、感性或理性的实体，而看作主体对自己存在的体验、领悟，即心灵的内在冲动、活动和过程，认识到学生是激荡着整个世界的生命。柏格森宇宙学意义上的"生命"概念，认为生命并非特指一个确定的事物，而是指一种永恒的力量、神奇的活力，一种生生不息的动力。到狄尔泰把生命直接回归到人身上，生命哲学家们关注到人的生命绝不仅仅是理性的存在，而是理性、情感、意志的统一体，引导我们要到达学生生命的真正内部，去关注学生的生存状况，尊重学生的生命价值，理解学生的生命状态，从而走出传统教育"目中无人""教师权威""分数至上"的误区。

四、 提升人类生存的新境界

法国思想家阿尔贝特·史怀哲认为善保存和促进生命，恶阻碍和毁灭生命。如果我们摆脱自己的偏见，抛弃我们对其他生命的疏远性，与我们周围的生命休戚与共，那么我们就是有道德的。只有这样，我们才是真正的人；只有这样，我们才会有一种特殊的、不会失去的、不断发展的和方向明确的德形。敬畏生命是世界中的大事。盲目的、利己的世界，就像一条漆黑的峡谷，缺少光明。在那里，所有生命都生存于黑暗之中，只有一种生命能摆脱黑暗，看到光明，这种生命就是最强大的生命——人。只有人能够认识到敬畏生命，能够摆脱其余生物苦陷其中的无知。这一认识是发展中的大事。真理和善由此出现于世，于是光明驱散了黑暗，人们获得了最深刻的生命概念。

敬畏生命的伦理思想有利于我们在社会转型时期疏解青少年存在的各种生命困惑，化解各类生命危机。敬畏生命的伦理思想让师生不仅要珍惜自身的生命，也要尊重他人的生命；不仅要重视人类的生命，也要尊重自然万物的生命，与世界上各类生命和谐相处；不仅要有强烈的生命意识，也要尊重各类生命的生命价值。也只有这样，人类才有出路，才不会在世界上感到孤独，从而提升整个人类的生命幸福感。

五、 探寻人类生命的积极力量

正如积极心理学的创始人、美国当代著名心理学家塞利格曼所言："当一个国家或民族被饥饿和战争所困扰的时候，社会科学和心理学的任务主要是抵御和治疗创伤。但在没有社会混乱的和平时期，致力于使人们生活得更美好则成为它们的主要使命。"基于这种时代背景，以塞利格曼为代表的一批心理学家对消极心理学展开了深刻反思和批判，极力倡导积极心理学研究。塞利格曼认为，心理学自从取得独立地位以后就面临三项重要使命：治疗人的精神或心理疾病，帮助普通人生活得更充实幸福，发现并培养具有非凡才能的人。积极心理学主张心理学要以人固有的、实际的、潜在的、具有建设性的力量以及美德和善端为出发点，提倡用一种积极的心态来对人的许多心理现象(包括心理问题)做出新的解读，从而激发人自身内在的积极力量和优秀品质，并利用这些积极力量和优秀品质来帮助普通人或具有一定天赋的人最大限度地挖掘自己的潜力，进而获得良好的生活。"积极"是人所固有的内在潜力。积极心理学将人类看作能够自我管理、自我导向并具有适应性的整体，认为人具体包括乐观主义、自我定向、成熟防御机制、智慧、创造性等积极人格特质。

幸福是一种自我感受。生命幸福感要靠自己创造。基于积极心理学的认识，通过生命教育引导师生探寻积极正向的生命状态，是生命教育的重要部分。人的生命系统是一个开放的、自我决定的系统，该系统既有潜在的自我内心冲突，也有潜在的自我完善的内在能力。个体一般都能自己决定自己的最终发展状态。学校应该把工作重心放在研究和培养人固有的积极潜力上，通过培养或扩大人固有的积极力量而使人真正成为一个健康并生活幸福的人。基于这种积极的价值观取向，教师应在教育教学中致力于给予学生积极的情绪与体验、积极的认知过程、积极的人格特质和创造力。积极的情绪和体验是人生命幸福感的重要指标。主观幸福感、快乐、爱等都是生命教育的重要切入点。积极心理学通过对有关生活事件、金钱观念与主观幸福感等的讨论，让师生感受快乐，创造幸福。

第二节　生命的再认识

一、　生命的内涵

生命，作为生命教育的核心概念，是研究生命教育的基础和前提概念。不同的学科对生命有不同的界定和解释。

按照《辞海》的解释，生命是由高分子的核酸蛋白体和其他物质组成的生物体所具有的特有现象，能利用外界的物质形成自己的身体和繁衍后代，按照遗传的特点生长、发育、运动，在环境变化时常表现出适应环境的能力。恩格斯在《自然辩证法》中指出，生命是蛋白体的存在方式，这个存在方式的基本因素在于它和它周围的外部自然界的新陈代谢。一旦这种新陈代谢停止，生命就随之停止，结果便是蛋白质的分解。[①] 这些定义，从生物学的角度基本界定了生命的概念。但事实上，生命的内涵更丰富。

《不列颠百科全书》列举了五种关于生命的定义：第一，生理学定义，即认为生命具有进食、代谢、排泄、呼吸、运动、生长、生殖和反应性功能系统；第二，新陈代谢定义，认为生命系统具有界面，与外界经常交换物质但不改变自身的性质；第三，生物化学定义，认为生命系统包括储藏遗传信息的核酸和调节蛋白、调节代谢的酶蛋白；第四，遗传学定义，指出生命是通过基因复制、突变和自然选择而进化的系统；第五，热力学定义，认为生命是一个开放的系统，它通过能量流动和物质循环而不断增加内部秩序。

当代哲学认为，生命是由蛋白质和核酸组成的复合体系，是一种特

---

① ［德］恩格斯：《自然辩证法》，277 页，北京，人民出版社，1971。

殊的、高级的、复杂的物质运动形式。根据现代生物科学的研究成果，生命起源首先是由无机物生成有机小分子，由有机小分子形成生物大分子，然后由生物大分子组成多分子体系，最后发展为原始生命。生命主要是由核酸、蛋白质大分子组成的，以细胞为最基本单位的复合体系的存在方式。

生命的内涵是指在宇宙发展变化过程中自然出现的存在一定的自我生长、繁衍、感觉、意识、意志、进化、互动等丰富的可能性的一类现象，其外延可以包括生化反应产生的能够自我复制的氨基酸结构，以及真菌、细菌、植物、动物(人类)。就未来的发展可能而言，人工制造或者促成的机器复杂到一定程度，具备某种符合生命内涵的基本属性的现象也可能纳入生命的范畴，包括人机混合体、人工智能机器人等。另外，就目前保守的生命定义而言，已知的自然演化而成的生命具有较为显著的分形特征，而这一特征在目前的非生命自然现象中普遍存在。因此，虽然不能说所有的分形结构都是生命，但是，所有的生命结构都是分形的是一项广泛适用的重要衡量标准。

生命哲学认为生命是世界的、绝对的、无限的本原，它跟物质和意识不同，是积极的、多样的、永恒的，且生命不能借助于感觉或逻辑思维来认识，只能靠直觉和体验来把握。例如，狄尔泰认为生命不是实体而是活力，是一种不可遏制的永恒冲动，是一股转瞬即逝的流动。他断言生命是一种能动的创造性力量，这是每一个人都能通过自我内省而体验到的。伯格森认为宇宙的本质不是物质，而是一种"生命之流"，即一种盲目的、非理性的、涌动不息而又不知疲惫的生命冲动。他有时把生命比为冲天的火箭，有时把生命比为上升的火焰，有时又把生命比为喷气，总之，他认为"生命是运动"，而"物质是生命的逆转""是生命冲动之堕落""是生命之火的余烬""是被纯粹生命投入空间之中的无声无息的阴影"。

因此，生命的含义，可谓众说纷纭、莫衷一是。从教育的角度，我们更多地从狭义上去理解和把握生命的内涵。狭义上的生命，就是专指人的生命。

二、 生命的特征

（一）生命的独特性

世界上没有两片完全相同的树叶，也没有两个完全相同的人。世界上的每一个生命体都是独一无二的。每个生命体都以独特的方式存在、生存和发展着。从遗传学的角度看，每个生命体都是由先天的遗传因素所决定的，即使是双胞胎，也都有自己独特的因素。因此，遗传物质对一个人的身体形态、器官功能、性格气质、能力水平等都将产生重要的影响，这使每个人都独特地存在于这个世界上。人的生命成长还受到社会生活环境的影响。人在社会化的过程中，会形成不同的人格特点、思维方式、行为习惯、生存方式、理想信念等。从这个角度讲，人的生命个体是独特的。人之所以成为人，与动物有巨大的区别，主要是由人的独特的精神世界和高级的智慧决定的。人会有不同的信仰、不同的价值追求，所以生命存在的价值才充满鲜明的个性。教育，就是要为独特的生命个性创造条件。创造适合每个人的教育，正是生命独特性的教育价值追求。

（二）生命的有限性

生命的有限性使生命更有意义，使生命的无限超越成为可能。但是，人的有限性不同于世界上其他有限事物的有限性。夏基松在《现代西方哲学教程》中指出："它是一种独特的有限性，当他意识到自己的有限性的时候，就在有限中分享了无限。"生命的有限性使生命具有了自为的超越生命的特征，使人能不断地实现自己的价值追求，通过有限的生命实现生命的无限性。生命具有不可复制性。时间不可逆转，不可重复，过去、现在和将来按照时间顺序存在。生命之于每一个人只有一次，且时光不可倒流。生命具有暂时性。生命的有限，是一个与生俱来且无法对抗的事实。在科学家鲁白看来，决定生命的 DNA 中，有一种物质叫作端粒酶，细胞的每一次分裂与再生，都会让端粒酶的终端更短

一点。从这个意义上讲，生命从创造出来之后，就只有一个方向，那就是死亡。在人类历史进程中，生命短暂存在，使生命更加具有意义。因此，死亡对人生来说不是无意义的，而是有意义的，不仅意味着毁灭，更意味着创造。生命的未完成性决定了生命是不完整的。每个人的存在都受制于社会生活环境等各种要素，使人的能力水平和取得的成就都是不完整的。人的生命是比较脆弱的，以致一场疾病、一个意外、一场自然灾害都能让生命顷刻之间消失，这使生命在面对无常时，显得如此脆弱。

（三）生命的价值性

人的生命的存在，首先是一种"意向性的存在"。动物的生命是受感受性支配的，而人的生命具有鲜明的意向性，这决定了人的生命的价值性。人能意识到自我生命的特征，对自己的性格、气质、能力等都有清醒的认识，对客观环境和人类社会的发展有清醒的认识，同时能意识到个体生命的有限存在。对"无限""永恒""圆满"等的追寻，永远是"有限"的人生不可遏制的冲动。这种冲动使生命意图实现某种超越。人通过自身的努力超越生命的存在空间和发展能力，使理想变为现实，在精神层面超越自我，实现社会价值与自我价值的和谐统一。人依靠生命，超越生命，促进自我的不断生长和发展，从而实现生命的独特价值，推动人类社会的进步。

第三节　三维生命教育

一、三维生命：活着、活好、活出价值

我们将人的生命理解为自然生命、精神生命和价值生命三个层次，构建出活着、活好和活出价值三维生命观。

活着，是指自然生命的客观存在。自然生命是人的有机体的物质载体，通常称为肉身。皮之不存，毛将焉附？自然生命的存在是最基本的生命维度，是活好和活出价值的基本前提。从这个角度讲，生命，是一切教育的起点和终点，也是教育的中心点。活着，是生命成长发展的自然基础。

活好，是指人们健康快乐地生活，具有良好的生命质量。这里的健康包括个体生理、心理与社会三者的和谐统一；快乐即指生活的充实度和满意度高。因此，活好是精神生命的根本特征。

活出价值，是指人们通过崇高的个体追求，实现自我价值和社会价值。臧克家在《有的人》中写道："有的人活着，他已经死了；有的人死了，他还活着。"这告诉我们人要活出社会价值。活出价值是个体追求的高层次的人生境界。

二、 三维生命教育的内容体系

生命教育是引导生命意识，提升生命质量，理解生命意义，追求生命价值的一种教育活动。因此，我们把生命教育的内容概括成了三维生命教育，即生命意识教育、生命质量教育和生命价值教育。

（一）第一层次： 生命意识教育

生命意识是个体对生命的认识和主观感受。生命意识教育，实际上也就是珍惜生命的教育，这是生命教育的第一个层次，是生命教育的基础和前提，包括生命安全教育、生活态度教育、死亡体验教育、生存技能教育等，其目的是让个体树立起生命意识，珍惜生命，爱护生命，保证"活着"。因此，生命意识教育的根本内涵就是唤醒学生对生命状态的关怀，将目光首先放在对自己肉体生命的认知、尊重和提升上，引导学生热爱生命，关心自我，关心他人，进而搭建起肉体与灵魂的桥梁。教育家高震东先生曾经对"学生"这个词进行过诠释，他说："顾名思义，'学'就是来求学的。学什么呢？答之曰，学'生'。学什么'生'呢？第一就是学'生活的常识'，第二就是学'生存的技能'，第三就是学'生命的

意义',由浅至深,阶段分明。"高震东先生将"学生"一词分解阐述,并将学的内容概括为"生活、生存和生命"这三个层层推进的维度。但我们必须要有清醒的认识,因为只有生命存在,才能谈发展和质量的问题。所以,我们始终认为,生命意识教育在学生接受教育和自身发展过程中具有基础性、源头性和关键性作用。课题组在长期的实践中进行了"向死而生"主题班会、心理教育活动月、生命素质拓展活动、志愿服务活动、防震减灾疏散演练、阳光体育活动等众多以激发学生生命意识为主题的教育活动,在活动前传递生命意识教育的内容和要求,在活动中融入学生对生命意识教育的感悟和理解,在活动后形成学生践行生命意识教育的行为和冲动。生命意识教育,主要是要让学生在思想上认识生命的珍贵,珍惜生命的存在,欣赏生命的美好,体悟生命的乐趣,磨炼生命的魅力;就是要教育学生面对人生的挫折时要有积极的心态,相信没有过不了的坎儿、克服不了的困难;就是要教育学生加强身体锻炼,要以健康的身心去迎接生命成长的压力;就是要教育学生认识生命的不可逆,摆正自己的生命观,尊重他人的生命。

(二)第二层次: 生命质量教育

生命质量教育是使个体健康快乐地生活的教育,这是个体生命得以存在和发展的必要条件,包括动手能力、适应能力、抗挫折能力、野外生存以及安全防范能力和自救能力的训练,以及挫折教育、感恩教育、生涯规划教育、理财教育、消费休闲旅游教育等。它的目的是使个体的生理、心理与社会和谐统一,使个体对生活感到充实和满意,提高生命质量,实现"活好"。周国平教授在《内在生命的伟大》一文中这样写道:"生命与肉体显然不是一回事,生命的质量肯定不能用肉体的状况来评判。肉体只是一个躯壳,是生命的载体,它的确是脆弱的,很容易破损。但是,寄寓在这个躯壳之中,又超越于这个躯壳,我们更有一个不易破损的内在生命,这个内在生命的通俗名称叫做精神或者灵魂……正因为此,一个人无论躯体怎样残缺,仍可使自己的内在生命保持完好无损。"因此,我们认为,生命意识教育的升华就是生命质量教育,就是把培养优秀的人性、培养有质量的生命作为第一目的。生命质量教育，从根本内容上看，就是要培养学生对生命情调的追求，促进肉体生命与精神生命的和谐发展、人与人的和谐相处、人与环境的和谐共存。这一过程，就是引导学生生命幸福感的过程，也是提升学生内在精神或灵魂的过程。课题组在长期实践中发现，在德育、智育、体育之外，美育是进行生命质量教育的直接载体。思想家王国维先生认为，人只有具备审美能力时，才是"完全的人"。教育就是要培育出"完全的人"。我们相信，一个人懂得审美后，他就是非常幸福的人。不管是读书、看电影、看戏，还是观赏大自然，他都能享受审美的愉悦感，他的生命质量也会不断跃升。因此，在生命质量教育的实践过程中，我们始终坚持以艺术课程为载体，促进学生生命主体的发展，以艺术类课外活动为阵地，让学生自由创作艺术；以艺术节为舞台，发扬学生的主体精神；以社团文化为基础，展示学生的个性风采，使艺术教育能有效地促进学生审美能力和创造能力的提高，让每一个学生在学好文化知识的同时，充分展示艺术方面的特长，满足自己的兴趣爱好，弥补不足，彰显学生充满生机与活力的生命与青春。

（三）第三层次： 生命价值教育

生命价值教育是指生命价值升华教育，这是生命教育的最高层次，包括社会责任感教育、社会关怀教育、关爱自然教育等。由于每个个体对生命意义的理解和对生命价值的追求不同，所以生命价值教育就是要引导学生在自我实现的同时实现自己的社会价值，使学生活出价值。我们所追求的生命价值，从根本上是因为我们自身的选择赋予了它价值，所以有人认为生命的价值或寄情于科学，或寄情于艺术，或寄情于教育，或寄情于奉献社会。但无论从什么切入点去成就自身的生命，其前提都是要从自身所需转换到社会所需。成就生命不仅仅在于成就自我，也不仅仅在于成就他人，而应该在成就他人、社会、自然等外部环境的过程中成就自我。外部环境是因也是果，而自身生命的成就是果也是因，二者相互依存和转化，其中的催化剂就是人坚持不懈地奋斗、体会

和提升，就是拥有强大的生命意识和优良的生命质量。

因此，生命价值教育不仅是生命教育的最高层次，更是生命教育的核心内容；它不是单独存在的生命教育结果，而是与生命意识教育、生命质量教育深度融合的，能够使人对生命状态进行更好的关怀，对生命情调有更多的追求，使人更好地促进肉体生命与精神生命的和谐发展、人与人的和谐相处、人与环境的和谐共存的教育过程。生命价值教育是人热爱生命和建立生命与自我、生命与自然、生命与社会和谐关系的融合剂。

三、 三维生命教育的目标体系

根据课题组建构的三维生命和三维生命教育的理论，课题组制定出中学实施生命教育的三维目标，即培养学生的生命意识感、生命幸福感和生命价值感三个层次的生命教育目标体系。

（一）第一层次： 强化生命意识感

生命意识淡薄会导致人们对生命的漠视和践踏，因此，培养学生的生命意识感是生命教育的基础目标，有利于学生关爱生命、珍惜生命、敬畏生命，健康地活着。

（二）第二层次： 引导生命幸福感

生命幸福感是人的价值得到肯定、内心需要得到满足的主观感受，是生命质量提升的标志。因此，培养学生的生命幸福感是生命教育追求的第二层次的目标，让学生能够尊重生命、热爱生命，学会关心自我、关心他人、关心自然、关心社会，实现自己和自己、自己和他人、自己和社会、自己和自然的和谐，获得生活上的充实感，从而真正活好。

（三）第三层次： 提升生命价值感

生命价值感的培养是生命教育追求的最高目标。因为人们不仅局限于对现实世界的满足，同时人们也在不断地追求自身生命价值的超越和升华。对学生生命价值感的培养，就是让学生在整体的教育历程中，学会适时建构自己的理想，并努力做到现实和理想的吻合，做到自我实现，同时也实现自己的社会价值，散发生命的光辉。

三维生命教育理论模型，具有比较鲜明的独创性。课题组以新的研究视角构建生命教育的目标内容，从肉体生命、精神生命和社会生命出发，深刻理解个体生命的内涵，提出了活着、活好、活出价值的三维生命观，并以此为基础提出了生命意识教育、生命质量教育、生命价值教育三维生命教育观，建构了强化学生生命意识感、引导学生生命幸福感、提升学生生命价值感的三维生命教育目标体系。

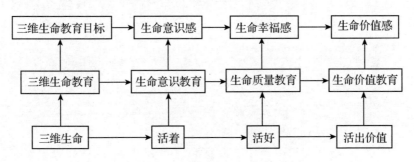

图 2-1　三维生命教育理论示意图

第三章

生命的唤醒

第一节　生命教育学科课程

　　石室中学进行的生命教育是帮助学生认识生命、欣赏生命、尊重生命、珍惜生命，提高学生生存技能和生命质量的教育活动。它不仅包括对生命的关注，而且包括对生存能力的培养和对生命价值的提升。生命教育表达了人们对生命状态的关怀，对生命情调的追求，使人更好地体验和感悟生命的意义，促进肉体生命与精神生命的和谐发展、人与人的和谐相处、人与环境的和谐共存。

一、　生命教育学科课程的指导思想

　　生命教育着眼于全体学生的身心和谐发展，为学生的终身幸福奠定基础；着眼于学生个性的健康发展，为提升学生的生存能力和生命质量奠定基础；着眼于增强学生在自然和社会中的实践体验，为营造健康和谐的生命环境奠定基础。生命教育引导学生热爱生命，建立生命与自我、生命与自然、生命与社会的和谐关系，使学生学会关心自我、关心他人、关心自然、关心社会，提高学生的生命质量，帮助学生理解生命的意义和价值。

二、　生命教育学科课程的教学目标

　　中学生命教育学科课程的教学目标就是通过三维生命教育，强化学生的生命意识感，引导学生的生命幸福感，提升学生的生命价值感。

（一）强化生命意识感

　　生命意识淡漠就会导致人们对生命的漠视和践踏。生命教育有助于学生树立起生命意识感，树立正确的人生态度，让他们关爱生命、珍惜生命、敬畏生命。

（二）引导生命幸福感

情感教育的目标是培养学生认识、控制和表达自我情感的能力及与别人相处的能力。幸福感是人的价值得到肯定、内心需要得到满足的主观感受，是一种自我满足的体验，是充实感和满意度的体现。生命质量的提升最终以生命幸福感为标准。因此，幸福感的培养是生命教育应追求的目标。

（三）提升生命价值感

人要实现自己的理想和追求，期望成为"优质的自己"，就要靠教育。教育为人的生命而存在，生命价值教育是教育的基本内容。生命价值教育在引导人实现自我价值的同时实现社会价值。因此价值感的培养是生命教育应追求的目标。

三、 生命教育学科课程的教学内容

按照三维生命教育理论，生命教育学科课程的教学内容包含生命意识教育、生命质量教育、生命价值教育三大单元。各单元之间逻辑关系严密：由群体到个体，由抽象到具体，由自我推至他我和社会，由内而外，由知到行，循序渐进，符合人的认识规律。

石室中学构建的生命教育学科课程目录如表 3-1 所示：

表 3-1　生命教育学科课程目录

单元	子单元	课程重点内容	学习目标
生命意识教育	对生命的再认识	生命多元论：自然生命、精神生命和社会生命。	帮助学生认识生命的起源、发展和衰亡的过程，进而使学生欣赏生命的神奇与宝贵。 帮助学生充分认识多元生命的价值，使学生懂得生命的意义。

续表

单元	子单元	课程重点内容	学习目标
生命意识教育	认识自我	我是谁？ 我的盲点在哪里？ 挑战生命的极限（生命潜能）。	让学生形成良好的自我概念，明白个体生命的独特性、不可逆和不可替代性，懂得尊重、珍爱、接纳自己和他人的生命。帮助学生重新认识自我，树立积极心态；使学生不断挑战自我，超越自我，激发个体潜能。
	面对死亡	与一个自杀者的对话；设计你的墓志铭。	引导学生探讨自杀的有关话题，帮助学生明白生命只有一次，要珍惜生命、珍爱自己。引导学生明白死亡是生命的一部分，是生命的自然过程，进而使学生消除对死亡的恐惧感，懂得更加珍惜自己的生命。帮助学生理解生与死的关系，进而澄清自己的生命价值观。
	生命危机	抚平地震创伤。	引导学生从不同的角度去认识灾难，了解接受痛苦和苦难是生命的一部分，了解挫折和苦难对人生的积极意义，掌握与地震相关的自然知识和自救能力，学会自我保护，培养生存能力。
生命质量教育	人生规划	人格与工作的匹配；我的生命清单（生涯规划：健康、事业、兴趣、家庭的平衡）。	帮助学生厘清人生中意义重大的生活事件，在生命的发展历程中寻找自己的人生方向，让个体生命得到更好地成长和圆满地发展。引导学生规划自己的人生方向，制定自己的终极关怀目标。引导学生理解人格与工作的匹配性，进行职业远景规划。
	互利人生	人际沟通的艺术；推己及人的爱（同理心训练）。	引导学生理解人是生活在关系中的，使学生掌握基本的人际沟通原则、交往技巧和道德准则。培养学生的同理心，使学生学会关爱他人。

单元	子单元	课程重点内容	学习目标
生命质量教育	与父母沟通	爱与被爱——与父母沟通的技巧。	使学生知道家庭在他们成长过程中的重要性，引导学生珍爱家庭生活，理解和孝敬父母，学会感恩。 学会与父母沟通的技巧，维系良好的家庭关系，培养与家人的亲密感，树立家庭和谐的意识。
	异性交往	早恋？早炼？早敛？爱情与婚姻（爱情的道德准则）。	帮助学生了解青春期的两性心理，使学生掌握异性沟通的基本技巧。 引导学生科学地分析异性交往过密的利与弊，能清醒地意识到交往过密的危害，能有效地应对青春期的烦恼和情感危机。 帮助学生了解爱情的心理机制，初步树立正确的爱情婚恋观，学会负责任地对待自己和他人的生活，为未来的幸福生活奠定初步的人生态度。
	环境保护	敬畏自然；小我与大我。	引导学生明白世界生态在进一步恶化，树立保护环境的意识。 引导学生思考个体、群体、环境之间的关系，理解和谐共生。
		面对界限；"舍"与"得"的思辨。	引导学生认识大自然中的诸多界限和自然法则，进一步认识个体生命的生活限制和行为限制，从而树立保护个体生命的意识。
生命价值教育	勇担责任	公民意识；约束的自由，含法制教育；了解多元文化。	引导学生思考社会公民应具备的素质和责任，培养社会公德。 引导学生理解多元文化的内涵，培养学生尊重不同文化的意识，引导学生消除歧视与偏见，培养社会责任感。 引导学生理解自由不是无约束的自由，使学生懂得尊重、遵守和运用社会规则。

续表

单元	子单元	课程重点内容	学习目标
生命价值教育	社会关怀	大灾有大爱。	培养学生的社会责任感，使学生抛弃冷漠、自私、麻木，树立社会关怀的意识。
	人生价值	人生的岔道，生命的抉择；你有人生信仰吗？	引导学生思考信仰与人生价值观的问题，提升生命价值感。引导学生追求自我价值和社会价值的统一。

四、 生命教育学科课程的教学方法

生命教育学科课程的教学设计要求体现知识性、情境性、体验性、实践性、活动性、互动性、生成性和生活性等特点，因而应重点采用情境式教学法、体验式教学法、活动式教学法、互动式教学法、问题式教学法、生成式教学法等教学方法。

（一）情境式教学法

情境式教学法可以以生活展现情境，也可以以实物演示情境；可以以图画再现情境，也可以以音乐渲染情境；可以以表演体会情境，也可以以语言描绘情境，方式多样，不拘一格。创设问题情境是促使学生生成新知的有力手段。教师为学生创设适宜的情境，既能把学生置于一种充满希望的状态中，又能把学生引入一种要求参与的渴求状态。这时，学生的思维也处于最佳状态，智慧的火花就会不断闪现。

（二）体验式教学法

体验式教学法包括小组研讨、深度会谈、情境活动、角色扮演、静心冥想、作业练习、行动指南等。学生在课堂中获取价值的最佳途径是实际参与和亲身体验，这实际上是一个学生自我认识和探索的过程。

（三）活动式教学法

教师应创设一定的活动，比如和生命教育有关的游戏或其他形式的活动，激发和引导学生积极思考，主动探索、发现，尽量发展学生认识的可能性，发挥学生的智慧潜力，培养他们在掌握知识的过程中进行研究、探讨和创造的能力，增强提高生存技能和生命质量的意识。

（四）互动式教学法

互动式教学法贯穿了对话的理念，使每个主体的主体地位都得到了尊重，所以"新话题"，也就是新教学资源就会不断生成。教师与学生"以一种相互交融的方式相聚"，在师生互动、生生互动中感知、领悟、创造。

（五）问题式教学法

学生能动性和独创性的充分发挥、思维的碰撞、灵感的产生，往往需要具有挑战性、生成性的问题的指引。学生在问题的指引下，在尝试和体验的过程中能自主建构知识。

（六）生成式教学法

生成性思维是一种人们认为事物及其本质是在其发展过程中生成的而不是在发展之前就存在的思维模式。生成式教学则是指教师根据课堂中的互动状态及时调整教学思路和教学行为的教学形态。生成式教学的基本理念可以概括为关注表现性目标，关注具体的教学过程，关注教学事件，关注互动性的教学方法，关注教学过程的附加价值。

五、 生命教育学科课程的教学原则

生命教育要注重科学性与人文性的统一，必须遵循以下原则。

（一）认知、 体验与实践相结合原则

生命教育既要对学生进行科学知识的传授，又要引导学生贴近生活、体验生活，在生活实践中融知、情、意、行为一体，使学生丰富人生经历，获得生命体验，拥有健康人生。

（二）发展、 预防与干预相结合原则

生命教育要面向全体学生，以发展性、预防性的教育为主，同时又必须对已经出现的青少年学生危机问题进行科学干预。预防是为了发展，发展是最好的预防，合理、有效的干预也是发展的重要条件，三者之间有机结合、缺一不可。

（三）自助、 互助与援助相结合原则

自助注重引导学生进行自救、自律与自我教育；互助重在开展学生之间、师生之间等的各种帮助；援助强调教师、家长和社会机构等的积极引导和主动帮助，包括引导学生增强求助意识和应对技能。生命教育的指导思想是引导学生热爱生命，建立生命与自我、生命与自然、生命与社会的和谐关系，帮助学生学会关心自我、关心他人、关心自然、关心社会，提高生命质量，理解生命的意义和价值。

第二节　生命意识教育

生命意识教育，是生命教育的第一个层次，是基础和前提。石室中学进行的生命教育把生命分为三个维度：活着、活好、活出价值。活着是最基本的生命维度，是活好和活出价值的基本前提。活好指人们健康快乐地生活，具有较高的生命质量。活出价值指人们通过崇高的个体追求，实现个体的自我价值与社会价值。

只有生命存在，才谈得上发展和提高质量。生命意识教育，主要目的是使学生在思想上认识生命的可贵，珍惜生命的存在，欣赏生命的美好，体悟生命的乐趣，磨炼生命的魅力。

生命意识教育课程由珍爱生命、一片叶子落下来和设计你的墓志铭组成。

方媛老师的珍爱生命课程希望学生能体验生命的多姿多彩，感受生命的美好；挖掘生命的各种特征，感知生命的宝贵；感悟生命的内涵，珍惜所有的生命；激发珍爱生命的情怀，活出生命的精彩。张显国老师的一片叶子落下来课程的目标是培养学生的生命意识感、生命幸福感和生命价值感。张显国、唐宇老师的设计你的墓志铭课程的目标是让学生明白死亡是生命的一部分，是生命历程的自然过程，引导学生认识生命的独特性、不可替代性和不可再生性；同时，引导学生通过思考"死"来反观"生"，理解"生"与"死"的关系，从而实现海德格尔所说的"向死而生"，达到让学生珍惜生命、尊重生命、实现生命价值的教育目的。

上述课程围绕生命意识教育主题，通过情境及问题的设置，引导学生广泛深入地参与、体验、感悟，从而引导学生树立正确的人生观、世界观和价值观，让学生在实际参与和亲身体验中丰富人生经历，体味生命，收获成长。

一、 珍爱生命

生命教育是引导学生认识生命、珍惜生命、尊重生命和热爱生命的教育活动。社会环境变化对青少年思想道德教育提出了新的挑战。由于初一学生年龄较小，面对的外部世界日益复杂，部分学生对生命的认识产生了偏差，无法正视自己在生活中遇到的困惑，甚至轻视生命的存在，失去生命的方向。这些真实的学情，急切呼唤生命教育的开展。当前，进一步加强未成年人生命教育的意义更为重大。

通过上文对生命教育的理解和对初中学生现状的认识，本课以"珍爱生命"为主题，遵循"知生命、惜生命、悟生命"的思路，引导学生感受生命的美好，感悟生命的宝贵，激发学生珍爱生命的情怀，引导学生活出生命的精彩。

因为"生命的脆弱"而珍惜生命，客观地说，应该是一种顺理成章的教学思路。那么教师能不能从另一个角度，即从"生命的美好"这一层面切入，去唤醒学生珍爱生命呢？基于这种具有辩证性的思考，方媛老师立足让学生感受和体验生命之美，让学生寻找和捍卫生命之光，在教学中张扬青春的精神，渲染生命的亮色，进而点燃学生生命思考的火花和智慧。

第一环节，知生命。通过让学生为自己的生命赋予色彩，在白纸上涂抹生命的色彩，挖掘生命的特征(独特、不可逆、有限)，从而让学生感知生命的珍贵。

第二环节，惜生命。通过播放《勇敢少年——子尤》视频，引导学生认识并珍惜自己的生命，即要乐观、向上，敢于直面生命的挫折，丰富人生，让自己的生命有意义；通过播放《无私奉献的子尤母亲》视频，引导学生在珍惜自己生命的同时珍惜他人的生命，珍惜自然的生命。

第三环节，悟生命。通过让学生用自己独特的方式表达自己对生命的感悟，引导学生联系自我实际，活出生命的精彩。

在活动前，方媛老师收集了班级学生照片，准备了小纸片、蜡笔及多媒体课件，在活动中采用了体验式学习法、情感交流法、讨论法、合作法。

教学过程：

一、导入，欣赏生命的瞬间

教师：让我们一同乘坐时光的快车，追寻着成长的足迹，欣赏你们生命中精彩的瞬间。如果你认出他，就大声地叫出他的名字。瞧，这是谁？

(教师播放学生儿时的照片。)

教师：从这些灿烂的笑脸中，你感受到了什么？

(学生自由作答。)

教师：生命如此美好。孩子们，你们要知道，这一切的一切都源于生命的存在。早在几千年前，先哲们就已发出这样的感慨：天地之大德曰生。这句话向我们传达了什么样的信息呢？

（教师引导：生命宝贵。）

二、知生命

（一）赋予生命色彩

教师：如果让你为你宝贵的生命赋予色彩，你觉得哪种颜色最能代表你生命的色彩，为什么？

（幻灯片出示问题，同时学生自由作答。）

（二）涂抹生命的色彩

教师：同学们的生命真是多姿多彩、五彩斑斓！红色也好，蓝色也罢，正是这些不同的颜色构成了生命的千姿百态！接下来，我们做个小游戏，同学们听清楚要求哦。这个游戏只做一次。每位同学只能拿到一张白纸，将能代表你生命的颜色涂抹上去，涂好后将纸片粘贴到黑板上。游戏时间只有 1 分钟。涂好的同学请互相欣赏成果。

（学生活动：涂抹并粘贴纸片，涂好后欣赏成果。）

（三）发掘生命的特征

1. 感受生命的个体特征

教师：请同学们仔细观察涂抹的小纸片有什么特点，你们从中获得了哪些与生命相关的感受？

（幻灯片出示问题，同时学生自由作答。）

（此处教师要注意两点：一是引导学生联系实际，谈他们发现的与生命相关的感悟；二是注意对学生的回答进行点评和引导。）

教师引导学生从活动中感受以下生命特征：

①没有小纸片涂抹得完全一样——生命独特；

②涂抹后不能修改——生命不可重来；

③涂抹的时间有限——生命有限；

④进而升华到因为这些特征，生命很宝贵，所以我们应珍爱生命。

（教师出示幻灯片：生命如此独特，生命如此有限，生命不可重来。）

在几千年前，我们的先哲先贤们如是说生命：

人人得一生，不得再生。

逝者如斯夫，不舍昼夜。

2. 感受生命的群体特征

教师：一张普通的白纸，用我们生命的色彩去涂抹，竟然变得缤纷斑斓！我们给成果图取个名字吧。

（学生自由作答。）

教师引导学生理解：人的生命都不是单独存在的；我们的生命与身边的每一个人都息息相关；纸片共同构成了集体生命的颜色（五彩缤纷）；生命因其不仅仅属于自己而珍贵。

（教师出示幻灯片：生命不仅仅属于我们自己。）

三、惜生命

（一）珍惜自己的生命

教师：刚才同学们用彩笔涂抹了自己生命的颜色。有一个跟你们年龄相仿的男孩说："很多人用天空主宰自己的颜色，而我用自己的颜色画天。"让我们一起走进这个男孩子尤，看看子尤是如何对待自己的生命的。（观看视频1）

视频1内容介绍：子尤在13岁的时候，被查出患有恶性肿瘤，可他认为这是上帝给他带来的礼物。他在病中坚持写下了15万字的书稿，并为自己的书取名《谁的青春有我狂》。他希望用他的乐观除去跟他有相似遭遇的孩子的阴霾。他在序中写道："当命运之神不停地将烟花爆炸在我的头顶时，我却每日高歌着朋友的名字。青春，我向你宣战。"子尤的世界是疾病蔓延的黑暗，但他却用年轻的光芒把过于匆忙的生命照得雪亮，他用自己的乐观和顽强诠释了生命的真谛。

教师：看看子尤的生命，再想想我们的生命。我们风华正茂、四肢健全，那我们应该如何珍惜自己的生命呢？

（学生自由作答。）

教师引导学生理解：珍惜自己的生命，直面生命中的挫折，乐观向上，让每一天都过得有意义、有价值。

（二）珍惜他人的生命，珍惜自然的生命

教师：在子尤和他的母亲发出生命誓言的同时，他们也关注着身边人的生活，珍爱着身边人的生命。我们一起来看看子尤妈妈的做法。

（观看视频2）

视频2内容介绍：子尤的妈妈在儿子生病期间，在儿子的开心、快乐、痛苦、挣扎中一次次晕过去又一次次醒来。在这个过程中，她逐渐懂得了生命的真谛——生命的价值在于让自己的生命有意义，有意义的人生则是尽自己所能做有意义的事。她开始热心公益事业，成立了癌症少年俱乐部，把这些孩子组织在一起相互打气。她每周都会去医院看望那些癌症患者。现在，很多孩子在她的精心照顾下出院了，这些孩子都亲切地叫她"妈妈"。

教师：了解了子尤妈妈的故事，你对珍惜生命又有什么感悟呢？

教师引导学生理解：

①珍惜他人的生命。他人的生命也是独特的、有限的、不可重来的，所以我们在珍爱自己生命的同时，还要珍爱他人的生命。

爱人者，人恒爱之；敬人者，人恒敬之。——《孟子》

恭则不悔，宽则得众。——《论语》

②珍惜自然的生命，才能让整个社会更加和谐、美好，这样我们的生命才能因彼此的存在而更加精彩。

四、悟生命

教师：刚才我们一起认识了生命的特征，畅谈了珍爱生命的方式，下面请结合你的生活实际，用你独特的方式表达你对生命的全新感悟，可以是一个字、一个词、一句话、一首诗、一幅画、一首歌……

学生思考两分钟，然后自由发言或表演。

此处教师要注意两点：一是根据学生的回答进行点评；二是对学生的回答相机引导，尽量从向上、向善的方面引导。

五、结束，回放生命的瞬间

教师：这堂课接近尾声，感谢同学们让我从这堂课中再一次感悟生命。现在我们一同重温刚才的精彩瞬间，铭记生命的存在。

教师播放在课堂上拍下的照片并配上诗歌：

我们通常认为，人生如台历，撕去旧页，新页展开。

每天如彩排，今天过去还有明天，一遍不满意，还可以再来。

其实，昨天已成为过去，明天尚且未知，当下稍纵即逝，不复重来。

人生没有彩排，每一刻都是现场直播，而此刻现场直播又开始了……

或许我们曾跌倒在路上，曾经多少次折断过翅膀，但从同学们的感悟中，老师读到了如今的你们不再彷徨。孩子们，珍爱生命，学会坚强，超越平凡，勇敢飞翔！

方媛老师的这堂珍爱生命课，遵循"知生命、惜生命、悟生命"的思路，唤起学生对自己生命状态的感受和体验，激发学生珍爱生命、捍卫生命、享受生命、耕耘生命的情怀，不仅让学生有意义地生，有价值地活，而且让学生智慧地生，幸福地活！

整个课程完成后，学生能够体验生命的多姿多彩，感受生命的美好；挖掘生命的各种特征，感知生命的宝贵；感悟珍爱生命的内涵，珍惜所有的生命；激发珍爱生命的情怀，活出生命的精彩。

二、 一片叶子落下来

生命教育是引导学生珍惜生命、追求生命质量、提升生命价值的一种教育活动，包括生命意识教育、生命质量教育和生命价值教育三个层次。其中，生死教育是生命教育中最核心的内容之一。

张显国老师的一片叶子落下来是依据其对生死教育的理解，结合成都市中学生自残自杀的背景设计的。本课以一片飘落的叶子为意象，遵循"感知生命、理解死亡、珍惜生命"的逻辑思路，通过思考"死"来反观"生"，引导学生珍惜生命、活出意义。

近年来，成都市中学生生命伤害事件时常发生，突出问题主要集中在以下几点：其一，生命无意义，自杀时有发生；其二，生命意识淡薄，价值观念模糊；其三，生活的充实度和满意度不高，生命质量不高。这些问题表明部分中学生缺乏对生命最起码的尊重和珍惜，缺乏对生命质量的追求和创造，缺乏对生命意义的理解和感悟。没有了生命，

一切都将不复存在。生命的存在既是教育的起点，也是教育的终点。因此，开设生命教育课，帮助学生理解生死现象，引导学生以死来反观生，教育学生珍惜生命、敬畏生命、热爱生命，具有非常重要的价值和意义。

本课希望通过体验教育使学生：①体验生命的多姿多彩，感受生命的美好；②挖掘生命的各种特征，感知生命的宝贵；③理解生命的死亡现象，感悟生命的历程；④激发珍爱生命的情怀，活出生命的价值。

教学前，张老师准备了一片叶子，希望通过体验式学习法、冥想法、情境法、音乐法、投射法等让学生心灵接受一次洗礼。

教学过程：

一、导入

教师：同学们，今天我们来共同探讨一下有关生命的话题。古今中外，人们一刻也没有停止过对生命的思考。《周易》曾说："天地之大德曰生。"这就是说，天地之间最大的仁德在于孕育生命、呵护生命。那么今天我们就从"一片叶子"的生命成长开始吧。

请大家把课前捡拾的叶子拿出来，放在自己的桌子上。老师也拾了一片最喜欢的叶子，并给它取了一个名字——弗雷迪。下面我们一起来感受一下叶子弗雷迪的成长过程。

请大家以最舒服的姿势坐好，轻轻地闭上眼睛，自由缓慢地呼吸，让我们用心聆听叶子弗雷迪的成长。

二、感知生命

(一)教学活动1：知叶之生

冥想：叶子弗雷迪的成长(播放音频1)。

教师：请大家慢慢地睁开眼睛，回到我们的课堂。

故事中的哪些细节给你留下了深刻的印象？它蕴含了怎样的生命特征？

(学生回答，教师点评。)

和同学们一样，我认为以下内容给我留下了深刻的印象。

①没有两片叶子是一样的。

②弗雷迪的左边是阿弗烈，右边是班，他最好的朋友是丹尼尔，他们一起长大。

③弗雷迪觉得当叶子真好。

④丹尼尔告诉他，给人遮阳是叶子的目标之一，即"让别人感到舒服，这是我们存在的理由"。

⑤他们刚经历生平第一次降霜。

教师引导学生从活动中感受以下生命特征：①生命的独特；②生命的价值；③生命的共生。

(二)教学活动 2：知叶之性

教师：你所捡拾的这片叶子，和弗雷迪一样，走过生命成长的历程。请认真观察你手上的这片叶子，联系它的成长历程，看看这片叶子有什么独特之处，并思考你为什么喜欢它。(学生组内分享，每组再推荐一人在全班分享。)

(学生回答，教师点评。)

教师：通过你手上的叶子，你还可以悟到生命的哪些特征呢？

教师引导学生从活动中感受以下生命特征：①生命的多样；②生命的个性；③生命的短暂；④生命的不可逆。

教师小结：同学们，一片叶子象征着一个生命，它独特而有个性，它自我而共生，它多样而充满价值。但它因短暂而脆弱，不可重来，更不能复生，也不可复制。正因为如此，生命才如此珍贵，请欣赏、热爱和尊重生命吧！

但是，生命终将走向死亡，和叶子弗雷迪一样，你手中的叶子也不例外。

好，请大家以最舒服的姿势坐好，轻轻地闭上眼睛，自由缓慢地呼吸，让我们用心聆听"叶子弗雷迪的飘落"吧。

三、理解死亡

冥想：叶子弗雷迪的飘落。

教师(处理学生情绪)：和你手中的叶子一样，弗雷迪结束了它的一

生。面对生命的有限性，我们是如此伤感；面对生命的逝去，我们是如此不安甚至恐惧和心有不甘。同学们，让我们敬畏生命、尊重生命，从理解死亡开始吧！

（投影）透过弗雷迪的故事，请大家思考：

①弗雷迪会对逝去的丹尼尔说些什么？

②逝去的弗雷迪会对来年的新叶说些什么？

③你对生与死的关系有什么新的认识和理解？

（学生回答，教师点评。）

教师引导学生认识以下观点：

死亡也是生命的一部分，是生命历程的自然过程。死不可怕，关键在于我们对待死亡的态度。未知死，焉知生。海德格尔曾说："向死而生！"参透了生与死，我们才能以更加崭新的态度面对当下的生命。

死是为了更好地生，珍惜有限的生命，活出精彩，活出意义！

四、珍惜生命

教师：同学们，今天我们认真思考了生与死的关系，那么，我们应该如何珍惜生命呢？请用一句精炼的话概括出来，并写在粘贴叶子的纸上面。

（学生分享感悟。）

教师总结：同学们，你手中的这片叶子，因你的感悟而被赋予了新的意义，请小心地珍藏它，让它陪伴你成长。

生命是独特的、多样的，又是脆弱的、短暂的，需要我们用心呵护！让我们用向死而生的勇气，珍爱生命，学会坚守，活出精彩！

这堂课让学生感悟到生命的有限性、唯一性，从而让学生思考个体生命的存在价值。它教会了学生认识与接受生命的意义，尊重与珍惜生命的价值，热爱与发展每个人独特的生命，并将自己的生命融入社会，使学生树立起积极、健康、正确的生命观。珍惜生命、敬畏生命，才可能培养起坚定的理想信念，才可能以博大的胸怀和坚韧的毅力去实现个体的生命价值，为社会创造幸福。

三、 设计你的墓志铭

在中国悠久的传统文化中，人们不乏对"生命""死亡"的思考与追问。荀子总结儒家的生死观：生，人之始也；死，人之终也；终始俱善，人道毕矣。庄子也提出"齐生死"的思想。但是中国民间传统对于死亡有很大的抵触情绪，忌讳死亡话题，谈死色变，久而久之便演变成一种漠视死亡的状态。这导致学生也不能正确地看待死亡，不能真切地感受生命的珍贵。

如果我们能在学生中开展死亡观教育，让学生以一种客观的态度看待死亡现象，帮助他们科学地认识死亡，进而让他们以理性的态度面对死亡，让他们发觉生命的意义，并懂得珍爱生命。

张显国、唐宇老师执教的设计你的墓志铭一课就是要解决学生对个体生命的自然历程认识不清、学生生命质量不高、学生认为生命无价值和无意义的问题在学生中开展生命教育，尤其是死亡教育具有重要的现实意义。死亡教育的目的就是要让学生明白死亡是生命的一部分，是生命历程的自然过程，进而引导学生认识生命的独特性、不可替代性和不可再生性。

本课希望通过深入理解名人墓志铭，引导学生明白死亡是生命的一部分，消除学生对死亡的恐惧感，引导学生珍惜生命；通过撰写墓志铭，引导学生理解向死而生，澄清自己的生命价值观，培养生命价值感。

教学过程：

一、引入

我们现在正值青春年少，正是花样年华，我们离死亡还很遥远，好像还不是写墓志铭的时候，但我们可以通过为自己设计墓志铭，来认真而理性地思考生与死的问题。

二、欣赏名人墓志铭

教师展示名人墓志铭，对每个墓志铭做简单介绍。

三、撰写自己的墓志铭

墓志铭就是埋葬死者时，刻在石上、埋于坟前、以死者生平事迹为主的一份简介，概括死者一生的生活状态。

设想我们已经垂垂老矣，那我们最想在自己的墓碑上写下什么呢？今天，在我们还是学生的时候，在我们即将成年的时候，大家认真想想吧。要求：

①墓志铭要简单明了地概括自己一生的生活状态和追求；

②写真言，抒真情；

③用第一人称来写；

④体裁和格式不限。

四、墓志铭分享

①学生以四人小组为单位，先小组内部讨论，然后推选大家认为1～2篇最精彩的墓志铭展示出来。

②学生代表依次展示墓志铭，然后互评。

③学生自荐上台展示自己的墓志铭（推出 6 名学生上台展示，并且做简短的解释）。

④老师的墓志铭。

一位班主任的墓志铭：一副对联，上联是"育人无私无悔，似几何直线"，下联是"教书尽心尽力，如小数循环"。

一位化学老师的墓志铭：回归大自然，为环保做出最后的贡献。

一位物理老师的墓志铭：请你轻点，再轻点，压力超过 20 牛顿就会让我感到疼痛；请你静些，再静些，噪声达到 20 分贝我就听不见花开的声音。

⑤名人墓志铭。

大文豪萧伯纳的墓志铭：我早就知道无论我活多久，这种事情还是一定会发生。

大作家海明威的墓志铭：恕我不起来了！

16 世纪德国数学家鲁道夫花了毕生的精力，把圆周率计算到小数点后 35 位，算出当时世界上最精确的圆周率数值。他的墓碑上就刻着：

$\pi=3.14159265358979323846264338327950288$。

曾经"捕捉"天上雷电的美国科学家富兰克林的墓碑上刻的是印刷工富兰克林。

五、课堂小结

今天我们谈论了死亡话题。谈论死是为了更好地生活，更有意义地生活，更有价值地活着。我们思考如何设计自己的墓志铭是为了更加胸有成竹地生活，只有真正生活过的人才能坦然平静地走向死亡。可以说，如果我们在生命中执着追寻，不管结果如何，我们的人生都将会是精彩的、无憾的。

我们可以有素洁的人生，但人生不可以苍白；

我们可以有平凡的人生，但人生不应该平庸；

我们可以有厚重的人生，但人生不能够沉重；

我们可以有多姿多彩的人生，但人生不能够虚浮。

议论死亡实际上就是议论生存，是生命和死亡教育的一种内化和扩展。对中学生进行死亡教育，能够使他们获得人生的有限性观念，同时可以帮助中学生树立人生的理想，使他们具有紧迫感，从而帮助他们超越惰性，积极实现人生的理想与价值。总之，生命教育中的生命意识教育、死亡教育，通过学校教师与学生的互动，捍卫生命的尊严，激发生命的潜能，提升生命的品质，实现生命的价值。

第三节　生命质量教育

刘再复在《教育与人的生命质量》一文里谈到我们教育的第一目的不是培养生存技能，而是要提高生命质量。也就是说，教育应当把培养优秀的人性、培养有质量的生命作为第一目的。

如果只有知识和技能，那么人是平面的。人类知识越来越多，人的宽度和长度增加了，但是缺少一样东西，即第三维度，这第三维度就是人文维度。只有具备了第三维度，人才有深度，生命才是立体的。一个

只有长度、宽度的人，跟一个既有长度、宽度，又有深度的人的生命质量是不一样的。人与人最根本的差别就是生命质量的差别，就是第三维度的差别。

一个卓越者，除了具有生存技能、职业技能之外，还必须有深厚的一面。例如，他的理想追求、人文精神、历史眼光、道德素养、良知体系、审美能力、生活态度以及他的人格等，都是他深厚的一面，是他的第三维度。

人活百岁已不易，让百岁生命活得有质量更不易。生活在和平年代，我们不一定会经历苦难，但每个人依然会遭遇脆弱、困惑、挫折和失败，也常常会使理想碰壁。坚定的理想和信念是我们战胜艰难困苦的精神支柱。人生不如意之事常十之八九，但我们永远不要怀疑理想和信念的力量。

因此，在中学阶段加强生命质量教育，引导中学生去追求生活的充实感和满意度，对提高生命质量非常有必要。

生命质量教育，是生命教育的第二个层次。石室中学的生命教育课程，在生命质量教育阶段安排了四堂课。

叶幼梅老师的设计我的生命清单，让学生尝试列"生命清单"，让学生认识到生涯设计的重要性，通过生涯设计提升生命质量。李保诚老师的"以梦为马，不负年华"，让学生感受梦想并理解梦想在个人成长中的意义和价值，通过追求梦想提升自我的生命价值。刘爽老师的"因为梦想，生命精彩"，让学生理解梦想的内涵，理解个人梦与中国梦的关系，提升生命质量。伍陵老师的"向幸福出发"，引导学生感知幸福，帮助学生认识不幸是相对的；引导学生树立正确的幸福观，帮助学生认识到奉献他人、回报社会是最崇高的幸福。

一、 设计我的生命清单

一项对北京在校大学生的调查表明：62％的大学生对自己将来的发展、工作、职业生涯是没有规划的；33％的大学生规划不明确；只有5％的大学生对自己的未来有明确的设计。"凡事预则立，不预则废。"一个人对自己将要做的事没有做任何准备，其实就是在为失败做准备。

德国诗人歌德曾经说过："我们的生活就像旅行，其中理想是导游；没有导游，一切都会停止，目标会丧失，力量也会化为乌有。"由此可见确立理想、目标的重要性。一个人事业的成败，很大程度上取决于有无正确适当的目标。如果没有切实可行的目标做驱动力的话，人是很容易向现状妥协的。有效的生涯设计需要切实可行的目标，以便人们全心致力于目标的实现。

中学生以生命清单的形式做出的生涯设计还不成熟，以后还要不断修正。针对人生某些时段的某些事，比如高考，我们完全可以也有必要仔细地安排做事的程序和要点作为行动的依据和指南。确定目标以后，学生会有意识地加强自身修养，为实现目标储备力量。

生命清单，其实就是人生计划，它是由一个个具体的、必须付诸努力并有可能实现的目标组合而成的。生命清单的力量不可小视，它能最大限度地激发人蕴藏在体内的潜能。更为重要的是，它为人们树立了一种精神理想和追求目标，可以让人们最大限度地丰富自己的生命。

教师用生动形象的方式让学生了解生涯设计的概念、原则和方法，让学生尝试列生命清单，并学会把自己的人生需求分类、排序，希望通过本课的教学让学生认识到生涯设计的重要性，并且让学生明确理想的实现是与点滴积累、踏实努力分不开的。

教学过程：

一、引子

同学们，大家好。今天，我们这节生命教育课的题目是"设计我的生命清单"。我们先请A同学给大家讲一个故事。

一家医院的五官科病房里同时住进来两位病人，两位病人都是鼻子不舒服。在等待化验结果期间，甲说如果自己得的是癌症，就立即去旅行，并首先去拉萨。乙说也想如此。

结果出来了，甲得的是鼻癌，乙长的是鼻息肉。

　　甲列出了一张告别人生的计划表,离开了医院。乙住了下来接受治疗。

　　甲的计划表:去一趟拉萨和敦煌;从攀枝花坐船一直到长江口;到海南的三亚以椰子树为背景拍一张照片;在哈尔滨过一个冬天;从大连坐船到广西的北海;登上天安门;读完莎士比亚的所有作品;力争听一次原版的《二泉映月》;写一本书……凡此种种,共27条。

　　他在这张生命清单的后面这么写道:"我的一生有很多梦想,有的实现了,有的由于种种原因没有实现。现在上帝给我的时间不多了,为了不留遗憾地离开这个世界,我打算用生命的最后几年去实现还剩下的这27个梦。"

　　当年,甲就辞掉了公司的职务,去了拉萨和敦煌。第二年,甲又以惊人的毅力和韧性通过了成人考试。这期间,他登上过天安门,去了内蒙古大草原,还在一户牧民家里住了一个星期。现在他正在实现他出一本书的愿望。

　　有一天,乙在报纸上看到甲写的一篇散文,打电话慰问甲。甲说:"我真的无法想象,没有这场病,我的生命该是多么糟糕。它提醒了我去做自己想做的事,去实现自己的梦想。现在我才体味到什么是真正的生命和人生。你生活得也挺好吧?"乙没有回答。因为在医院时说的去拉萨和敦煌的事,早已因患的不是癌症而放到脑后去了。他现在依然从事着"鸡肋"般的工作,过着平平淡淡的生活。

　　其实,在这个世界上,每个人都患有一种癌症,那就是不可抗拒的死亡。我们之所以没有像那位患鼻癌的人一样列出一张生命清单,抛开一切多余的东西去实现梦想,去做自己想做的事,是因为我们认为我们还会活很久。然而也许正是这一点点量上的差别,使我们的生命有了质的不同——有些人把梦想变成了现实,有些人把梦想带进了坟墓。

　　在这个故事里,我们听到了一个名词,即生命清单,上面列着那个癌症患者最想做的事,而完成那些事使他体味到什么是真正的生命和人生。

　　无独有偶,有一个叫约翰·戈达德的外国人,在15岁时就把自己一生要做的事情列了一份清单,他把它称为生命清单。他给自己明确了所要攻克的 127 个具体目标,比如探索尼罗河、攀登喜马拉雅山、读完莎士比亚的著作、写一本书等。44 年过去了,59 岁的戈达德通过顽强的努力,已经实现了其中 106 个目标。他进行了无数次远行和探险,成为电影制片人、作家和演说家,得到了许多荣誉,并被接纳为英国皇家地理学会的成员和纽约探险者俱乐部的成员。

由此可见,一张生命清单的力量不可小视,它能最大限度地激发人蕴藏在体内的潜能,使其拥有很多常人无法得到的东西。

生命清单,其实就是人生计划,它是由一个个具体的必须付诸努力并有可能实现的目标组合而成的。它可以围绕某一个主题精心布局,也可以涉及不同的领域。生命清单不光安排先做什么后做什么,更为重要的是,它为我们树立了一种精神理想和追求目标,可以让我们最大限度地丰富自己的生命。

当我们羡慕对别人的成功的时候,我们是不是可以反躬自问一下:"我,想要做什么?我,能够做什么?我,应该怎样做?"

"凡事预则立,不预则废。"一个人对自己将要做的事没有做任何准备,其实就是在为失败做准备。今天我们不妨试着给自己列一张生命清单,好好想一想你究竟想成为什么样的人,成就什么样的事业,享有什么样的待遇,拥有什么样的朋友……

二、请拿出笔来,在纸上写出几件你最想做的事吧

大胆地写出你真实的想法。

如果你觉得有些想法是个人隐私,可以不与大家交流,但总有一些是可以与大家分享的吧,说不定有些梦想还要靠大家的帮助才能实现呢。

(教师给学生 5 分钟的时间书写答案。)

(教师板书总标题——生命清单。)

我们一起来分享梦想吧!

(教师请同学说一些梦想。)

看,我们的黑板被同学们的美梦装饰得多么绚烂多彩,如果它们都能实现,在座诸位今后会有多么华美的人生呀!

（教师请同学谈想法——有人说本来就写不完，没有必要写完；有人说应该从小事到大事，一步一步来；有人说应该先设立终极目标，再拆分成附属目标；有人说应该归类考虑……）

（教师根据黑板上罗列的理想进行概括分类。）

归类——5类，即亲情、事业、爱情、朋友、自我满足，这是人生的几大支柱。

分层——根据马斯洛的需要层次理论，人生的需要分为以下几个层次：生理需求—安全需求—社会需求（交往、爱、归属）—尊重需求（名誉、赏识、表现）—自我实现的需求。

这下，我们可以根据生活需要的类别和层次比较全面地确立我们的生活目标了。

我们有了如此美梦，一定能有美丽的人生了吧！

（师生讨论几个梦想的可行性：①捐骨髓；②考上清华大学；③给妈妈买房子；④娶一个俄罗斯姑娘；⑤养一匹汗血宝马；⑥到月球居住……教师请同学回答。）

生命清单让我们明确了"我想要做什么"，但并不是我们想要做的事都能够实现。

哪些事是我们能做到的？我们在什么时候做什么事是最恰当的呢？这就涉及一个更大的概念——生涯设计。生命清单其实就是生涯设计的一个重要的组成部分。

三、什么是生涯设计

生涯设计就是个体以个体的智慧类型为依据，参考个人的兴趣、理想为指导，参考个人的社会环境、经济基础，对人生进行科学的预测和策划，以期最大限度地发挥个体的智慧、潜能，以实现个体应有的人生价值。

四、怎么做生涯设计

生涯设计是建立在自知、自查的基础上的。人生目标的设定，是以自己的最佳才能、最优性格、最大兴趣、最有利的环境等信息为依据的。了解自己，了解环境，才是成功的法则。

人有很多缺陷和不足，对自己期望过低、过高都不利于成长。

每个人都有自己的风格，对人生的设计不能强求一致。

做生涯设计的步骤：

①了解自己；

②了解环境；

③明确自己想做并能做的事，把它归类、分层、取舍、排序；

④分类设计实施方案，如短期计划，中期计划、长期计划，工作计划、娱乐计划、素质提升计划等。

五、具体实施——立志高远，脚踏实地

预测未来的最好办法就是在现在创造未来。

列一张生命清单并不难，难的是坚持不懈地去完成它。完成清单是一种艰苦的过程，需要流汗、流泪，有时还得流血。戈达德在实现目标的过程中，就曾经历过18次死里逃生的考验，但他表现出了巨大的勇气。

愿我们每一位同学都有一份生命清单，并义无反顾地照着这个清单一条一条地去努力完成。这样当我们在回首往事时，我们就不会因虚度年华而悔恨，也不会因碌碌无为而羞愧。只要你认真地过每一分钟，你的未来就不是梦！

叶幼梅老师执教的这一课关注了学生的全面、协调和可持续发展，对学生预测未来和过好今天都产生了积极的作用。但学生的设计除了有闪光点也一定会有局限性，还需要教师正确引导，即让学生多加分析和体会，让他们自己领悟什么是有意义的人生，什么是生命中最重要、最应该珍惜的东西，从而好好珍惜生命，关爱自己和他人。通过本课的教学，学生知道了自己的奋斗目标和现在需要培养的素质，感觉这节课很有价值。

二、 以梦为马， 不负年华

当今社会，经济高度发展，价值观多元纷杂，使越来越多的人在

面对物质和利益诱惑时失去了对精神和梦想的追求。对青少年学生加强理想信念教育迫在眉睫，尤其是在党中央提出实现中华民族伟大复兴的中国梦的背景下，理想教育成为未成年人思想道德建设的重中之重。

梦想，即理想，是人生的奋斗目标，是人们对未来蓝图的美好设想。理想包括社会理想、道德理想、职业理想、生活理想等。正确的理想是学生成长路途中的指明灯、精神支柱和力量源泉，对人生起着重大的指导和促进作用。青少年学生如果志存高远，追求卓越，就能拥有高尚的精神生活，就更能催生强烈的奋斗动机和动力，使自己的生命更有意义、更有价值。

李保诚老师以"以梦为马，不负年华"为题，引导学生对梦想进行较为深入的挖掘和理解，并使学生充分意识到个人梦想与社会梦想的密切联系，促使学生更好地规划自己的未来，实现更大的人生价值。

学校希望通过教学让学生感受梦想并理解梦想在个人成长中的意义和价值；帮助学生认识梦想的层次，懂得社会梦想和个人梦想的关系；引导学生思考并调整自己的梦想，提升自我的生命价值，构筑中国梦；引导学生进一步思考追逐梦想的条件，着重体会在追梦的过程中坚持不懈的精神。

教学过程：

一、导入

在当下社会最流行的词语中，"梦想"占据一席之地。很多同学应该和我一样很关注《中国达人秀》《中国梦想秀》《中国好声音》等众多节目。我想，这些节目让我们深深折服的不仅是参赛选手精湛高超的技艺，更在于他们对梦想的执着追求。他们，心中有梦；他们，为梦而生！今天，我们一起静下心来感受梦想的脉搏，倾听梦想的心跳。

二、感知梦想

(一)心中有梦，生活充满希望

说到梦想，我们一起来分享一下同学们的梦想，请大家畅所欲言。

(幻灯片：畅所欲言——你的梦想是什么？)

老师想问一下大家：梦想对于你意味着什么？

（幻灯片出示问题：梦想对于你意味着什么？学生自由作答。）

每个人都有自己的梦想，或远或近，或大或小。梦想对于我来说就像呼吸一样重要。不论贫困还是富有，尊贵还是卑贱，拥有梦想是我们每个人的权利，有梦想谁都了不起。不管你的梦想有多大，请你相信：梦想再大不嫌大，追梦人再小不嫌小。

林语堂曾说，人生不能无梦，无梦则无望，无望则无成，世界上做大事业的人，都是由梦得来的。

（二）心中筑梦，生命散发光芒

刚才同学们谈到的大都是职业理想和生活理想，下面我们一起走近这样一个人，看一看他的梦想会不会让我们有更深的感悟。

（教师播放感动中国人物胡忠的视频。）

看了视频后，请谈一谈你对胡忠的个人梦想的理解。

（幻灯片出示问题：请谈一谈你对胡忠的个人梦想的理解。学生自由作答。）

有人从师只为这份工作能让自己生活安稳，而有的人却离开繁华都市、离开至亲扎根山区十几年，执着地践行着"德高为师"的铮铮誓言。很多人求学是为了考取一所好的大学，以后找到一份好的工作，享受生活的富足，而有的人在青少年时代就早已树立了"为中华崛起而读书"的远大理想……我们不仅要追求理想的职业和舒适的生活，还应该有一定的精神和道德追求，为集体、为社会做出更多的贡献，这样我们的生命从此就不一样了。

同学们，胡老师的梦想历程让我们感动，让我们深思。我们的国家有很多像胡忠这样的老师，他们在自己平凡的岗位上默默地耕耘着，为祖国的教育事业奉献了青春和力量。国家教育梦想的不断实现也成就了他们的个人梦想，提升了他们的人生价值。从胡老师的身上，我们不难看出个人梦想与社会梦想的密切关系，下面我们一起观看下一段视频。请同学们结合视频中的内容，谈一谈自己的感悟。

（教师播放有关中国梦的宣传片。）

社会梦想存在于个人梦想中，要通过每个人的追求和努力来实现。社会梦想的实现也为个人更好地发展和实现个人梦想提供了丰厚的土壤。面对中国梦这一伟大的社会梦想，作为祖国未来的建设者，我们要将个人梦想置于时代大潮中，努力用自己的道德情操和责任担当贡献我们的力量，提升自我的人生意义和价值，推动中国梦、民族梦的实现。

（三）心中逐梦，人生处处辉煌

我们心中拥有了梦想，构筑了梦想，下一步就要努力去追逐梦想。同学们，我们应当如何追逐梦想？追逐梦想需要哪些条件呢？

（幻灯片出示问题：我们应当如何追逐梦想？追逐梦想需要哪些条件呢？学生自由作答。）

追梦的道路并非一帆风顺，这一路充满荆棘坎坷、风霜雨雪，或许我们会后悔、失望甚至恐惧，但是我们绝不会放弃！

（教师播放无冕之王雷德蒙的视频。）

无冕之王的故事深深地震撼着我们。我相信每一个人都能从中汲取巨大的精神力量。马云说今天很残酷，明天很残酷，后天很美好。坚持！坚持！再坚持！我们要相信梦想的力量可以战胜一切！为了梦想而坚守，全世界都将为你鼓掌喝彩！请大家铭记：在追梦的路上，真正的成功不是战胜别人，而是挑战自我！

带着梦想给予我们的感动和力量，请大家在梦想卡片上书写一句梦想宣言，谨以此献给追梦的自己。当我们遇到困难和阻碍时，当我们伤心沮丧时，当我们内心犹疑不定、挣扎彷徨时，请大家重读这一句梦想宣言，让它鼓励我们毅然前行！

（小组分享梦想宣言，每组推荐一位同学与全班分享。）

（学生活动：汇聚梦想。）

三、结语

今天，我很开心与大家一起思考梦想，分享梦想。我们重温这关于梦想的思想之旅：心中有梦，生活充满希望；心中筑梦，生命散发光芒；心中逐梦，人生处处辉煌。同学们，让梦想像骏马在心灵的原野飞奔驰骋，让梦想像雄鹰在蔚蓝的天空展翅翱翔，让我们在实现个人梦想和社会梦想的征途中，用自己的青春和热血抒写人生韶光中最美的年华！

最后，我与大家分享一首小诗，作为今天课堂的结束语。

在清爽的晨风中面对晨曦祈祷，梦想给予我们光芒。

在冰冷的风雨中向穹苍仰望，梦想赐予我们力量。

珍惜今天所拥有的，把握现在梦想的方向。

梦想在远方，于是选择在路上。

梦想是帆，随风启航。

梦想是星辰，指引我们创造金碧辉煌。

追梦的路上，我们步履铿锵。

追梦的路上，每一个脚步都坚实而有力量！

三、 因为梦想， 生命精彩

无论在什么时代，人都有自己的理想。学生也不例外。向往一件精致的玩具，向往一条红领巾，这都是理想。年纪渐长，理想也更远大。理想越远大、越坚定，它的影响与支配作用也就越大。

理想教育是引导学生认识梦想、构筑梦想、实现梦想的一种教育活动，其目标是从高处着眼，从现实基础入手，积极地促使学生朝着远大的梦想奋进。其中，实现梦想是高中生理想教育的中心内容。

对学生进行理想教育，是教育工作中一项艰巨的任务。面对现今的高中生，教师不但要有恒心，而且还要着眼现实，展望未来，对学生循循善诱。

刘爽老师以"因为梦想，生命精彩"为题，遵循"感知、构筑、追逐"的思路，从感知梦想到深入认识自己的梦想，最后把梦想与高中生的自身实际结合起来，引导学生构筑梦想、追逐梦想。

本课希望通过教学让学生理解梦想的四层内涵及其关系，认识到梦想的重要价值和作用；让学生掌握中国梦的内涵，理解个人梦与中国梦的关系；引导学生理解并掌握实现梦想的方法和途径，坚定实现中国梦的信念。

教学过程：

一、导入

前段时间我在家翻箱倒柜的时候，看到了我许久不见的一个盒子，里面是 2003 年的我写给自己的一封信。

（幻灯片展示信件照片，信件内容用文字展示。）

那时候，我即将上高一。生日那天我把梦想都写进了信纸，封在盒子里。现在回过头来看，有一部分已经实现，有一部分正在实现，还有一部分已经改变！每个人都有自己的梦想，因为梦想，生活才会更加精彩！

二、感知梦想——因为梦想，生活精彩

（一）教学行为：引导学生感知他人的梦想

投影：

马云的梦想——超越自己，没钱也要闯出大事业！

科比的梦想——当我还是孩子时，我梦想成为马拉多纳。今天的我，只想成为总冠军！

超市小阿姨的梦想——用我的热情、真诚服务每一个孩子，尽量减少他们的等待时间。

学校保安的梦想——我只想好好当保安，用我的笑容给学生的每一天带来最好的问候。

班主任的梦想——一直以来我都梦想成为一名教师，现在我只想带给学生永远的快乐！

（二）教学行为：引导学生感知自己的梦想

教师过渡语：作为高中生的我们，又有什么样的梦想呢？请谈谈你们的梦想。

（学生回答。）

（教师适时点评。）

教师总结：同学们的梦想丰富多彩，有对生活的期待，对职业的规划，对社会的关注。

投影：梦想即理想，是人生的奋斗目标，是对未来蓝图的设想。

投影：

有生活的理想，就会有理想的生活！

梦想有多大，舞台就有多大！

梦想有多远，我们就能走多远！

三、构筑梦想——因为梦想，生命精彩

教师过渡语：我们的梦想是不是就仅限于当个医生？有这样一个舞者，她是一名教师，是一名志愿者，更是一名励志者，或许你们会从她身上找到答案。

（一）教学行为：感受廖智的鼓舞人生

（教师播放廖智的视频。）

（二）教学行为：引导学生深入认识梦想的内涵，完善自己的梦想

教师提问：廖智诠释了怎样的梦想内涵？

（学生回答。）

教师小结：作为一名舞者，廖智用《鼓舞》证明了自己；作为一名教师，她将舞蹈的种子播撒；作为一名励志者，她用《鼓舞》鼓舞了他人，给人以信心，给人以勇气；作为一名志愿者，她将爱与希望传递，将梦想传递……

投影：

舞　者：跳好自己的舞，提升生命质量的梦想——生活理想。

教　师：教好学生，传递美丽的梦想——职业理想。

励志者：懂得感恩，拥有爱心的梦想——人格理想。

志愿者：帮助他人，奉献社会的梦想——社会理想。

廖智向我们诠释了梦想的四个方面，也让我们认识到这四个方面是能够统一在一个人的人生梦想中的。

（三）教学行为：引导学生认识个人梦想与集体梦想的关系

我们的人生梦想是由低到高、从个人到社会的。廖智在实现个人梦想的同时影响了一批人。北宋大儒张载就曾这样表述过个人梦想与集体梦想的关系："为天地立心，为生民立命，为往圣继绝学，为万世开太平！"

廖智如此，我们每个人也应当如此。

教师提问：中国近现代史上，还有很多为了国家梦不断努力拼搏的人。你们还知道哪些这样的人及其梦想？请用一句话精炼地加以概括。

（学生思考并回答。）

过渡语：除了科学家、文化名人，还有一些普通人、普通家庭、普通团队也在为中国梦努力。

胡忠、谢晓君夫妇，带着妻子和孩子，带着他的家庭坚守藏区支教十多年，践行着他的教育大梦！所以，感动中国组委会给予了他们这样的评价："他们带上年幼的孩子，是为了更多的孩子。他们放下苍老的父母，是为了成为最好的父母。不是绝情，是极致的深情；不是冲动，是不悔的抉择。他们是高原上怒放的并蒂雪莲。"

过渡语：这样的人、这样的事令我们感动。其实除了胡忠这样的家庭，还有更多的团队在为中国梦努力！

平均年龄仅 30 岁的"嫦娥一号"研发团队在短短三年中，用团结、奋斗谱写了中国人的飞天之梦！

过渡语：不止如此，我们全体中国人也在不断拼搏。

在艰难的 2008 年，中国人用坚韧、勇敢、智慧书写出共同的中国梦。

（投影：国家富强、民族振兴、人民幸福！）

教师小结：我们看到千千万万的中国人在为中国梦的实现而努力。试想，若无安定强大的国家，我们又何来实现梦想的机会？由此可见，个人梦想与集体梦想是和谐统一的。现在的我们，也应当把自己的梦想和社会的梦想结合起来。

（投影：我的梦，中国梦！中国梦，我的梦！）

我们是祖国的未来，是实现中国梦的希望！

四、追逐梦想——因为梦想，世界精彩

过渡语：光有梦想还不够，梦想还需实现。

有一群老人在生命接近尾声的时候，为了实现年轻时的梦想，仍在不断努力！年轻的我们又能从中受到怎样的启发呢？请同学们认真观看视频。

（教师播放视频：台湾大众银行宣传广告《梦骑士》。）

教师提问：几位老人是如何追逐他们的梦想，焕发生命精彩的？

（学生回答。）

板书：坚定信念、充满自信、敢于抛弃、把握时间、充分准备、脚踏实地、守望相助、坚持不懈……

过渡语：这些老人如此，年轻的我们更应如此。老人有他们共同的理想，年轻的我们也应有共同的中国梦！

教师提问：请结合自身实际，谈谈如何实现自己的梦想，进而实现我们的中国梦。

（学生回答。）

教师小结：我们不妨将同学们刚刚所谈到的制作成一个逐梦攻略：

①志存高远，追求卓越；

②学会学习，学会做人；

③全面发展，培养特长；

④永不言败，执着追求；

⑤立足当前，不断积累。

下面是我很喜欢的两个算式：

$1.01^{365} \approx 37.8$；

$0.99^{365} \approx 0.03$。

$1.01 = 1 + 0.01$，也就是说你每天进步一点点，365 天后将进步很大，远远大于"1"；$0.99 = 1 - 0.01$，如果你每天退步一点点，365 天后将被人远远抛在后面，甚至"1"事无成。

其实，我们实现梦想的路也是如此。在逐梦的过程中，我们会遇到很多挫折、打击，但只要我们每天进步一点点，我们的梦、中国梦都终将会实现！

五、结束语

因为梦想，生活精彩！

因为梦想，生命精彩！

因为梦想，世界精彩！

让我们不断追求自己的梦想，努力实现伟大的中国梦！

四、 向幸福出发

高中生课业负担重，心理压力大，幸福感低。首届中国国际积极心理学大会公布了一份《高中学生积极心理教育调查》，有媒体将其概括为"中国孩子幸福指数低位徘徊"。如何增强学生的幸福感，成了专家及整个社会的关注点。

幸福教育是引导学生感知幸福、认识幸福、创造幸福的一种教育活动，其目标是培养学生学会发现、享受和创造幸福，让自己在充实的学习生活中创造心理的满足感、幸福感，提升幸福指数。其中，创造幸福是高中生幸福教育的中心内容。

在当前高中生幸福感普遍偏低的大背景下，伍陵老师以"向幸福出发"为题，遵循"感知、认识、创造"的思路，从幸福感知到与不幸福对比，再到对幸福的再认识，最后深入认识幸福，并把幸福与高中生的自身实际结合起来，引导学生珍惜幸福生活、创造幸福未来。

本课希望通过教学培养学生感知幸福的能力，使学生对幸福的内涵有比较深刻的理解和认识；帮助学生认识不幸是相对的；引导学生运用辩证的方法思考问题；引导学生树立正确的幸福观；帮助学生认识到奉献他人、回报社会是最崇高的幸福；培养学生感受、发现、创造幸福的意识和情感，并能制订自己的人生幸福计划。

教学过程：

一、情境导入

（略）

二、触摸幸福，感知幸福

（一）教学行为：对照片的解读

首先，我要感谢分享自己照片的老师和同学，下面我们一起来看一下这些照片。

（教师出示几张贴近学生自身实际的照片，主题为温馨、快乐、和谐等。）

教师提问：这几张照片给你什么样的感觉，你会用哪些词来形容？
（学生回答。）

教师总结：这些照片、词语传递给我们的是浓浓的幸福的感觉。

（二）教学行为：引导学生感知幸福

幸福是一个超越时空的永恒话题。那么人们对幸福又是怎样理解的
呢？我们来听一听。

有的同学说，幸福就是回到家，妈妈已经准备好了热气腾腾的饭菜。

还有的同学说，幸福就是有书读，有时间去读，有心情去读。

琼瑶说，幸福在于内心的平静与安宁。

俄国著名作家屠格涅夫说，幸福没有明天，也没有昨天，它只有现在。

现在，请大家用一句话诠释你对幸福的理解。

（学生回答。教师板书关键词——感知幸福：健康、成功、奉献、
学习、美食、团聚、快乐、浪漫等。）

教师总结：每一个人对幸福都有不同的理解。健康是幸福，快乐是
幸福，成功是幸福，奉献是幸福，学习是幸福，享受美食是幸福，温馨
团聚是幸福，浪漫偎依是幸福。幸福不仅有物质的，也有精神的；不仅
有现在的，也有长远的；不仅有自身的，也有他人的……但不管是哪
种，只要你触摸到了、感知到了，你就是幸福的。

三、执着追求，拥抱幸福

（一）教学行为：引导学生说出自己的不幸

人生并不总是和阳光、幸福相伴的。在很多时候，我们也会面对风
雨，遇到困扰。在学习生活中，曾经有哪些困扰让你觉得不幸福，请你
用一两句话把你感知到的不幸表达出来。

大家自由分组，讨论一下，并选出你们的发言人。

（学生回答。）

教师总结：正如同学们所说，学习上的压力、思想上的困惑、生活
上的不如意、物质上的不满等，足以让我们感到人生不是那么幸福。

（二）教学行为：探究如何将不幸转化为幸福

其实，有一些人更加不幸，但是他们是怎样转化不幸进而过上自己

的幸福人生的呢？

（教师出示雷庆瑶的基本情况——雷庆瑶3岁痛失双臂，不幸降临。面对如此巨大的不幸，她又是怎么做的呢？）

（教师播放视频：雷庆瑶的不幸、奋斗、成功。）

面对不幸，雷庆瑶怎样去理解并成就她的人生幸福？

（学生回答。）

教师总结：雷庆瑶是不幸的，但她通过不懈的追求把不幸转化成了幸福。追求本身就是一种幸福。在获得物质幸福的同时，作为社会的人，我们追求的更应该是精神上的幸福。在看到眼前幸福的时候，我们想到的更应该是长远的幸福。

（教师出示幻灯片：执着追求，拥抱幸福。）

面对我们人生中的不幸，她的故事带给我们哪些启示？

（学生回答。）

教师总结：雷庆瑶的故事告诉我们，不幸与幸福之间，没有不可逾越的鸿沟，我们需要的不过是一次思想的转变和坚定的步伐。和不幸的她相比，我们是幸运的。只要我们在思想上、心态上完成一次华丽的转身，执着追求，永不言弃，幸福就在不远的前方等着我们。

四、播种幸福，洒向人间

成就自身的人是幸福的，然而，在成就自身幸福的基础上，我们是否还应该有更崇高的幸福追求呢？我们再来看一下雷庆瑶。

（教师播放雷庆瑶的相关视频。）

雷庆瑶的幸福观有何变化？她是怎样实现崇高幸福的？

（学生回答。）

教师总结：她的幸福观有了飞跃，即从实现物质的幸福到实现精神的幸福，从实现自身的幸福到实现他人的幸福，在播种自身幸福的同时，还要把幸福传递出去，洒向人间。

（教师出示幻灯片：播种幸福，洒向人间。）

其实，雷庆瑶这样的人物还有千千万万。在帮助他人获得幸福的同时，他们也让自己的幸福变得更加丰满。

教师总结：成就了自身的人是幸福的，成就了他人、国家乃至整个人类幸福的人更是幸福的，因为他们突破了自我，获得了超越自身的最崇高的幸福！残疾人如此，健康人如此，功成名就的人如此，我们平凡的人亦如此。

（教师出示幻灯片：传递真善美，幸福你我他。）

五、活在当下，畅想幸福

作为当代中学生，同学们又该如何去畅想自己的幸福未来，规划自己的幸福人生呢？美国人鲁宾曾写了一本书，就叫《幸福计划》，它讲述了一个人用一年时间去追寻幸福的一段真实旅程。下面我们来了解一下。

（教师出示幻灯片：《幸福计划》目录。）

（教师给学生两分钟时间，并播放背景音乐《幸福在哪里》。）

（教师出示幻灯片：活在当下，畅想幸福。）

接下来，请大家用精练的语言畅想自己的幸福未来，并制订出你的幸福计划。

（学生回答。）

六、结束语

教师总结：我很高兴看到大家都拥有了自己的幸福计划。然而，这仅仅是我们迈出的通往幸福的第一步。只要我们行动起来，依照我们的幸福计划，坚定地向着幸福进发，我们就能拥有自己的幸福！

幸福是一种主观的心理体验，是人的需要得到满足所产生的愉快状态。生命教育将教育的目的回归到人自身的情感上，使教育造福于人，培养能够创造幸福、享用幸福的人。本课将教育的目的回归到人的幸福生活上，关注学生生命成长的状态，引导学生对人生进行善性启发和理性体认，顺应了教育的本真意义，使学生在有限的生活中体验到无限的意义，在短暂的世俗生命中领悟到幸福的真谛，非常具有实践和推广意义。

第四节　生命价值教育

　　教育的本质应该是让受教育者能够更好地适应社会生活，获得身、心、灵的全面发展。任何生命都无法被另外的生命代替，因为生命具有唯一性。敬畏生命是教育的伦理起点，也是教育的价值归宿。但是，人不仅仅属于自己一个人，人只有在社会中才能存在和发展。所以，我们现代人在充分发挥个体生命潜能的同时，也应该从个体生命中体会到人类生命的存在。

　　生命教育不仅要教学生珍惜生命，还要教给学生生存的意义。法国大文学家雨果曾经说过，人有了物质才能生存，而人有了理想才谈得上生活。生存只是为了维持和延续生命，而美好的生活才能使生命之光得以展现。生命的有限性催促着我们行动。活出意义便是我们生命的价值所在。生命价值教育是一种具有精神取向的生命教育，它不仅包括自我的幸福、自我的追求、自我人生价值的实现，而且还表现在对社会、对人类的关怀和贡献上。只有体悟生命意义的人，才会真正地热爱生命、珍惜生命、体验生命，也才能坦然地面对生命的困境，在与困难的斗争中活出人生的滋味和精彩。

　　生命价值教育，是生命教育的第三个层次，它更加强调责任、信仰和社会价值的实现。

　　石室中学的生命教育课程，在生命价值教育阶段安排了四堂课。

　　赵清芳老师的"向死而生"引导学生体会灾难和困境中人们对生命的坚守，体验生命的短暂和有限，使学生懂得珍爱生命，珍惜"生"的机会，懂得在实现自我价值的同时实现社会价值。邹语佳老师的"以'和'论道，活出价值"引导学生在自己的生命现实中思考生命价值，提升自我的生命质量。李萍老师的"学会舍得，成就人生"让学生体验生命中的"舍得"是一种人生的常态；让学生理解"舍"与"得"的辩证关系，认识到"舍得"是一种人生智慧；引导学生认识到在"舍得"中实现社会价值是一种高远的人生境界，进而努力提升生命质量和生命价值。奉柳老师的"携心灵之美，育生态之花"让学生感受目前生态所受到的伤害，增强学生热爱生态、善待生态的意识，使学生养成"对万物友善"的美德，树立为祖国美好生态而努力的信念。

一、 向死而生

汶川大地震之后，教师和学生对死亡和生命有了新的认识和理解。但是，部分学生对生命的认识产生了偏差，无法正视自己在生活中遇到的困惑，甚至轻视生命的存在，失去生命的方向，质疑生命的意义，否定生命的价值。这些真实的学情，都对我们的学校教育提出了挑战，急切呼唤生命教育的开展。

在汶川大地震后重建家园的大背景下，本课以海德格尔的名言"向死而生"为题，遵循"活着、活好、活出价值"的思路，通过思考"死"来反观"生"，对生命意识和生命价值进行较为深入的挖掘，引导学生珍惜生命、提升价值。

教师希望通过本课引导学生体验生命的短暂和有限，使学生懂得珍爱生命、珍惜"生"的机会；引导学生体会灾难和困境中人们对生命的坚守，学习不言放弃、不断追求的精神；引导学生认识生命的价值，懂得在实现自我价值的同时实现社会价值；引导学生在现实中思考生命价值，提升自我的生命质量。

教学过程：

一、导入

汶川大地震这一场无情的大灾难，让我们猝不及防地直面了这样一个问题：生和死。这一问题关乎到了人们对生命本质的思考与认识。老师想问一下，同学们都知道哪些有关生死关系的论述？名言、成语、词语都可以。

（学生自由作答。）

古往今来，古今中外，人们对这个问题有不同的看法。

中国古人说:"未知生,焉知死?"这句话的意思是,不知道"生"的意义,如何能参透"死"的到来? 西方人却倒过来说:"未知死,焉知生?"意思是,不知道"死"的意义,又如何能体悟"生"的价值?

对这个问题,西方哲人海德格尔用非常精辟的四个字表达了自己的理解:"向死而生。"今天,借用这四个字,借用这节班会课,我们走向对生命本质的思考。

二、"向死而生"的理解与行动

(一)直面生命的绝境,坚守生命的存在

说到生和死,我们先来看一段视频。

(教师出示幻灯片"直面生命的绝境,坚守生命存在",并播放视频1。)

看完了视频,此时此刻,你如何理解"向死而生"?

(学生自由作答。)

生命如此脆弱,却又如此顽强。薛枭也好,邓清清也好,因为地震的到来,他们过早地直面了生命的绝境——死亡。但是,他们并不轻言放弃,而是以"向死而生"的精神,坚守着自己的生命,顽强地活了下来。他们以微笑、乐观、坚韧,诠释了生命的顽强。

(幻灯片出示"向死而生"的含义:直面生命的绝境,让生命在坚守中实现顽强存在。)

(二)直面生命困惑,实现自我价值

历经这样一场生死浩劫之后,这些顽强的生命必将对生命有了新的认识和思考,但同时他们也必将面临生命的重重困惑,比如身体的残疾、家庭的破碎、梦想的破灭和自我价值的缺失等。那么,他们的生命还能再次飞翔吗?他们还能继续以"向死而生"的勇气,去实现曾经的梦想、自我的价值吗?

(教师出示幻灯片"直面生命困惑,实现自我价值",并播放视频2。)

看完这段视频后,大家对"向死而生"有什么新的理解?

(学生自由作答。)

(教师链接小李月的心路历程图片。)

面对失去左腿、梦想破灭的现实,小李月也曾沮丧过、放弃过,但最终她勇敢地直面了这些现实，于是"芭蕾小天鹅"又重新张开了飞翔的翅膀，重新实现着自我的梦想与价值。对我们而言，像邓清清、任思雨、薛枭那样直面生命绝境，并非我们生活的常态。看看小李月，再想想我们自己，此时你有什么感想呢？

希望我们每个人都能像小李月一样，在直面自己生命困惑的时候，始终坚持"向死而生"的勇气，将自己的梦想和追求进行到底。

（幻灯片出示"向死而生"的含义：直面生命困惑，让生命在追求中实现自我价值。）

（三）直面生命的有限性，实现社会价值

在有限的生命中，人在实现自我价值的同时，还可以实现更高层面的社会价值。就像刚才的小李月，她的坚韧、执着、永不放弃的精神，不但帮助她实现着自己的梦想，同时也激励着更多的人像她一样直面困境、实现梦想。在接下来的这段视频中，同学们可以清楚地看到，个体不但可以实现自己的梦想，还可以帮助别人实现梦想。

（教师出示幻灯片"直面生命的有限性，实现社会价值"，并播放视频3。）

看完这段视频后，大家对老师所说的"向死而生"有什么更深入的理解？
（学生自由作答。）

李丽在轮椅上坐了40多年，却为社会奉献了20多年。从直面死亡之神，到直面生命困惑，再到现在直面有限的生命，李丽用自己"受限"的人生，诠释着无限的奉献。也就是在这无限的奉献中，李丽实现了生命的社会价值。

（幻灯片出示"向死而生"的含义：直面生命的有限性，让生命在奉献中实现社会价值。）

其实，除了李丽，还有很多我们熟悉或不熟悉的名字。他们都在自己有限的时间、有限的生命里，为社会、为人类散发出了耀眼的光芒。我们来看一看这些普通的脸庞，听一听这些朴素的话语！

（教师链接幻灯片：李连杰、华益慰、李桂林、王百姓的事迹。）

名人也好，普通人也好，他们竭尽自己的所有，为这个社会奉献着

他们的一切。也就是在这样的奉献中，他们的生命实现了更高层次的社会价值，他们的人生成就了绚丽的篇章。

（四）联系自己的生命，提升生命价值

看看他们的生命，再想想我们的生命；看看他们的人生，再想想我们的人生。我们，风华正茂的我们，又该如何去实现我们的生命价值呢？

（教师出示幻灯片：联系自己的生命，提升生命价值。）

现在，我们不妨做这样一个假设：假设从现在开始，你的生命只剩下最后一年，那么你将如何去实现自己的生命价值？请写下你在这一年中最想做的、最有社会价值的一件事。

（学生思考两分钟，然后自由发言。）

三、结语

生命的长度是有限的，但我们却可以通过自身的努力，增加它的宽度、厚度与高度。无论是直面生命绝境，还是直面生命困惑，还是直面生命的有限性，只要拥有"向死而生"的勇气，我们就能够让生命在坚守中顽强存在，在追求中实现自我价值，进而在奉献中实现社会价值。如此，我们才可以了无遗憾地对生命绽放最后的笑容，才可以了无遗憾地说："我的生命，拥有别样的精彩和价值！"

最后，老师送给大家一段话，作为今天课堂的结束语。

一粒沙，可以增加沙漠的宽广；

一滴水，可以促成海洋的浩荡。

尘世间的每一个生命，

自有我可以坚守的方向。

那有限的时间广场，

阻碍不了我人生的飞翔。

在辽远的天际上方，

有生命"向死而生"的仰望。

坚守，飞翔，精彩地绽放，

生命的荣光，

在历史的长河中百世流芳！

本课除导语和结语之外，主要分为四个环节。其一，学生通过观看视频1，体会"直面生命的绝境，坚守生命的存在"，体会"活着"的层次。其二，学生通过观看视频2，体会"直面生命困惑，实现自我价值"，体会"活好"的层次。其三，学生通过观看视频3，体会"直面生命的有限性，实现社会价值"，体会"活出价值"的层次。其四，学生通过了解社会名人事例，以"假如生命只剩下最后一年"的设问方式，联系自我实际，在假设中提升自己的生命价值。

本课遵循"活着、活好、活出价值"的思路，在层层深入中引导学生逐步体会生命价值教育的三个层次，并落脚在联系自我生命上，引导学生对生命意识和生命价值进行较为深入的挖掘。

本课曾获成都市2008年高中主题班会课赛课一等奖，并在2009年成都市主题班会研讨会、2011年四川省民族地区初高中班主任培训会上献课。本教学设计曾获2009年四川省地震灾区心理辅导与心理健康教育活动课优秀教案一等奖。

二、以"和"论道，活出价值

在当下社会、价值观多元化的背景下，社会主义核心价值观为中国人民树立了一个正确的方向，所以学校需要通过教学引导青少年学习并践行社会主义核心价值观。

"和"字是中华传统文化的精髓，也是颇具特征性的哲学思想，贯穿于万物之中。本课由邹语佳老师执教，以"和"为主线，从"家庭和、社会和、国家和"中概括出社会主义核心价值观的内涵。本课通过"和之发现、和之信念、和之力量、和之创造"，在感知、认知、倡导、践行的过程中引导学生学习社会主义核心价值观，核心目的是让学生理解为什么要践行社会主义核心价值观。

教师希望通过教学使学生理解家庭、社会、国家的祥和都是在人们秉承中华传统文化中优良的价值观下产生的，使学生理解"和"的力量，掌握社会主义核心价值观的内涵，并将其作为信念指导自己的行动。

教学过程：

一、导入——引出中国汉字"和"

教师活动（展示图片——老师们的全家福）：

我给各位同学分享几张全家福。我们给这些照片取个名字吧，就叫"家和万事兴"。同学们，家是温馨的港湾。宝盖头遮住外面的寒风冷雨，充满着温暖的和气。接着我们来看下面这段视频。

（教师播放视频《一双筷子的情感》。）

一双筷子，承载了中国数千年的情感。同学们可以告诉我，在这段视频中，什么镜头让你感受到了怎样的情感呢？

学生活动：长辈对晚辈的慈爱；晚辈对长辈的尊敬；邻居对邻居的友善。

教师活动：同学们，课程进行到这里，大家有没有一种暖心的感觉呢？其实这样的感觉都来源于一个字——"和"。

二、"和"之发现——感知价值观

教师活动（幻灯片出示北京奥运会开幕式中的"和"）：

2008年北京奥运会开幕式选择了一个"和"字来承载中华民族的文化精髓。"和"字为何具有如此魅力呢？我们来看看。"和"是中华传统文化中颇具特征性的哲学思想，它贯穿于万物之中。

学生活动：说出关于"和"字的字句。

教师活动：家和万事兴。一个和睦的家庭必定有家庭内部传承的为人处世之道在指导着这个家庭朝着好的方向发展。中央电视台曾经做过一个关于家风节目的采访。我们来看看名人和普通人的家风是什么（幻灯片出示莫言、姚明、厨师、吃饭的客人谈及的家风）。

学生活动：谈家风。

教师活动：家风早已植根于大家的内心，并成为一种对是非曲直的判断标准。

中华民族是一个有着优良价值理念的民族，刚才谈到的家风就是其中的一部分。一个家因为秉承着优良的价值观而兴盛，一个集体也是如此。比如，石室人"爱国利民，因时应事，整齐严肃，得达材实"的价值观铸就了千年名校；海尔集团从砸冰箱开始形成的诚信务实的价值观创造了中国的世界品牌。一个和谐的社会同样需要我们秉承优良的价值理念。

三、"和"之信念——认知社会主义核心价值观

教师活动（播放视频）：下面我们举一个平凡人的例子，看看这位"油条哥"秉承了怎样的价值观。

在"油条哥"被报道半年之后，河北保定其他油条店生意惨淡，于是他们纷纷打出"向油条哥学习"的红色横幅，改用一级色拉油，加入"良心油条联盟"。保定市其他食品行业也在发生改变。保定大街小巷出现了"共建诚信家园，同铸食品安全"的良心之变。不仅如此，"油条哥"事迹在全国迅速发酵。全国各地出现了更多向"油条哥"学习的人。

学生活动：思考"油条哥"具备中华传统文化中的哪些价值观。

教师活动：在社会中，有的人为了一己私利，不惜损害他人利益，甚至影响社会和谐。这样的人和"油条哥"在思想上的本质区别是什么？

（学生思考作答。）

教师活动：这些人害人害己。社会的其他领域内也没有孤岛。只有人人都树立正确的价值观，才不致让我们沦为受害者。

教师活动：既然我们发现扭曲价值观要得到"和"是行不通的，那么从我们个人层面来说，怎样才能得到真正的"和"呢？

学生活动：从个人层面来说，真正的"和"其实在爱国的情怀里，在对上以敬、对下以慈、对人以善、对事以真的自律坚守中。

（教师出示幻灯片：对上以敬、对下以慈、对人以善、对事以真。）

（教师出示幻灯片：爱国、敬业、诚信、友善。）

教师活动：没有炒作，没有创新，没有秘方，只有良心，只有诚信，只有责任。"油条哥"用最简单、最淳朴的方式在一个看似不起眼的小小油条摊中"炸"出了保定市的油条标准，引领了一种社会正气之风，谁不按这个标准执行，谁就会被社会淘汰。

教师活动：中国是一头沉睡的狮子，当这头睡狮醒来时，世界都会为之颤抖。2014 年 3 月，习近平总书记在法国巴黎向世界宣示，中国

这头狮子已经醒了，但这是一只和平的、可亲的、文明的狮子，因为社会主义核心价观在倡导富强的同时还倡导民主、文明、和谐。

教师活动：同学们，家和万事兴，社会和百姓兴，国家和天下兴。"和"是中国贡献给世界的治世良方。

"油条哥"一个人的道德自律带动了一批人的诚信坚守，最终引发了整个行业乃至上下游行业的良性互动，这就是"和"的力量。"和"到底蕴含着多大的力量呢？也许你会在接下来的这个实验中找到答案。

四、"和"之力量——倡导践行社会主义核心价值观

教师活动：做实验。

学生活动：探寻"和"之力量。

（教师出示实验探索："和"到底蕴含多大的力量，你从实验中得到什么启示？）

（教师出示实验结论：自然、家庭、班级、社会和国家的"和"都需要维系。）

一个人做到和，也许微不足道；一群人做到和，就产生了巨大的和。一个人破坏和也许不足以产生影响，当一群人都抱着这种心态做时，和被分解。所以，同学们，这正所谓勿以善小而不为，勿以恶小而为之。

在我们生活的这个时代，很多人在自己平凡的岗位上，用核心价值观指导自己，在为实现中国梦的"大和"而努力。

教师活动：80多岁高龄的科学家屠呦呦用以身试毒的敬业精神，发现了拯救疟疾患者生命的青蒿素；在平凡人中，"油条哥"用诚信"炸"出了生产安全食品的风气；最美司机吴斌、最美女教师张丽莉用最美的生命去保护别人的生命；教师胡忠和妻子带上年幼的孩子，放下年迈的父母用14年的时间在雪域高原上书写向善与向美。此外，还有更多的团队也在为祖国创造"和"。

五、"和"之创造——践行社会主义核心价值观

学生思考：如果自己是一滴小墨水，自己将坚定什么信念，付诸什么行动，创造"和"呢？

学生活动：学生写践行计划书。

教师结语：以"和"论道，活出价值。我们通过"和之发现、和之信念、和之力量、和之创造"，在感知、认知、倡导、践行的过程中学习了社会主义核心价值观。如果每一个中国人都把社会主义核心价值观植根于内心作为共同信念，我们的国家一定会充满满满的"和"。

生命教育在最高层次上，就是要教人超越自我，超越功利和世俗，达到与自身、他人、社会、自然的和谐境界。一个只有把自己的命运同他人、社会、人类的命运联系起来的人，才会真正找到生命价值的根本。一个人只有在关心他人、服务社会、为改善人类的命运而努力的过程中，才能真正体验生命的丰满和心灵的充实。这既是自我价值实现的保证，也是对社会、人类的贡献。

三、 学会舍得， 成就人生

高中生正处在世界观、人生观、价值观形成的关键时期，他们面临学习、生活等方面的诸多问题，比如学习和休息的关系、竞赛和常规学习的关系、局部和整体的关系。他们对舍得有自己初步的理解和认识，但还不全面、不深刻，有时不能用正确的舍得观来指导自己的实践活动，还不能将舍得放在生命价值体系的高度来认识。本课围绕寓意深邃的"舍得"二字，从与学生密切相关的几个问题，如学习和休息的关系、竞赛和常规学习的关系、局部和整体的关系入手，逐步展开深入的思考和探讨，让学生体会到舍与得是人生的一种常态，同时要学会勇敢而富有智慧地舍弃。本课希望学生能通过感悟舍得，实现自我，成就大我，从而努力提升生命的价值。

本课由李萍老师执教，希望通过本次教学让学生体验生命中的"舍得"是一种人生的常态；让学生理解"舍"与"得"的辩证关系，让学生认识到"舍得"是一种人生智慧；认识到在"舍得"中实现社会价值是一种高远的人生境界；引导学生结合自身感悟"舍得"，努力提升生命质量和生命价值。

教学过程：

一、引入（用心理学冥想法引入）

播放关于"舍得"的视频以及背景音乐，请同学们端坐在座位上，后背轻靠椅背，双腿轻轻并拢，双手手心向上轻放在大腿上，微微闭上眼睛，排除一切杂念，缓慢而深长地吸气，再慢慢吐气，在一呼一吸之间感受内心的平静，用心聆听……

请同学们睁开眼睛。

请同学们说说在刚才的音乐里听到了什么，引入课题"学会舍得，成就人生"。

"舍得"二字，最早出自明代奇人袁了凡所著的《了凡四训》，在我国的语言和文化中有着丰富的内涵。佛学认为舍就是得，得就是舍，万事万物皆在"舍得"之中成就自身；道家认为舍就是无为，得就是有为，所谓"无为而无不为"；儒家认为舍恶以得仁，舍欲而得圣。

那么，还有哪些中外名言是和"舍得"有关的呢？请同学们想想，然后跟大家分享。

（学生回答。）

二、学会舍得，实现自我

"舍得"其实离我们很近。我们几乎无时无刻不在面临舍与得的问题。例如，对我们的同学而言，学习和休息的关系、竞赛和常规学习的关系、部分和整体的关系等都涉及舍与得。这些问题真实而平凡地存在于我们的身边，充满了我们生活的方方面面。

（教师出示幻灯片："舍得"是人生的一种常态。）

同学们，对刚才的这些问题，我们该如何用"舍得"的观点来解决呢？

（学生回答。）

其实，不管是哪一种选择，都有得有失。没有舍，哪有得？小舍小得，大舍大得。舍与得对立统一，相生相克，相辅相成，存于天地，存于心间，囊括了万事万物运行的机理。

（教师出示幻灯片：正确对待"舍"与"得"对立统一的关系。）

你在解决这些问题的时候，都体现了你的人生态度。把握好舍得的要领和尺度，就能帮助自己最大限度地处理好学习和生活的关系，在高中三年顺利完成学业，为将来成就事业打下坚实的基础。接下来我们再看看海尔集团董事局主席张瑞敏的故事。

（教师播放张瑞敏的视频片段。）

在 1984 年张瑞敏接手海尔的时候，海尔是个亏损超百万元的小厂。1985 年，正是企业最缺钱的时候。然而，面对 76 台质量不合格的产品，张瑞敏却抢起铁锤把它们砸成废铁。请同学们谈谈张瑞敏对待舍得的态度，他如何在舍得之间体现了他的智慧？

（教师小结并出示幻灯片：舍弃眼前，得到未来；舍弃局部，保全大局；舍弃小利，成就品质。）

（教师出示幻灯片：学会舍得，是一种人生智慧。）

三、学会舍得，彰显价值

舍得不仅是一种人生智慧，更是一种高远的人生境界。我们要在实现自我的同时尽可能实现生命的价值。

（教师出示幻灯片：学会舍得，是一种高远的人生境界。）

其实我们身边不乏鲜活的生命在不断演绎着一个个舍与得的故事。

（教师通过图片介绍香港义工阿福的事迹。）

在阿福的眼里，虽然他舍弃了生命，但得到了上天给的幸福。在我们的眼里，他在实现自我价值的同时也实现了社会价值，呈现给我们一种高尚的人生境界。

然而对我们常人来说，一生之中可能永远都不会面临这种生死抉择的时刻。对绝大部分人来说，实现社会价值不一定非要舍弃自己的生命。有这样一些人，他们舍弃了很多，但他们彰显了生命的价值。

（教师小结并出示幻灯片："舍得"是一种人生境界。）

四、感悟舍得，智慧人生

学会舍弃，才能体验收获，实现自我。学会舍弃，才能实现社会价值。"舍得"二字，远远不是我们这节课就能参透的真谛。它像一位无言的智者，等待着我们每一个人花费一生的时间去慢慢体会、细细品味。

此时此刻，大家对"舍得"有什么新的感悟呢？请同学们用自己的方

式来表达你们对舍得的感悟，并写出舍得感言。

舍得感言可以是中文的，也可以是英文的；可以是小诗，也可以是歌词。

（教师分享同学们的舍得感言并点评。）

（教师分享科任老师的舍得感言。）

五、课堂小结

"舍得"是平凡的，存在于我们的生活之中；"舍得"又是不平凡的，演绎着人生的喜怒哀乐。舍得，是一种精神、一种领悟、一种人生智慧、一种高远的境界。我们把握了"舍"与"得"的要领和尺度，便得到了开启成功之门的钥匙，便能深刻地领悟到"活着、活好、活出价值"的内涵，从而更好地体现生命的意义，实现生命的价值。

最后，老师和大家分享一下自己的舍得感言（一副对联），以此共勉：

得失失得，何必患得患失；舍得得舍，不妨不舍不得。

横批：学会舍得。

生命价值教育是青少年生命教育中的重要一环，也是生命教育的更高追求。本课希望引导学生树立远大的人生理想，树立正确的人生态度，并能正确对待人生道路上必然遇到和必须解决的人生课题，使他们初步掌握判断是非美丑的标准，并以此去衡量各种客观事物，从而指导自己的行动。

四、 携心灵之美， 育生态之花

近年来，我国资源节约、环境治理工作有了长足进步，但我国青少年生态道德的现状依然堪忧。资料显示，我国青少年的生态知识比较匮乏，生态道德意识参差不齐，生态道德行为更缺少规范和约束。

这节主题班会的主题为"美在我身边"，旨在引导中小学生感受生活的美好，学习榜样人物的高尚品格，提高学生的思想道德水平。因此，本节班会课的"美"应该着力培养学生的美德。中华民族的传统美德众多。《公民道德建设实施纲要》也明确提出了"爱国守法"等20字的基本道德规范。结合我国青少年生态道德较为薄弱的现状，本课以"提升学生生态道德认识，遵守生态道德规范，培养生态道德行为"为思路，设计出如下几个环节来开展班会活动。

首先，本课通过人与自然、社会的和谐画面和名言来培养学生热爱生态、善待生态的情感，着力培养学生友善对待生态的美德。

其次，本课依据"坚持节约资源和保护环境的基本国策，坚持节约优先、保护优先、自然恢复为主的方针"，针对生态受到破坏的现状，让学生学会呵护生态，着力培养学生的节俭美德。

再次，本课通过对榜样人物的解读让学生学会主动建设和优化生态，着力培养学生以建设生态为美的意识。

总而言之，"美在我身边"就是要引导学生从自身出发，从身边小事做起，树立良好的生态道德意识，从而在今后的生活中自发地表现出生态道德行为。

本课由奉柳老师执教，希望通过教学让学生感受目前生态所受到的伤害，让学生遵守呵护生态的日常行为规范，养成节俭等美德；引导学生欣赏和谐生态的美，增强学生热爱生态、善待生态的意识，养成"对万物友善"的美德，树立为祖国美好生态而努力的信念。

教学过程：

一、导入

（教师出示幻灯片：携心灵之美，育生态之花。）

同学们好，请大家拿出昨天的拼图，展示美的时间到啦，首先有请第一小组的代表。

（学生将画贴在黑板指定位置，并用一两句话讲解图画所表现出来的美。）

同学们的拼图都很美。老师也用同样的材料拼了一幅图，美吗？为什么？

（教师引导学生说出教师的拼图有一种和谐之美。）

我们给这万物和谐共生的图画取个名字吧。

这种人与自然、社会和谐共生的动态美可以叫作生态之美。接下来，我们就一起来分享一节关于生态之美的班会课。

二、美之发现——热爱生态

在良性循环的生态系统中，我们才能找到安顿生命的家园，才能获得真正美的体验。生态对于我们如此重要，那我们应该和生态保持一种什么样的关系呢？

（学生自由作答。）

宋代儒学大师张载有著名的"民胞物与"的论断。他认为，天下的人民都是他的同胞，其他的万物都是他的同类，而我们都是以天地为父母的一家人。既然万物和我们都是一家人，那我们要怎样对待家人呢？

（教师引导学生说出爱、友善、珍惜等。）

（教师出示幻灯片：视生态为家园，视万物为友朋；热爱生态，善待万物。）

三、美之珍惜——呵护生态

今天，我们一起"回家"看看。

（教师出示冰川融化等图片，播放纽约碳排放模拟视频。）

过量的碳排放给我们的生态带来了巨大的灾难。

（教师出示幻灯片：全球变暖，酸雨，冰川融化，海平面上升，一些岛屿被淹没，病虫害增加，沙漠化更严重……）

（教师出示幻灯片：碳排放的生态连锁反应图。）

同学们，如果我们的生态家园陷入了恶性循环，那我们的家园还美不美？这些不美的现象是谁造成的？

（教师引导学生说出生态破坏在于人们缺少呵护生态之美的意识。）

人人都向往美，那么面对生态家园的种种不美，我们应该怎么做来呵护生态之美呢？

（教师出示幻灯片：多步行，少开车；少用一次性塑料袋等。）

同学们刚才说了很多。我发现在大家为呵护生态之美想办法时，大家的心灵也开出了美丽的花朵，例如，刚才那位说不要浪费纸张的同学就展现出了节约之美。同学们，你们从大家的回答中还发现了什么样的心灵之美呢？

（学生自由作答。）

在呵护生态的过程中，我们的心灵之花也在悄然绽放。这是一件多么美妙的事情！

（教师出示幻灯片：呵护生态，勿以善小而不为；心灵之花，因为道德而更美。）

四、美之创造——建设生态

生态之美需要我们去呵护，心灵之美需要我们去灌溉。有这样一位老人，在他的身上，心灵之美与生态之美同时绽放出最美的花朵。我们来认识一下他。

（教师播放杨善洲视频。）

同学们，在杨善洲这位老共产党员身上，你们发现了哪些美？

（学生可以从生态之美的角度来说，也可以从心灵之美的角度来说。教师引导学生说出无私奉献、坚持不懈、艰苦奋斗等美德。）

（教师出示幻灯片：生态之美点缀家乡，心灵之美感动中国。）

老人奉献出了20年的安逸生活，创造出了家乡的生态之美，同时他的心灵之美也感动了整个中国。其实，我们每个人身上都或多或少有美的种子。我们是新一代的中学生，我们有义务学习榜样的高尚品德，为建设世界的生态之美出力。今天，我们就一起来出谋划策，为建设我们美丽的校园、家乡和祖国而努力吧。我们一起进入"生态梦工厂"。

请同学们分小组合作，根据自己的角色定位，制订一个方案或计划，注意填写方案表（方案表有名称、内容、设计理念），时间为5分钟。

请小组长展示成果，其他小组成员可以补充和提出意见。

不积跬步，无以至千里；不积小流，无以成江海。只要我们每一个人都充满对生态的大爱，磨砺心灵的大美，那么我们的美丽中国将不是一个遥远的梦，我们的人生也会因为美丽心灵而完美绽放。

五、结语

最后，老师送大家一首小诗，与大家共勉。

生态文明大旗扬，美好道德来护航。人人时时勤恪守，美丽和谐共分享。

生命教育的基础目标是教人珍爱生命，教人学会保护生命，更高的层次则在于教人体悟人生的意义，追求人生的理想。只有实现了这一目标，才能使生物学层面上的个体生命真正转化为文化学层面上的独立的、有尊严的、自由的价值主体，即成为大写的"人"。否则，缺失生命的意义，人只能混同动物，苟且偷生。

生态道德是关于人和自然的道德学说，它旨在确定人与自然的和谐发展关系，把道德行为的领域扩大到人与自然之间，从道义上确立人类在与自然关系上所承担的权利和使命，提倡人和自然的平等性、兼容性、和谐性。生态教育是人类实现可持续发展和创建生态文明社会的需要，是将生态学的思想、理念、原理、原则与方法融入现代全民性教育的生态学过程。当今时代，生态道德教育已成为全球的教育活动。我们将生态道德教育作为生命价值教育的重要内容，教育学生正确对待和处理人与自然的关系，引导学生树立正确的价值观、科学的发展观和适度的消费观，使学生在人类社会中形成与生态合作、爱惜生态、保护生态的意识和行为规范，实现人类与自然界的和谐相处，创造以生态道德为核心的人类生态文明。

第四章

生命的润泽

第一节　建构生命教育活动课程

在中学阶段进行生命教育是学生全面发展的需要，是新课程改革的需要，是建设和谐校园的需要，是重大自然灾害之后心理重建的迫切需要。对学生进行活着、活好、活出价值的三维生命教育，目的在于强化学生的生命意识感，引导学生的生命幸福感，提升学生的生命价值感。全方位地运用多种手段，在学校开展生命教育状况调查，开设生命教育校本课程，开设丰富多彩的生命教育活动课程，在学科教学中渗透生命教育，是中学开展生命教育的有效途径。

在新课程理念的指引下，石室中学德育部门主动调整工作方式，创新工作思路，积极主动地适应新的发展形势，充分发挥校本课程在德育方面的独特优势，开辟德育工作新路径，促进学校德育工作水平的提升和发展，全面构建新的德育工作格局。近年来，石室中学依托成都市"十二五"规划课题"生命教育视野下德育校本课程的建构与实施"，初步建构并形成了以生命教育校本课程为核心，以文史、艺术、体育、科技、综合五大类社团课程为主体，以生命教育活动课程为重要内容，以独具特色的石室文化和石室校园环境等隐性课程资源为补充的德育校本课程体系。

一、　课程

新课程以学生的发展为本，强调全体学生的发展、全面和谐的发展、终身持续的发展、个性特长的发展和活泼主动的发展。它是培养未来人才的"施工蓝图"，是全面推进素质教育的核心问题和关键环节，是实施高质量基础教育的必由之路。在课程观上，新课程认为课程不仅是文本课程，更是体验课程，它是由教材、教师与学生、教学情境、教学环境构成的一种生态系统。在课程的建构上，新课程强调课程的民主

化，强调课程建设由中央高度集权走向地方分权，实行国家、地方和学校三级管理。

新课程强调了课程的人性化，更加重视学生个体需要的满足，提倡文化的陶冶，设身处地为学生着想，让学生在最合理的环境下学习与生活；强调了课程的生活化，要求课程内容应结合学生实际生活的需要，应着重考虑提高学生对周边社会及生活环境的认识，增强学生适应环境的能力，应重视审美教育、环境教育、劳动教育、信息教育等；强调了课程的整合化，使正式课程与非正式课程、学科课程与活动课程、显性课程与隐性课程相互兼顾，不能偏废；强调了课程的弹性化，将"因地制宜""因人制宜""因时制宜"作为进行课程改革的重要原则，在具有弹性的教育环境下，增加学生自主学习的机会。总之，学校的一切教育活动都是课程，一切能带给学生体验的东西都是课程。

二、 生命教育活动课程

新课程的基本理念和导向是石室中学建构德育校本课程的思想基石，为石室中学德育校本课程的建构提供了方向。德育校本课程是完善国家、地方、学校三级课程体系建设的重要环节，它蕴含着丰富的地域人文内容，并隐含着大量的德育素材，在培养学生的人文精神和思想道德素养方面具有独特的优势，是实施德育工作的源头活水，是加强德育工作的有效途径。

石室中学将"培养有生命力的人"作为学校德育的长期培养目标，以做人教育为基础培养学生的生存力，以成才教育为核心培养学生的发展力，以理想教育为方向培养学生的卓越力。在这一培养目标体系下，石室中学进行了生命教育活动课程的研究、构建与实施。

（一）生命教育活动课程的含义

生命教育活动课程是依据生命的特征，遵循生命发展的原则，唤醒生命意识，启迪精神世界，开发生命潜能，提高生命质量，提升生命价值的生命教育活动课程。学校通过开展生命教育活动课程，表达对生命状态的关怀，对生命情调的追求，使学生更好地体验和感悟生命的意义，促进肉体生命与精神生命的和谐发展、人与人的和谐相处、人与环境的和谐共存。

（二）生命教育活动课程的指导思想

生命教育活动课程应着眼于全体学生的身心和谐发展，为学生的终身幸福奠定基础；着眼于学生个性的健康发展，为提升学生的生存能力和生命质量奠定基础；着眼于增强学生在自然和社会中的实践体验，为营造健康和谐的生命环境奠定基础；引导学生热爱生命，建立生命与自我、生命与自然、生命与社会的和谐关系，让学生学会关心自我、关心他人、关心自然、关心社会，提高生命质量，理解生命的意义和价值。

（三）生命教育活动课程的教学目标

生命教育活动课程的教学目标就是通过三维生命教育，强化学生的生命意识感，引导学生的生命幸福感，提升学生的生命价值感。

1. 强化生命意识感

生命意识感淡漠就容易导致人对个体生命、动物生命等自然生命的漠视和践踏。教育有利于学生树立生命意识感，树立正确的人生态度，让他们关爱生命、珍惜生命、敬畏生命。

2. 引导生命幸福感

这一点的目的之一是培育学生认识、控制和表达自我情感的能力及与别人相处的能力。幸福感是人的价值得到肯定、内心需要得到满足的主观感受，是一种自我满足的体验，是生活的充实感和满意度的体现。生命质量的提升最终以生命幸福感为标志。

3. 提升生命价值感

人要实现自己的理想和追求，期望成为"优秀的自己"，就要靠教育。教育为人的生命而存在。生命价值教育是教育的基本内容。生命价值教育在引导人实现自我价值的同时实现社会价值。

（四）生命教育活动课程的主要内容

一是生命行走课程。生命行走课程主要以艺术之旅、科技之旅、名校之旅、军营之旅、红色之旅、农村之旅六旅体验活动为载体，引导学生参与、体验和感悟生命，让学生体味生活，感悟生命，增长智慧。

二是生命泛在课程。生命泛在课程包含了隐性课程和显性课程两部分内容。隐性课程一般充分抓住学校的育人环境和教育契机；显性课程则是学校始终坚持的每月开展的一项主题生命教育活动，形成月月多彩、人人出彩的和谐氛围。

当代著名教育家陶西平先生说："基础教育的基础性，体现为为每个学生的未来发展奠定坚实的基础。"不把学生囿于课本的框架里，通过生命教育活动课程，重构教育与生活的内在联系，从根本上改变当前教育与生活的疏离状况，这样，学生的生活世界和精神世界才会生动活泼。

第二节　生命行走课程

生命行走课程是学校充分整合校内外资源，拓展德育活动空间，丰富学生视野，提升学生认知社会的能力，从而建立起的实践体验课程。它使学生活动从集中向分散转变，从多而杂向少而精转变，更好地协调了人与自我、人与社会、人与自然的关系，让学生在行走中体验生命，在体验中感悟生命。

一、艺术之旅

艺术教育一直都是学校素质教育的重要组成部分，是学校培养学生综合素质的重要抓手，是中学生关键能力培育的重要内容，更是学校践行品质教育，为领军人才成长奠基工作的重要载体。

（一）转变思路， 彰显活力

近年来，学校转变思路，强化管理，进一步提出了素质艺体新思路，在艺体项目的建设上，坚持推进"三三制"建设工程，即三个艺术项目和三个体育项目并举的措施；巩固传统艺术项目的优势，继续抓好管弦乐团的建设，积极开展训练和参加各级演出；发展非物质文化遗产川江号子，打造学校合唱团文化名片；重点开展校园剧建设，提升校园剧水平；坚持以艺术课程为载体，促进主体发展，以课外活动为阵地，促进艺术自由创作；以艺术节为舞台，发扬主体精神；以社团文化为基础，展示个性风采；以合唱比赛为抓手，提升个体素质；以新年音乐会为载体，孕育艺术氛围，有效促进学生审美能力和创造能力的提高。

（二）挖掘隐性课程， 孕育浓厚氛围

石室中学是成都市文物保护单位，从公元前 141 年文翁办学至今，校址从未变动，建筑也依然保持汉代风格。校园环境本身就是对学生进行艺术教育的隐性课程。整个校园整齐美观，花坛里既有知名雕塑大师朱成的《根深叶茂》(校友郭沫若塑像)，又有汉代文翁(学校创始人)胸像以及翰墨石室、锦水文风、石室碑林、锦江书院等校园文化景观，还有学校出土的汉代文物石雕。这些汉风古韵，时时向学生传达着美的信息。宣传橱窗经常展出学生书画、摄影作品，楼内悬挂名人画像并设有石室院士走廊，各班门口均挂有学生美术作品，班内的黑板报每月定期评比等，都调动了学生参与的积极性。学校校园广播播放优秀校园歌曲，让学生通过听觉感受美。郁郁葱葱的绿篱、生长旺盛的垂柳，使校园充满生机。校园建设实现了净化、绿化、美化，环境育人的效果良好。

（三）艺术之旅系列活动

1. 赴维也纳参加世界和平合唱节
学校合唱团于 2010 年代表中国参加了由奥地利联邦教育、艺术和

文化部在维也纳金色大厅举办的世界和平合唱节。12 支来自世界各地的合唱团齐聚音乐之都，参加了开幕音乐会、专场音乐会、大师班、维也纳市政厅音乐会、维也纳联合国总部音乐会、篝火晚会、世界和平合唱团选拔以及闭幕式音乐会等多场活动。学校合唱团共参演 5 场 12 首曲目。漂亮的服装、积极的表演状态、饱满的演唱情绪，使学校最终获得了"世界杰出合唱团""杰出团长""杰出指挥家"三项大奖。

2. 参与录制社会主义核心价值观 24 字歌

2014 年 12 月 31 日下午，学校合唱团参加了在天府广场举行的《世纪的约定》歌曲首发仪式。学子慷慨高歌，共颂世纪辉煌。《世纪的约定》是由著名词作家陈涛与著名作曲家刘青用 24 字社会主义核心价值观谱写成的歌曲，旋律慷慨激昂，歌词振奋人心。学子唱响这首歌曲，展现了石室学子杰出的才华与风貌，更是学校坚决贯彻社会主义核心价值观的有力证明。

3. 赴法国参加戛纳星光盛典暨第四届法中校园艺术节

2016 年 7 月，学校合唱团受法国法中教科文促进会、法中文化艺术交流中心、中国非物质文化遗产促进会邀请，赴法国参加了戛纳星光盛典暨第四届法中校园艺术节，并为世界各国参会青年表演了极具浓郁藏族风格的合唱歌曲《吉祥阳光》。戛纳副市长希克利专程到现场观看演出，并与我校合唱团成员合影留念。活动以"非遗校园传承在行动"为主题。作为推动学校国际文化交流、展示校园文化建设成果的窗口，中国青少年通过精彩纷呈的演出表达了新生代对中国非物质文化遗产的热爱，同时也将非物质文化遗产的独特魅力展示给世界人民，让他们近距离了解中国的传统文化，感受当代中国中学生的风采和中国学校在艺术教育方面所取得的巨大成就。

4. 成为非物质文化遗产川江号子传承基地

川江号子是我国长江流域文明中的艳丽瑰宝，其历史极为悠久，在我国众多劳动号子中最具特色，被誉为江上的灵魂。它已被列为我国非物质文化遗产名录，是巴蜀文化不可或缺的一部分。

图 4-1　学校合唱团赴法国参加第四届法中校园艺术节

学校合唱团的团员成为国家级非物质文化遗产川江号子的传承人，他们积极学习川江号子的演唱方式，并深入了解其相关背景，同时在每周三与周五下午进行排练，呈现出了一部部精彩的作品，并赴美国、日本等国家进行表演，让川江号子走出国门，走向世界，真正做到了对川江号子的弘扬。

5. 赴全国各地参加多届中小学生艺术节

2012 年 8 月，学校管弦乐团赴西昌参加四川省第七届中学生艺术节，获得一等奖；2012 年 9 月，学校管弦乐团代表四川省参加全国第四届中小学生艺术节，获得二等奖；2014 年 6 月，学校合唱团参加成都市、四川省、全国中小学生艺术节，均获一等奖。

石室中学开展的一系列艺术之旅教育活动，不仅丰富了学生的课余生活，更提升了学生的审美能力和艺术修养。广大同学热爱艺术、参与艺术、创造艺术，在艺术教育活动中感受美、欣赏美、创造美，不断提高自己的人生品味。

二、 科技之旅

科学技术是一个国家、一个民族得以发展的重要基础，是第一生产

力，它推动着人类社会不断地向前发展。中学生是未来科技人才的重要源泉。中学生科技活动持久、有效地开展是不断地为国家输送高素质科技人才的基础。

石室中学是四川省科技示范学校和四川省机器人实验学校。学校以基于 STEAM 课程的"三院两馆两中心一空间"建设为载体，以机器人比赛、智能化设计与制作、通用技术实践、科技创新挑战赛等为手段，积极探索，勇于实践，开展了一系列科技教育实践活动，培养了学生的创新思维、创新精神和实践能力。

（一）以基于 STEAM 课程的"三院两馆两中心一空间"建设为载体

学校现已初步建成基于 STEAM 课程的"三院两馆两中心一空间"创新人才培养体系，形成了以兴趣体验为基础、以特长项目为载体及以科创研究为先导的创新人才一体化培育环境。特别是学生科学院、科技体验馆、创客空间等为学校开展科技教育实践活动搭建了很好的平台。

学生科学院：侧重学生科学精神的培育，注重自然科学理论的学习与研究，设物理、化学和生物创新实验室。学生在对应课程下完成普适性科学知识学习、学科竞赛实验及创新性研究实验，如物理的传感器应用、微生物的培养等。

科技体验馆：侧重科学知识的普及与宣传，设数学、物理和化学体验区。学生通过观察、体验，对前沿的物理、化学和数学等知识有初步认识，激发自身进一步学习的兴趣。

创客空间：注重学生动手能力和创新精神的培养，侧重工程与技术知识的学习与研究。

机器人设计与制造中心：学生基于 VEX 机器人、FTC 科技挑战赛等项目参与工程技术类课程的学习。

智能化设计与制作中心：学生基于无人机和智能化小车等项目开展电子信息工程方面的知识学习及创意产品的设计与制作等。

通用技术实践中心：学生重点参与 3D 打印产品设计、建筑模型设计与制作和陶艺产品欣赏与制作等。

（二）科技之旅系列活动

1. 组织学生参加各级各类青少年机器人活动

作为高技术的对抗赛，机器人创新实践活动从一个侧面反映了国家信息化与自动化基础研究的普及水平，这既是开展机器人活动的意义，也是其魅力。从教育者的角度来讲，它既是科教兴国战略方针的具体体现和创新举措，也是青少年充分表现科技思想和行动的舞台，同时也是培养学生动手能力、团队能力、创新能力，激发学生科学思维、科学创意、科学智慧的活动载体。

近几年来，石室中学以强化信息技术应用为核心，以培养学生的创新精神和实践能力为目标，面向全体学生，以班级为点，以年级为线，以一年一度的科技活动月为载体，以参加各类科技比赛为契机，广泛开展科技教育活动，着力培养学生的科学思维和创新能力。在各级各类的大赛中，学校均取得了优异成绩。

2. 组织学生参加 FTC 科技挑战赛

FTC 科技挑战赛(First Tech Challenge)是为七至十二年级的学生设计，用套件制作机器人并进行正面对抗的一项比赛。FTC 团队要负责机器人的设计、搭建、编程并在随机决定的联盟中与对手比赛。FTC 科技挑战赛的最终目标是让更多的青少年通过更多的机会和较少的成本去发现科学、技术、工程和数学等知识领域的乐趣与成就。

石室中学的 FTC 团队成立于 2014 年 10 月，从工程设计到实际搭建，从编写程序到整机调试，从校内宣传到社区联络，从个性彰显到团队文化……在每个方面都得到了充分的锻炼和长足的发展。在此期间，他们将一堆堆没有生命的钢材、螺丝变成了具有灵魂的机器人；他们将一张张白纸变成了记录它们成长的工程笔记本；他们使用 3D 建模软件设计机器人，使用陀螺仪和加速传感器优化机器人，使用先进的算法精确控制机器人；他们为自己设计头像、队服和徽章；他们联络社区和兄弟学校，甚至开通了微博和微信公众平台，让更多的人了解 FTC 竞赛

以及 FTC 精神。在重庆大学举行的西南赛区选拔赛中，学校荣获冠军，并获得最高奖项——科技启迪奖。在同济大学举行的中国区总决赛中，学校获得亚军及联络奖。

3. 组织学生参加四川省青少年科技创新大赛

第三十四届四川省青少年科技创新大赛在广安邻水召开。在本次比赛中，石室中学共有三组学生参加，均获得一等奖。项目分别为对北极地区生境的科考及土壤中嗜冷微生物的筛选和鉴定、二氧化硅粒子交联的氧化还原及温度敏感水凝胶的制备、成都市雾霾天气空气悬浮物中微生物的鉴定。其中，对北极地区生境的科考及土壤中嗜冷微生物的筛选和鉴定、二氧化硅粒子交联的氧化还原及温度敏感水凝胶的制备两个项目经过精心准备，顺利通过答辩，得到专家评委的一致好评，获得了本届大赛的最高荣誉——四川省科协主席奖。

4. 组织学生参加全国青少年科技创新大赛

第二十五届全国青少年科技创新大赛在广州大学城举行。创新大赛以培养青少年的创新精神和实践能力为目标，吸引了来自全国 35 个代表队的 500 多名学生参加。石室中学参赛项目占了四川全省的 70%。经过 6 天的激烈比拼和角逐，石室中学代表队一路披荆斩棘，在多项大赛中脱颖而出，一举夺得了多个全国大赛奖项：获得全国一等奖四项、二等奖七项、三等奖三项。其中，获发明(论文)项目一等奖两项、二等奖四项、三等奖一项，获教师发明(科教制作)项目一等奖一项、二等奖一项，获科幻画项目一等奖一项、二等奖两项以及获实践活动三等奖两项，同时还获得了多个优秀项目单项奖，续写了成都市在历届全国青少年科技教育活动中的优秀成绩。

三、 名校之旅

(一)拓宽国际视野， 体味生命成长

名校之旅活动不只是生命行走课程中的重要内容，更是提升学生生

命价值观、拓展学生国际视野的有力载体。

每一个人心中通常都有一个名校梦，但是没有了努力与拼搏，梦永远是梦。学校组织的名校之旅是双向活动，一是组织学生外出游学，二是接待友好学校来校访问。仅 2016 年，学校先后接待了法国教育官员代表团、丹麦交换师生团、日本山梨县教育界代表团、美国林肯中学师生代表团、英国议会代表团、美国犹他州瓦萨奇中学、荷兰教育代表团等友好单位的访问。同时学校组织学生代表团赴北京大学、清华大学、浙江大学和北欧、北美等的知名学校进行游学体验活动。

名校之旅活动的开展，让学生能够以多元的眼光与视角去感知世界，认识世界，理解世界；让广大学生树立远大志向，拓宽国际视野，寻找自身差距，体味生命成长。

（二）名校之旅系列活动

1. 牛津大学为她敞开胸怀

2013 年 6 月，学校剑桥国际高中课程中心 2013 届学生江蝶被牛津大学录取，并获得 100 万元怡和奖学金，成为中国西部第一位获得怡和奖学金的学生。

据怡和集团介绍，学生获得该项奖学金非常困难，需要经过层层选拔。怡和奖学金是英国怡和集团针对中国、新加坡、马来西亚等国家申请牛津大学本科的学生所特设的奖学金，2013 年该奖学金只有 9 个名额。中国只有 4 名同学赢得了该项奖学金，其中一名就是石室中学的江蝶同学。

是什么让一个 18 岁的小姑娘能够淡定地面对普通学生连想也不敢想的这份万里挑一的荣誉呢？除了沉着、自信、机智和出众的学术成绩与英文能力外，就是她参加学校的名校之旅活动时，到牛津大学参观后立志到此深造的信念与坚持。

2. 与习近平主席的青春约定

2016 年，学校陈星宇同学在第六届 APEC（亚太经合组织）教育部长会议配套活动 2016 年 MODEL APEC（亚太青年模拟 APEC）大会中

脱颖而出，作为全国唯一一名中学生代表，与来自北京师范大学、南京大学的两名大学生代表一同去往南美洲国家秘鲁的首都利马，参加2016年APEC会议。

陈星宇说，当她坐在会场内时，她几乎抑制不住自己的激动和兴奋。Facebook(脸书)的马克扎克伯格、国际货币基金组织总裁拉加德等众多人物的演讲和讨论让她收获颇多，使她对可持续发展、亚太地区互联性、贸易的定义、女性在社会发展中的作用等问题有了更深的理解和感悟。听到习近平主席的主旨演讲时，陈星宇热血沸腾，为自己生长在中国而感到骄傲和自豪，也坚信祖国的发展将为世界创造更多的机遇。

陈星宇说参加这样的活动不仅丰富了见闻，也使自己有了深入思考。她认为，一名当代中国青年必须有远大的抱负和志向，让世界能够更多地听到中国青年的声音。

3. 从北京大学模拟联合国大会的平台走向世界的舞台

北京大学模拟联合国大会是由北京大学主办的全国最具影响力的中学生模拟联合国大会。石室中学已经连续多年组织代表团参加该项活动。学校代表团以出色的演讲技巧、流利的口语表达和精湛的学术水平多次获得优秀组织奖、杰出代表团奖、杰出代表奖、最佳风采奖、最佳立场奖等，使学校成为西南片区获奖最多的学校。北大之旅，使学生深刻体会到了"远见卓识，精益求精"的精神和"学术为本"的优良传统，为他们成为领军人才打下了坚实的基础。

4. 感受名校魅力，激发前进动力

2016年1月，学校30名充满青春活力的高中生组成的交换生团队从成都出发，前往美国百年名校——瓦萨奇高中。学生在该校体验了经济、物理、数学等文化课堂，参与了篮球、陶艺、钢琴、马术、滑雪等第二课堂活动。

2016年2月，学校20名交换师生一行对丹麦爱斯堡学校进行了访问。在10天的时间里，石室学子和丹麦的伙伴一起，从历史、艺术和环保三个方面对丹麦进行了考察，并做了具有一定学术价值的研究报告展示。石室师生还体验了丹麦课堂、丹麦美食和丹麦家庭生活，从多角

度认识了丹麦这个国家，收获颇丰。

2016 年 12 月，学校组织 60 余名学生分赴丹麦爱斯堡学校、瑞典的石室姊妹校、美国加州费尔蒙特国际学校等校进行"小留学"活动。

四、军营之旅

在中国文化中，绿色是绚丽庄重的色彩，是绵延于文化中的最自然长久的色彩之一。无数先人用生命涂抹与歌唱的绿色，是人文景观中最动人的色彩。它是生命的象征、历史的写照。

军营的生活是艰苦、枯燥、单调的，但它始终流动着绿色的激情，展示着绿色的永恒。对学生来说，与绿色同行是一次严峻的考验，只有用战胜自我、超越自我的顽强毅力才能征服。学校把军训作为试金石，检验综合素质；把军训作为磨刀石，锻炼意志品质；把军训作为奠基石，整顿行为习惯。

（一）军营之旅的基本要求

第一，积极主动，踊跃参与。军训看似单调，却因人的精神高涨而丰富多彩；看似冷酷，却因人的密切相处而倍加温暖；看似艰难，却因人的团结一致而万难俱轻。

第二，令行禁止，注意安全。学生要不畏挑战，尽快完成从学生到军人的转换，以军人作风要求自己，像军人一样举止、生活和训练，听从指挥，服从命令，严守纪律，确保所有训练科目达到高标准、高质量。

因为年轻，因为拥有青春，所以他们要经历这段苦难，走过这段泥泞，不停追逐、前进，在青春书页中描出一个最出色的自我。所以他们选择了坚持，与勇气同行，因为无悔的青春字眼里没有"放弃"。这是绿色的召唤。绿色赋予他们的力量，就是绿色之魂。

（二）军营之旅的收获

7 天军营之旅中，学生不仅掌握了一些基本的军事知识和军事技

能，还燃起了爱国热情和报国之志；不仅学会了尊重官兵、关爱战友，还学会了严守纪律、服从命令；不仅培养了团结合作、为集体争光的团队精神，还培养了吃苦耐劳、顽强拼搏的可贵品质。

当他们不再为想家而酸楚，不再为伤痛而流泪时，烈日下、风雨中，他们就更加潇洒、自信、坚毅。绿色教会了他们成长，使他们变得更加成熟与坚强。

（三）军营之旅的学生作品

1. 启程，带着我们绿色的梦

青山，绿水，绿色的军营编织成我们绿色的梦，梦中有那陌生而又熟悉的身影，也有那一片庄严神圣却又平凡的土地。

青山，绿水，绿色的军营是我们绿色的期待，期待着它带给我们情感与心灵上的冲击，期待着它带给我们一次困难与意志的碰撞。

启程，我们带着绿色的梦；

启程，我们带着红色的心。

2. 军营，开启我们生活的新篇章

看那操场上跃动的迷彩，那么耀眼。

看那晨风中绽开的笑容，那么灿烂。

那就是我们石室2014级的新同学啊！

他们用稚嫩而响亮的口号唤醒黎明的第一片白云；

他们用单薄而坚毅的身影迎接清晨的第一缕阳光。

军营之旅开启了他们中学生活的新篇章。

在这里，烈日晒黑了脸庞却磨砺了意志；

在这里，汗水湿透了衣裳却浇灌了希望；

在这里，我们感受着军人的气质，也塑造着我们的品格。

累也不怕，苦也不怕，为了明天的出色和骄傲，我们接受着困难的挑战，也赢取了我们的荣誉。就让今天成为我们辉煌的开端吧！

（四）军营之旅的学生感悟

1. 感悟一

当青春的颜色染上国防绿，当半熟的脸庞垂满汗滴，当嘹亮的口号响彻天地，军训这项充满寓意的教育活动，正式在我们人生篇章中烙下永恒的纪念。军人铁一般的守纪准则让我深刻体会到了纪律对一个集体的凝聚有着多么重要的作用。忍耐，是军训的目的之一，也是我们当代青少年缺少的品质。只有能够忍受骄阳的灼烤、风雨的磨炼，用灵魂支撑身体的人，才能超越自我、挑战极限。军训带给我们的，不仅仅是汗水和疲惫，更是奋斗到最后收获的感动和喜悦。

2. 感悟二

站军姿站得双腿发硬，而走正步却又让我双腿发软！但这是一种人生体验，是战胜自我、锻炼意志的最佳良机。虽有说不出的酸甜苦辣，但这何尝不是一种快乐，一种更好地朝人生目标前进的勇气！这使我更增添了一份完善自我的信心！我体会到了当一名军人的辛苦，所以我由衷地敬佩他们！我也从军训中学会了坚持与坚强！

青春是人生的春天。既然我们留不住春天，那么就抓紧在春天播种吧！

青春是人生的风景线。生活注定要让我们穿越多彩的雨季。保持心灵天空的晴朗，生活就会充满明媚的阳光。

青春是生命的音符，每个人都能用生命之笔谱写一首青春之歌。追逐、拼搏、奉献便是它的主旋律。把握青春，焕发青春，点燃信念之火，用盛夏的热情开拓生活，以一往无前的步伐跟上时代的节奏，用青春旋律奏出惊天动地而无愧于时代的绿色之歌！

五、 红色之旅

少年兴则国兴，少年强则国强。广大青少年应该接过红色革命精神的光辉旗帜，适应时代发展的要求，锐意进取，自强不息，真正把爱国

之志变成报国之行。青少年要今天为振兴中华而勤奋学习，明天为创造祖国辉煌的未来贡献自己的力量。

学校组织红色之旅，寓思想道德教育于参观游览之中，将革命历史、革命传统和革命精神通过旅游传递给学生，是对战争与和平、历史与信念的探索，引导学生更深层次地领悟革命先烈为崇高理想而奋斗的价值和意义。学校以此激励学生牢记革命历史，珍惜幸福生活，提高他们的思想道德素质，增强爱国主义教育效果，给他们以心灵的震撼、精神的激励和思想的启迪。

（一）学校的主要红色教育基地

学校的主要红色教育基地有建川博物馆、人民公园川军抗日阵亡将士纪念碑、院山坡烈士陵园、邓小平故里、成都博物馆和金沙遗址博物馆。

（二）学生参加红色之旅活动的感悟与体会

1. 参观小平故里

邓小平的名字，被铭刻在中华民族百年图强的史诗中。他为中国的独立、统一、建设和改革事业奋斗终生。走进陈列馆，当看到他的生平事迹和照片、题字时，我感到了这位伟人无私奉献的赤子之心和对国家发展的深远影响。

2. 参观刘伯坚烈士纪念馆

通过了解革命英雄的光辉事迹，体会他们顽强拼搏的精神，我觉得作为新时期的青少年，我们应该爱家爱国，努力学习，为祖国繁荣而奋斗。

3. 参观建川博物馆

参观完建川博物馆，大家都心情沉重、沉默不语。虽然现在战火早已熄灭，硝烟已然散尽，但是历史不能遗忘，国耻应当铭记。今天的幸福生活来之不易，所以我们要秉承革命先辈的遗志，将我们的知识、力量贡献到社会主义现代化建设当中，为中华民族的振兴和祖国的富强不懈奋斗。

4. 参观汶川大地震博物馆

因为汶川大地震而出名的"猪坚强"，向我们展示了坚强的力量是多么伟大。现在的我们也应该有坚强的意志、不惧困难的决心。进入场馆，我们看到里面陈列着从地震遗址中搜集的各种被地震破坏的物品，以及抗震救灾人员穿过的衣服和使用过的物品。那些看似普通的物品却有着属于它们的不平凡的事迹。它们沾染着灾区人民的泪水，它们浸透着救灾人员的血汗。这些物品映照出中国政府抗震救灾，帮助灾区人民重塑信心、恢复生活的决心。

一次红色之旅很短暂，但是它带给学生的震撼、思考、感悟会永远留在他们的心里。这样的活动让他们开阔了视野，增长了见识，升华了思想，又一次聆听了历史的回声。

六、 农村之旅

农村是一片广阔的天地，那里有许多学生在校园里学不到的知识，有许多学生在校园里得不到的生活体验。师生携手走进农村，把课堂搬到田间地头，是实施综合实践课程、开展素质教育的创新举措，为学生实地体验农村生活、全面认识中国社会、深入开展研究性学习提供了难得的契机。

（一）学校农村之旅活动对学生的相关要求

①感受农村生活，能够说出农村生活的基本特征。
②体验农村劳动，认识劳动的辛苦，品味劳动的快乐，养成劳动观念，形成一定的劳动技能。
③了解城乡差异，理解国家建设社会主义新农村的意义。
④培养探究社会问题的基本能力，形成人际交往能力、协作能力、组织能力以及适应环境的能力。

学生都来自城市，很少体验农村生活，更没有下田种地的经验，最开始的时候会有些畏难情绪。但是经过几天的劳动锻炼，学生从有些娇气变得吃苦耐劳，渐渐从劳动实践中感受到了快乐，领会了团队合作的重要性，懂得了珍惜他人的劳动。

（二）学校农村之旅活动需要完成的任务

学生自主拟订符合当前农业、农村、农民实际情况的研究课题，自主设计课题研究方案，自主完成调查研究、报告撰写等任务，在独立研究活动中深入体察农村生活的现状，思考新农村的建设方向，开阔视野，丰富体验，培育社会责任感和应有的乡土情怀。

（三）学生参加农村之旅活动的感悟

1. 感悟一

这是我第一次到赵家中学，我对这所学校充满了期待和无限的遐想。可到达目的地后，我才发现这是一所普通得不能再普通、一点也不起眼的乡村中学。我们已经习惯了多媒体、轻松的午休广播、健全的体育设施，但他们没有；我们已经习惯了众多的教辅带给我们足够的知识补给，但他们没有；我们已经习惯了在图书馆浩瀚的知识海洋中自由遨游，品尝世界的快乐，但他们没有；我们习惯了每日坐在食堂里享用着丰盛可口的饭菜，但他们没有……即使他们一无所有，但他们在艰苦中树立远大理想、立志高远，在逆境中执着追求、不懈奋斗，在为人处世中纯真诚恳、节俭朴素。这些精神和品质值得生活在都市里的我们去认真学习和深刻反思。

2. 感悟二

我深深感动于他们（农村学生）在困难面前不低头的精神。他们像石缝中的种子，没有泥土，就把根系楔入坚硬的石头，哪怕把石头掏成空心，也要在这个位置开出一朵属于自己的生命之花。他们身上体现出的优秀品质必将如金子一般在他们的生命路途中熠熠生辉。他们被包围在大山深处，但心却摆脱任何羁绊，在无边的知识海洋上奋勇前进。他们的肩膀早早被勒出了背篓的印痕，但这瘦弱的肩膀会骄傲地担起社会的责任。

图 4-2　学生在农村劳动

或许我们只有亲身体验过，才会获得对他人生命状态和生存意识的理解，但是我们应该也必须去揣摩、思考我们为什么活着以及我们应该怎样活着。我们不应当碌碌无为、得过且过，而应像赵家中学的同龄人那样一步一个脚印地过，还应像赵家中学的同龄人那样艰苦拼搏、始终如一。

第三节　生命泛在课程

泛在，意为无处不在。泛在课程是指任何人可以在任何地方、任何时段都能获取所需的信息的课程。生命泛在课程，是指学校随时随地为提升学生的生存力、生命力、卓越力而实施的综合实践活动课程。通过生命泛在课程，我们引导学生把人对生命的追思与探寻引向深处，引导个体超越自我，把自我生命引向对他人生命乃至普遍生命的关怀，拓宽人的生命情怀，丰富人的生命情感。

一、 成人教育系列活动

（一）十八而志， 青春万岁

每一个年龄段的人都具有独特的美。青春的美就在于成长，最美的梦想、最纯的感情、最强的求知欲、最真的人生态度、无数的可能、无尽的选择和无可限量的未来，都在其中孕育。一个人的青春时代，对他的整个人生来说是非常重要的时期。

学校的十八岁成人教育活动，对于青年来说，不仅仅是一个节日，更是人生成长旅程中的一个里程碑、一声亲切的召唤、一个美丽的转折和一个真实的见证。成人礼，让已经十八岁和即将十八岁的青年，懂得珍惜时光，享受生活，承担责任，不断完善和突破自己，用坚实的脚步填满现实和理想之间的每一寸空间。

1. 学校十八岁成人礼活动

学校成人活动课非常注重仪式感。庄重、严肃的仪式，能够提升学生的生命价值意识，引导学生树立理想、明确责任、学会感恩、变得坚强，帮助学生全面认识、深刻理解社会主义核心价值体系，为培养中国特色社会主义事业的合格建设者和可靠的接班人打好基础。

每一次交流都是一次成长。如此隆重庄严的场合，更能触及灵魂。人生有很多节点，如上学、毕业、十八岁，这些关键点把握得好，就是人生的升华，这就是学校举行成人礼的目的。成人礼使学生更加成熟，懂得珍惜，懂得感恩，积极上进，敢于承担，充满动力，懂得宽容。学校举办成人礼，让学生在人生的关键点能够和父母深入地交流，帮助学生从父母眼中认识自己，从长远的角度审视自己，让自己真正成人。

2. 青春颂歌

十八岁，我们心怀感恩，自立自强；

十八岁，我们以德省身，耀爱之光；

十八岁，我们青春无畏，激情飞扬；

十八岁，我们踌躇满怀，扬帆起航；

十八岁，我们勇担重任，搏击风浪；

十八岁，我们心怀天下，情系四方；

十八岁，我们志存高远，锐不可当；

十八岁，我们意气风发，斗志昂扬；

十八岁，我们即刻出发，强我家邦！

3. 成人心语

在成人礼现场，同学们在冠戴成人帽、穿过成人门、踏上成才路的时候都感悟颇多，或是对师长的感恩，或是勇担社会责任、志为国家栋梁的坚定决心，抑或是无愧于人生、无愧于时代的青春宣言。活动结束后，同学们纷纷将自己在这一重要成长节点中的所思、所感、所悟化作文字保留下来，作为自己开启青春新征程的美好纪念。

(1)感悟一

总有一些瞬间我们不愿忘记，总有一些回忆永远无法忘记。忘不了宣誓时的激情澎湃，忘不了校长致辞时的感人肺腑，忘不了诗朗诵时的泪流满面，忘不了戴成人帽、送蛋糕时的温馨甜蜜……

这一切都将是我最美好的回忆。我不会忘记，就在这一天，我郑重地宣布"我是成年人了！"告别调皮的童年，告别幼稚的少年，我要靠自己的双手创造属于自己的未来。我的人生之门才刚刚打开，迎接我的将是无数的挑战与磨难，但是作为成年人的我必须有勇气面对这一切。

(2)感悟二

如今，我成人了。我要学会善待他人，学会坦然接受现实。我要善待弱小，善待卑微，善待每一个微不足道的东西。接受奖励，面对前路我信心百倍；接受失败，我相信它将成为我成才路上的垫脚石。我会接受生活中的公平与不公平，凡事无须抱怨，而应坦然接受。成人礼第一课，是心灵的成长：学会善待与接受。

(3)感悟三

十八岁，我们已经成人，不仅要对自己负责，对家庭负责，还要承担起对国家、对社会的责任。我们需要更加努力地学习，顽强拼搏，充

实自己，使自己真正成为对国家、对社会有用的人才，为社会贡献自己的力量。

十八岁，我们已经成人，我们是否还会记得儿时的梦想，那么单纯与天真。如今我们已慢慢长大，我们是否还会继续坚持？我们要做的就是继续坚持梦想，对自己负责。面对荆棘坎坷时坦然应对，遇到困难问题时不轻言放弃，我们要朝着梦想的彼岸前进。

十八岁，在我们成人之际，让我们心怀感恩，放飞梦想！

现在的新青年是衣食无忧的一代，但他们更需要建立自己的精神家园；他们是在幸福生活中成长的一代，更需要开创下一代甜美的生活；他们是改革大潮中颠簸的一代，更需要做诚实守信的社会主义建设者；他们是国家竞争孕育的一代，更需要努力拼搏实现中华民族的伟大复兴。学校的十八岁成人教育活动，为实现这些目标和提升学生的生命价值质量，引导学生树立正确的人生观、价值观、世界观打下了基础。

（二）告别童年，青春飞扬

一个好的生日活动，将给人留下终生难忘的印象。十四岁，意味着学生从少年跨入青年，十四岁意味着学生从幼稚走向成熟。学校以"告别金色童年·唱响青春梦想"为主题的十四岁彩虹生日活动课，旨在引导初二年级学生告别天真幼稚的童年，激励学生努力学习科学文化知识，树立远大理想，养成良好的行为习惯，弘扬民族精神，启发学生思索青春，点燃学生的青春之火，迈好青春第一步。

1. 学校十四岁彩虹生日活动

学校十四岁彩虹生日活动由"青春祝福""青春记忆""青春感悟""青春期盼""青春颂歌""青春誓言""青春闪光""寄语青春""青春愿望"九个篇章组成，每一个篇章都经过了精心策划和准备，现场气氛浓烈庄严而又不失温馨。

在"青春记忆"篇章里，每个班的学生代表都向全体师生展示了一张充满童趣的照片，并讲述照片背后的故事。这样，尘封的记忆被打开，美好的回忆涌上心头，在座的每一位学生都露出会心的微笑，想起了无忧无虑的童年时光，想起了那数不清的趣事，想起了父母的呵护与关爱，想起了小伙伴们尽情玩耍时的快乐，会场内时时响起阵阵掌声和笑声。

大家在"青春感悟"中共同分享成长旅途中的快乐和烦恼，在"青春期盼"中聆听家长和教师的殷切希望与谆谆教导，在"青春闪光"中认识十四岁的北京奥运会冠军陈若琳、十四岁的小小发明家戴瑛瑛、十四岁的世界级女棋手侯逸凡和十四岁的美国百万富翁法拉格雷。在"青春颂歌"中，他们用略显稚嫩的话语庄严宣告：十四岁，我们迈开青春第一步！

在欢乐的氛围中，大大的生日蛋糕被推进会场，现场响起一片惊喜的欢呼声。满怀对梦想的执着，一起期待成长旅途中的迷人景色，与会的领导面带笑容，共同为学生切开蛋糕。昂扬的乐曲再次响起，会场成为歌声的海洋："我不去想是否能够成功，既然选择了远方，便只顾风雨兼程；我不去想身后会不会袭来寒风冷雨，既然目标是地平线，留给世界的只能是背影……"

2. 青春誓言

面对父母、老师，我们庄严地承诺：在生活上自立，在学习上自强，在心灵上自信，在行为上自律；志不求易，事不避难，敢于肩挑家庭的重担；刻苦认真，勤思好问，自强不息，勤勉自励，奋发有为；爱校爱国，奉献社会。

3. 青春感悟

(1)感悟一

十四岁，意味着成长。我们不会再为了少做点作业，与老师讨价还价；不会为了一个明知不合理的要求，与父母磨上半天；不会因为同学超过了"三八线"而大动干戈。我们不再会因为一些芝麻绿豆般的小事，产生不必要的误会。我们将以更冷静的头脑去解决问题，因为十四岁的我们多了些理性的思考，我们已经告别了稚嫩的昨天，步入了青春的殿堂。十四岁的我们长大了。

(2)感悟二

十四岁，意味着责任。随着年龄的增长，我们越来越深刻地体会到我们肩负着父母的期望、老师的信任以及祖国的嘱托。梁启超在《少年中国说》中强调："今日之责任，不在他人，而全在我少年。少年智则国智，少年富则国富，少年强则国强。"这铿锵有力的话语表现了何等强烈的责任感、何等赤诚的爱国心！中华民族之所以历尽磨难而延续至今就是因为一代代仁人志士的努力。十四岁的我们已经知道我们要自觉勇敢地接过这副担子，因为十四岁的我们明白了振兴中华的神圣使命。

青春须早为，岂能常少年。十四岁，我们迈开青春的第一步，我们走在青春的路上。从此，一步步铿锵，一步步执着，一步步蹚过光阴的长河……

二、 社会主义核心价值观教育系列活动

（一）让青春在奋斗中闪光

长期以来，学校充分认识到增强共青团先进性的必要性和紧迫性，始终以立德树人为核心，以加强人生观、价值观、世界观教育，增强中学共青团工作的先进性为目标，不断加强实践育人，培养组织意识、集体精神，提高学生的综合素养，引导学生健康成长、进步成才，扎实地开展了一系列提升生命价值并符合中学生身心特点的团日主题活动。

1. 从共青团组织发展历程看青年的奋斗历程

新中国成立前夕，成都石室中学有少量学生参加了进步的地下组织——民主青年同盟。1950 年 3 月，成都石室中学青年团支部正式成立，同时民主青年同盟成员转为新民主主义青年团团员。成都石室中学青年团支部是成都中学第一个团支部，她不仅在本校发展团员，而且帮助其他学校开展团的工作，并负责审批新团员。1952 年 9 月，成都石室中学建立团总支，并成立成都石室中学教工团支部，1957 年 5 月更名为中国共产主义青年团成都石室中学总支委员会。1958 年，成都石室中学成立共青团成都石室中学委员会。1950 年后，成都石室中学先

后建立了中国少年儿童队(中国少年先锋队前身)和学生会,受共青团的领导。

成都石室中学团、队、会在不同时期,根据形势发展的要求,开展了有声有色的活动。20世纪50年代,成都石室中学共青团响应祖国号召,发动本校青年踊跃报名参加中国人民志愿军,赴朝鲜参加"抗美援朝,保家卫国"的战斗。20世纪60年代初,以团员为骨干,学生普遍成立了毛主席著作学习小组,广泛地学习、宣传毛泽东思想,并开展学雷锋活动。从20世纪70年代至80年代,学校团组织广泛开展了"团徽在我心中"主题团会、振兴中华读书活动、"石室之春"艺术节,以及尊师重教、植树护树等形式多样、内容丰富的活动。所有这些活动紧紧围绕时代主旋律,在团的思想建设、组织建设、队伍建设方面发挥了巨大的作用,培养和造就了一大批杰出的人才。

2. 青春期许

一是希望大家留下勤奋的青春印记。白日莫闲过,青春不再来。一个人的青春十分短暂和宝贵,对于你们而言,珍惜青春就要以乐观向上的态度对待学习、生活和工作。广大青年要树立远大理想,努力抓住每一个可以提高自己、丰富自己的锻炼机会,把更多的时间和精力用到不断地提升自己的知识水平和工作能力上来,给自己留下不懈奋斗的美好青春记忆。

二是希望大家奏响奉献的青春之歌。著名诗人裴多菲说生命的多少用时间计算,生命的价值用贡献计算。一个人青春的长度可以不够长,但它的宽度可以无限延伸。对于青年而言,增加青春宽度的最好体现就是高扬奉献精神,切实为他人、为社会多做一些力所能及的事情。作为石室中学的学生,我们要以"爱国利民、因时应事、整齐严肃、德达材实"校训精神为指引,不断提高自身素质,为回报社会打牢基础。

三是希望大家勇担强国的青春使命。青年是国家和民族的未来,是推动社会发展的主要力量。今天,我们以各种形式纪念和宣传五四运动,就是希望大家继承先烈遗志,高扬爱国主义旗帜,主动担负起国家和民族振兴的重任。当前,全党全国各族人民正在为努力实现中国梦而

努力奋斗。在这样一个历史阶段里，每一名青年都有责任、有义务投身到这项伟大的实践中，勇担属于你们的历史使命。全校青年团员应当用饱满的精神、昂扬的斗志为开创学校发展事业新的辉煌而努力奋斗！

3. 青年感悟

（1）感悟一

青年是敢于创造、善于创新的群体，最易奋斗，最需奋斗，也最能奋斗。实现伟大的中国梦，需要一代又一代有志青年接续奋斗。实现个体梦想，需要每个青年立足本职、积极奋斗，从自身做起，从点滴做起，用勤劳的双手编织美丽人生。只有建立在奋斗的基础上，梦想才不是虚无缥缈的，由一个个鲜活生动的个体梦想汇聚而成的中国梦才有更加厚实的支撑。

（2）感悟二

青春需要奋斗。青年不要以"现实太过残酷，个人能力有限"为由来回避进取。在人生的道路上，我们会遇到很多可以预见和难以预见的挫折、困难和挑战，所以必须付出更多超乎寻常的努力。司马迁读万卷书，行万里路，忍辱负重坚持编写成了被誉为"史家之绝唱，无韵之离骚"的《史记》。李时珍年轻时开始酝酿《本草纲目》，读大量书籍，跋涉无数穷山深谷，历经数十年终于完成这部闻名中外的药学经典。让我们以史为鉴，珍惜青春年华，拒绝浮躁和诱惑，保持乐观向上的精神状态，不断从挫折中吸取教训！

走在时代前列是石室青年的永恒品质，追求卓越业绩是石室共青团的光荣传统。我们应始终保持蓬勃向上的朝气、开拓进取的锐气、争创一流的志气、革故鼎新的勇气，用我们的智慧和汗水谱写学校更加光辉灿烂的青春诗篇。

（二）我有一个强大的祖国

爱国主义是中华民族的光荣传统，是推动中国社会前进的巨大力量，是各族人民共同的精神支柱，是社会主义精神文明建设主旋律的重要组成部分，同时也是中国培养四有新人的基本要求。爱国主义教育是提高全民族整体素质的基础性工程，是引导人们特别是广大青少年树立正确的理想、信念、人生观、价值观，实现中华民族伟大复兴的一项重要工作。

学校开展爱国主义主题教育活动，目的是激发全校师生的爱国主义热情，引导广大师生树立正确的理想、信念、人生观、价值观，继承和发扬爱国主义传统，振奋民族精神，增强民族凝聚力，为建设中国特色社会主义宏伟事业而奋斗。

1. 挖掘资源，有序推进

爱国主义教育的素材非常广泛。从历史到现实，从物质文明到精神文明，从自然风光到人文景观，社会生活的各个领域都蕴藏着极为丰富的爱国主义教育的瑰宝。我们要善于运用国情资料，并注意挖掘和利用各种宝贵的教育资源，不断丰富爱国主义教育的内容。

第一，进行中华民族悠久历史的教育。学校通过中国历史教育特别是近代史、现代史教育，使学生了解中华民族自强不息、百折不挠的发展历程，了解我国各族人民对人类文明的卓越贡献，了解我国历史上的重大事件和著名人物，了解中国人民反对外来侵略和压迫，反抗腐朽统治，争取民族独立和解放，前赴后继，浴血奋斗的精神和业绩，特别是了解中国共产党领导全国人民为建立新中国而英勇奋斗的崇高精神和光辉业绩。

第二，进行中华民族优秀传统文化的教育。中华民族在创造灿烂中华文明的过程中，形成了具有强大生命力的传统文化，其内容博大精深，不仅包括哲学、社会科学、文学艺术、科学技术等方面的成就，而且蕴含着崇高的民族精神、民族气节和优良道德；不仅孕育了无数杰出的政治家、思想家、文艺家、科学家、教育家、军事家，而且留下了丰富的文物史迹、经典著作。这笔丰厚的文化遗产是学校进行爱国主义教育的宝贵资源。

第三，进行党的基本路线和社会主义现代化建设成就的教育。党的基本路线和我国社会主义建设成就是进行爱国主义教育最现实、最生动的教材。

第四，进行我国国情的教育。国情教育要放在整个世界环境的大背景下进行，帮助学生了解我国经济、政治、军事、外交以及社会、文化、人口、资源等方面的历史与现状，了解我国现代化建设的目标、步骤和宏伟前景。

第五，进行社会主义民主和法制教育，帮助学生了解我国的政治制度、经济制度和其他各项制度，使学生增强国家观念和主人翁意识，养成遵纪守法的习惯，在正确行使宪法和法律规定的公民权利的同时，忠实履行宪法和法律规定的公民义务，坚决维护国家利益。

第六，进行国防教育和国家安全教育。学校应根据新时期的特点，重视现代国防教育，增强全民的国防意识和国家安全意识，加强军政、军民团结，提高全民抵御外敌入侵、捍卫祖国独立、维护国家主权和领土完整的自觉性。

2. 倾听石室青年的心声

(1)感悟一

少年兴则国兴，少年强则国强。我们要适应时代发展的要求，正确认识祖国的历史和现实，增强爱国情感和振兴祖国的责任感，树立民族自尊心与自信心，弘扬伟大的中华民族精神，高举爱国主义旗帜，锐意进取，自强不息，艰苦奋斗，顽强拼搏，真正把爱国之志变成报国之行。今天我为振兴中华而勤奋学习，明天我为创造祖国辉煌的未来贡献自己的力量！

(2)感悟二

中华民族有着五千多年的文明历史，在世界上是一个非常出色和伟大的民族。我们有过繁华兴盛的唐朝，有过强大的疆域辽阔的汉朝和元朝，但是也有过屈辱的近代历史。我们不会忘记国家和民族赋予的重任。我们是祖国的未来，为了祖国长盛不衰，作为祖国未来的主人，我们有责任、有义务挑起振兴中华民族的重任。

（三）走向世界，根留石室

栀子花开的季节，校园里到处弥漫着离别的味道。在校几年中，同学们既有成长的泪水与汗水，也有收获的欢笑与幸福，这些都将永远镌刻在他们人生中名为青春的记忆里。收获了知识与友谊的他们早已不是那才迈入校园时稚嫩的模样，他们在父母、老师的教育与帮助下，即将结束中学生活，再次背起行囊，迈向远方。也许此刻，他们心里萦绕着离别的感伤、独立的兴奋和面对未知的彷徨，但离别的钟声始终都会敲响，他们终将作别母校和老师，作别与他们朝暮相伴的室友，去追求属于自己的人生梦想。

"芳菲歇去何须恨，夏木阴阴正可人。"在美丽的仲夏时节，学校以"离开去万水千山·回首时根叶相连"为主题的生命价值教育主题活动课，即毕业典礼正在上演。

1. 我在石室走过的四季

一千多个日日夜夜，几度春华秋实，我们在石室的三年，就像人生旅途中的四季，春夏秋冬几度轮回，色彩斑斓，弥足珍贵。

春耕·新芽·未知地

2012年8月的一个午后，列车载着我的梦想来到了传说中的文翁石室。当校门上烫金的成都石室中学几个大字和雄伟的行政楼第一次出现在我面前的时候，我突然意识到自己即将开始一段崭新的生活。

进入高中第一段刻骨铭心的记忆是我们的军训，那是艰辛却令人难忘的10来天。我们和初一的弟弟妹妹们顶着烈日，不断练习——稍息，立正，齐步走，正步走。休息时，我们和教官一起唱军歌，时不时还和别的连队拉歌。每天训练结束后，我们在班主任的指导下慢慢学会独立生活、整理内务，但还没来得及适应，送连长的日子就到了。那个时候，很多女生都哭了。

军训结束后，我们开始接触与以前完全不同的生活和学习。10月，社团开始招新了，32个学生社团和四大学生组织让我们眼花缭乱。好奇的我们或多或少都加入了几个社团和部门。从此，社团和四大学生组织就成了我们的一个家。还记得曾经待过的团办吗？还记得曾经帮助我们的师兄师姐、老师同学吗？还记得那些我们一起奋斗的日子吗？我想，我们想起这些的时候，都会红着眼眶，微笑着。高一的我们，春芽

始发，就像朝阳一样，带着激情与憧憬缓缓升起。

夏至·浮云·凤凰花

依旧是去年那个时候，又一届新生入校了，这个时候才发现，我们高二了，和我们一起入校的弟弟妹妹们也初二了。一个暑假过后，他们似乎长高了许多。

还记得第一次青涩的面孔叫你师兄师姐吗？或许，你会愣一下，然后摸摸头笑了，心里美滋滋的，但不知怎么的却有些许失落。

不经意间，没有了刚入校的那抹新奇与惊喜，没有了刚入校的那些激情和憧憬，也没有了刚入校的困惑和迷茫，日子开始变得平淡。我们仿佛变得有点疲惫了，但是刷刷的笔锋总在我们的人生中写下不同的历史。细细想来，其实那些平淡的日子正如塞上的油画，混暗而又斑斓，凌乱而又优美。

日子是平淡的，但生活却不是。还记得艺术节舞蹈比赛吗？还记得歌手大赛吗？还记得社团文化节汇演吗？还记得运动会开幕式表演吗？还记得多足跑我们一起跌倒在垫子上吗？还记得班主任跟在我们身后加油的表情吗？有了这些活动的调剂，我们的生命五彩斑斓。这些精彩的瞬间，也将是我们生命中值得珍藏一辈子的片段。

秋分·颜色·浮世绘

人们都说秋是收获的季节。在四大学生组织或社团中担任主要的学生干部，使我们有了更多的成就感。我们并不满足这样的生活，因为前面就是分叉口，我们开始考虑高三的路径了。日子单调却充实。带着对四大学生组织和社团的依恋，我们站好了最后一班岗。我们在社团办公室唱响了《离别的车站》，当时好多人流泪。有人说，一挥手一驻足都会惊叹。我们只走过了一天，时间却走过了一年。我们忙学习，忙毕业日记，忙在最后的日子相聚。结束了高二的最后一次考试，我们开始告别那些曾经熟悉的事情：寝室的卧谈会、隔壁班的男生女生。我们开始写留言本表达真挚的情谊，抓紧时间在学校拍照。

望着这个到处都是我们身影的地方，我们知道，离开四大学生组织和社团只是毕业的一个前奏。带着期望与忐忑，我们高三了！

冬至·漩涡·燕尾蝶

高三的我们埋头书海，初三的弟弟妹妹们也为了自己的梦想而奋斗着。

高三最令人难忘的经历莫过于十八岁成人礼。我们伴着十八声钟响冠戴成人礼帽，我们从师长手中接过《中华人民共和国宪法》，我们面向国旗庄严宣誓，我们当面向父母说出了我爱你。那个下午，很多父母和同学都哭了，因为我们长大了！我们将带着父母的期盼，带着自己的责任，自信满满地走上高考的战场！

高三的时光，是无止境的练习册和雪片一般的卷子，加上莫名其妙的冲动和憧憬以及无处不在的压力和动力。每天我们可以为小小的无聊而开怀大笑，也可以为一点小事就争得面红耳赤。我们清澈得像回到了小时候，单纯得像脱离了这个世界。虽然日子艰辛、困苦，但是没有努力的高三是高三吗？没有汗水的高三是高三吗？高三，这年轻可爱的岁月总是令人回味，是人生中最珍贵的记忆。

终于，我们拖着行李箱走在学校的道路上，然而这一次我们不再是去教学楼上课，不再是去图书馆上自习，也不再是去食堂打饭，而是真的离开了。我想对这个留下我青春和梦想的地方说一声：再见，我的朋友！再见，我的老师！再见，我的青春！再见，我的高中！再见，我的石室！

2. 学校寄语：不忘初心，继续前行

希望大家有梦可居。《史记》有载，陈胜当年仅是一介农夫，却胸有大志，站在田埂上，对一群农夫说："苟富贵，勿相忘。"众人笑他异想天开。陈胜说："燕雀安知鸿鹄之志哉！"燕雀安于现状，鸿鹄心怀理想。在成人礼之前，你们都还是孩子，经过成人礼和高考后，你们成了大人。我们应当养成浩然之气、青云之志。实现中华民族伟大复兴，是近代以来国人孜孜努力的最大理想。所以我们也不能置之度外，国家的繁荣富强与个人的发展休戚相关。学校希望同学们坚持学习，勤于实践。学习是进步的阶梯，实践是增强本领的途径。走出石室中学的校门，五彩的大学生活在等着你们。你们要自觉坚持终身学习，接受终身教育，

把在校期间养成的良好的学习习惯延续到大学的学习生活之中，把学习当作一种境界，当作一种享受，当作一种责任，不断用人类社会的一切优秀文明成果充实自己。同学们更要注重实践。纵观天下，大凡有作为者，都注重理论联系实际、知行合一。同学们要把学习的成果充分运用到实践中，把学习的成果体现到自身的综合素质上，体现到自己的行动上，在实践中创造新业绩、新成就。

三、 提升生命价值教育系列活动

（一）手拉手活动

手拉手活动开始于 20 世纪 90 年代初，由共青团中央、全国少工委联合有关部门共同发起，是引导少年儿童团结互助、共同进步的一项有意义的实践教育活动。城市和农村少年儿童手拉手、富裕地区和贫困地区少年儿童手拉手、身体健康和残疾少年儿童手拉手、各民族少年儿童手拉手，为不同环境、不同状况的少年儿童架起了沟通的桥梁。手拉手活动包括交一个"手拉手好朋友"、写一封"手拉手交友信"、寄一份书报或文具、为小伙伴做一件好事、看望一次小伙伴"五个一"具体活动。

长期以来，石室中学和金堂县赵家中学、安仁镇学校留守儿童开展手拉手活动，通过这一活动的持续开展，促使学生形成积极的、丰富的人生态度与情感体验。

1. 手拉手活动的教育内涵

①通过手拉手活动帮助学生认识祖国，了解国情，使城镇学生认识农村的现状，增强建设祖国的责任感；使农村学生了解改革开放后的城镇生活和建设新貌，树立改变家乡面貌的使命感。

②进行社会公德教育。互相关心爱护，为人民服务，发扬集体主义精神是社会主义道德的要求。学校通过手拉手活动去强化这种意识，将学生的简单兴趣、好奇心引导上升为一种认识、一种境界、一种自觉的行为。

③进行的良好人际关系教育。手拉手活动是非常良好的一种交往实

践形式。它帮助学生走出校门，走出"自我封闭"的角落，学会与陌生人交往，逐步建立亲密关系，这些都有效地满足了学生自身成长的需要。

④进行社会实践教育。手拉手活动中的互相通信、互相访问，为学生的生活打开了一扇窗。学生可以通过自身的实践去认识社会、了解社会、服务社会，这对学生的成长具有重要意义。

⑤进行现代生活品质教育。手拉手活动可以帮助城镇学生学习艰苦朴素的生活作风，磨炼吃苦耐劳的品质；农村学生则通过手拉手活动触摸现代生活气息。这对于提高双方的生活品质将起到重要作用。

2. 手拉手活动师生感悟

(1)感悟一

罗曼·罗兰曾经说过，人生应有两盏灯，一盏是信仰之灯，一盏是理想之灯。梦想，需要自己去努力实现。在筑梦人生的旅途上，每个人都有自己的梦，我也一样。我要为了自己的梦想去拼搏，要考上理想的学校。

(2)感悟二

我希望更多的孩子能够加入手拉手活动，也希望孩子们在一时的新鲜感消失之后，能够将笔友通信坚持下去。世界的真实靠的是不断探求，而友情的建立靠的是时间的考验。

随着网络、手机等的普及，笔友成为正在消失的一种朋友，所以值得珍惜。笔友通信不仅是一种交流方式，也是期待与等待的过程，是友谊的陪伴与累积，那些信件也将是人生的财富。真正的友谊是一种长期的关系，是思想与感情的交流。从这个意义上来说，这不是一场普通的"城乡学生手拉手"活动。

（二）生命的意义在于奉献

人生的真正价值在于奉献。奉献是社会存在和发展的基本保障，是用爱心和责任铸成的一道彩虹。它清新飘逸，带给人们温馨与快乐。真诚的梦在奉献的呵护下悄悄萌芽生长。

志愿精神蕴含着深厚的人文思想，与建设社会主义和谐社会的核心

价值体系一脉相承。志愿服务工作是学校在实践中组织青年、引导青年、服务青年、维护青少年合法权益的重要载体，是将社会主义核心价值观念融汇其中教育青少年的有效途径，是开展青少年公民教育的必要手段。实践证明，学生在志愿服务实践中丰富了生活体验，培养了公民意识，提高了组织和协调能力，增强了自信心和荣誉感。

1. 学校志愿服务工作新模式

学校将志愿服务工作与团的常规工作相结合。学校志愿服务小队以团支部为核心，主要成员由团员和入团积极分子组成。每名团员至少有一个志愿者岗位，同时每个支部至少有一支志愿者小队。团员自觉地参与志愿服务活动，将其作为自己神圣而光荣的义务。入团积极分子除了参加入团前的教育理论学习之外，还必须以志愿服务为实践的途径。学校将团组织的制度规定作为后盾保障志愿服务活动的实施，用鲜活而生动的内容和形式，调动学生的主观能动性和创新性，增强团组织的凝聚力。

学校将志愿服务工作与学生特长相结合。发挥学生的特长，不仅能为服务对象提供更好的服务，而且能够体现学以致用的宗旨。正因为有了专业技能的支撑，学校志愿服务的形式和内容从以卫生整治工作为主的单一模式转变为以科普宣传、义务讲解、扶助孤老、爱心捐款、重大活动礼仪服务等为主体的多元模式。志愿服务为学生提供了展示特长的平台，为学生创造了实现自我价值的舞台，为社会和市民提供了高水准的服务，这是一个双赢的结果。

学校将志愿服务工作与感恩教育相结合。学校德育工作的另一项品牌活动感恩教育，形成了感恩父母、感恩先辈、感恩家庭、感恩社会、感恩老师、感恩祖国、感恩党团和感恩生命等各项活动。关于感恩活动，做比说更重要，所以感恩活动必须有实践途径和实践基地，这样志愿服务项目就成了感恩活动必不可少的实践形式之一。一方面，志愿服务为感恩活动提供了阵地和内容；另一方面，感恩活动又使志愿服务的意义从单纯做好人好事上升到了回报社会。

2. 学校开展的志愿服务活动实录

(1)长期资助赵家中学留守儿童、贫困学生

几年来，在青年志愿者协会的组织下，学校利用跳蚤市场义卖活动、游园筹集善款活动，先后资助赵家中学 15 名优秀的贫困学生。

同时，在青年志愿者协会的组织下，学校积极与赵家中学学生开展手拉手活动。赵家中学先后有 80 名留守儿童分批次来到成都，吃住在青年志愿者协会会员家里，感受和体会大都市的生活。

青年志愿者协会的教师和赵家中学的教师结对子，针对班级管理、德育活动情况进行长期指导。学校青年志愿者协会的系列活动先后被四川卫视、腾讯·大成网、华西都市报、成都商报等报道。

(2)开展"绿树伴我成长"义务捐款植树活动

刚搬到新校区时，学校校内和周边绿化相当糟糕，于是青年志愿者协会组织发起了"绿树伴我成长"义务捐款植树活动。该活动于每年的 3 月开展，为学校、社区绿化做出了积极的贡献，赢得全校师生的一致好评。

(3)组建小红帽义务服务队

校团委为青年志愿者协会成员配发了小红帽。大型活动期间的服务执勤工作都由"小红帽"来完成。学校一直流传着"小红帽精神"这一说法。"小红帽是我们最自豪的标志，我希望以后能有更多的机会来帮助大家。"青年志愿者协会成员说。

(4)开展"献爱心，送温暖"进社区活动

"小红帽"走进成都市建设中路第五大道社区低保户、困难户、空巢家庭，开展主题为"献爱心，送温暖"的社会实践活动。师生帮助社区居民打扫卫生、整理物品，为老人做家务，与老人谈心等。活动向学生宣传尊老爱幼、关爱弱势群体及保护环境的观念，同时引导社区广大青少年树立奉献精神，为践行社会主义核心价值观尽自己的力量。该活动受到成华区电视台新闻栏目的专访。

"小红帽"每年都会走进龙泉驿区大面镇老人福利院，为老人们送去生活必需用品，帮他们打扫房间，与老人谈心等。

(5)开展"学习雷锋精神，引领时代风尚"系列活动

在奉献日，青年志愿者协会 200 余名成员成立了义务劳动小分队，对校区的卫生死角进行清扫，美化校园环境；对教师办公室进行清扫，并留下祝福卡片，为教师创造了舒适、干净的工作环境；协助门卫分发门卫室积累已久的信件、报刊，以实际行动诠释了青年志愿者协会的无私奉献精神，为广大同学树立了榜样。

青年志愿者协会还在教学楼楼梯转角、食堂、体育馆、超市等地设置了文明督导岗，进行常规和文明礼仪的监督、管理和记录。

(6)开展其他公益活动

除此之外，学校青年志愿者协会还开展了人民公园古乐演奏活动、防艾滋病宣传活动、勤俭节约签名活动、农村之旅活动等。

志愿服务是衡量一个人社会价值大小的重要标准。争当志愿者，是个人回报社会的重要形式，也是个人社会价值的具体表现之一，更是学校生命价值教育的重要手段。

第五章

生命的激扬

第一节　吹响生命出彩的"集结号"

对于所有的教育者来讲，生命，既是教育的起点，又是教育的终点。因此，人们探讨生命的意义，研究生命的成长，努力拓展生命的宽度，不断追求生命的长度。但，不管怎样，人们所面对的"教育"终究是一项拥有明确对象和目标的行为。

生命教育，不仅是一个名词，更是一个动词。就像"生命在于运动"那样，我们架构一切理论，都是希望看到每一个生命动起来。这种动不仅仅是单纯的心脏跳动，不仅仅是单纯的身体运动，更是快乐的动，是自由的动，是努力追求更好发展的动，是努力追寻更多生命意义的动，是充满生命活力的动。

在超过 10 年的学校生命教育研究与实践过程中，我们感触最深且最富有心得的是生命教育课程分层推进中，生命教育隐性课程在生命教育实践中体现出来的价值。生命教育隐性课程除了专题德育活动、班团队活动、节日教育、纪念日教育、仪式教育、实践活动等需要直接凸显生命教育理念的载体外，还有一种更加自主、自由和自我的活动载体——学生社团。

有益的社团活动有利于促进学生专业知识的学习和开阔学生的视野，有利于提高学生的综合能力，有利于完善学生的个性，有利于培养学生的民主协作精神，从而加快学生的社会化进程。

学生社团是帮助学生认识生命、体验生命的重要载体。学校要重点指导学生广泛开展与生命教育相关的校园文化活动，使学生形成积极的生活态度，进而欣赏和热爱生活。高中阶段的学生社团要充分发挥学生自主管理的作用，以发展学生的良好个性和健全人格为主，引导学生积极思考生命的价值，帮助学生投身社会实践。

进行生命教育研究与实践以来，石室中学始终高度重视学生社团在

提升学生生命质量和实现生命价值方面的独特作用，坚持在社团活动中培养学生的社会活动能力，坚持在社团课程中引导学生的生命价值观，提升学生的综合素质，努力促进学生全面、自由、充分地发展。石室中学通过指导社团建设，参与社团课程和活动，引导学生表达对生命状态的关怀，对生命情调的追求，使他们更好地体验和感悟生命的意义，促进自然生命、社会生命和价值生命的和谐发展。

为进一步促进社团的组织优化与资源互补，为各个社团的发展提供更加完整、系统的融合平台，为丰富校园社团文化氛围提供较大的发展空间，2011 年，石室中学提出了"整合社团资源，创新社团活动，提升社团品牌"的学校生命教育社团中期改革发展理念，以"整合、创新、提升"为口号，利用第四届校园社团文化节，对各个社团的资源进行了大规模的整合优化，形成了文史类、体育类、艺术类、科技类和综合类五大学生社团集团，引导社团组织和社团活动由自发向自觉，由无序向有序，由分散向统一转变，使社团步入了发展的快车道。随着生命教育实践的深入推进和校园社团活动的蓬勃发展，2015 年，石室中学基于生命教育理念，再次提出了"多彩社团，出彩人生"的学生社团长期发展理念。"多彩社团"就是要确立教育的学生立场，尊重学生成长的多样化需求和最大可能，使教育更具丰富性和多元化，让社团课程和社团活动更加多彩。"出彩人生"既是过程，也是结果。在社团活动中，学生的自我被唤醒，主体被激活，身心更放松，思维更活跃，人生更出彩。

目前，学校共有注册学生社团 60 多个，且学生社团活动参与率超过 90%。模拟联合国协会、潮浪文学社、管弦乐团、广播站、电视台、国旗班、舞蹈协会、文翁戏社、游离态动漫协会、创客空间、羽毛球协会等优秀学生社团坚持定期开展形式多样、内容积极健康的活动，活跃同学们的思想，激发同学们的兴趣，为全校同学提供了一个良好的展示自我的舞台。有些社团在省市甚至全国都具有比较强的示范引领作用。学校社团的蓬勃发展，使得每一位石室学子能够在参与的过程中真正理解"活着、活好、活出价值"三维生命教育理念的真谛，并不由自主地将其融合到自身生命发展的过程中。

一、 社团学生的生命情调

生命情调，是一个十分复杂而且很难确切定义的词。所谓"生命"，就是指一切有灵与肉、血与脉的物质实体；所谓"情调"，是指生命所揭示的被某一群体认同并受个体情感所限制的物我在某种环境下的内心体验。生命在于"真"，而情调在于"美"。

与其说生命教育的目的是引导学生去挖掘生命的内涵，尊重生命的发展，还不如说是为学生提供一个进行生命选择的机会，一种根据自身所好达成的生命共识。我们相信，这种生命共识随着他们的成长，会逐渐成为他们追求生命乐趣和生命价值的一种生命情调。

学生社团，从本质来看就是学生因兴趣爱好、个性特长相投而组成的学生活动小组，其根本目的就是提升自身的综合素质。但从生命教育的角度来看，每一个社团组织都是一个独立的生命个体，需要在社团组织建设和社团活动开展中感受生命发展的历程，并将其作为一种独特的社团生命力进行不断传承。所以在学生社团发展的过程中，学校会要求他们去努力完成四项任务，不断让他们由青涩走向成熟，从而获得大家的认可。

（一）搭建一个团队

团队是灵魂，是保证社团充满生命力的基础。团队不仅仅包括人，还包括社团建设的目的、理念、制度、分工、口号、活动内容及标志等社团文化。因此，对于学生来讲，团队的搭建无疑最能体现他们对生命价值的思考。

高山流水觅知音——石室中学文翁古琴社社团章程

第一章　总则

第一条　社团名称：石室中学文翁古琴社。

第二条　社团性质：本社团是接受石室中学德育处、社团联合委员会、校团委的直接领导和统一管理，学生自愿参加的具有公益性质的学

生社团组织。

第三条　社团目的：继承传统文化，推广古琴艺术，普及古琴知识，为热爱中华传统文化和古琴文化的师生搭建古琴交流的平台。

第四条　社团宗旨：让不了解中华传统文化及古琴音乐的师生走近古琴，了解古琴；让了解中华传统文化及古琴音乐的师生热爱古琴，拥抱古琴；弘扬和享受中华最优秀的传统音乐艺术，让师生在紧张的工作、学习之余体验古琴强大的魅力。

第二章　成员

第五条　成员资格：石室中学师生均可以自愿申请加入。全校师生只要对古琴感兴趣，热爱古琴，在填写入社申请表并获得批准后即可入社。

第六条　成员的权利和义务：

古琴社成员拥有以下权利：

①"选举权"和"被选举权"；

②向古琴社提出合理意见和建议；

③进一步深入了解古琴，参加全国和省市古琴活动，近距离接触世界顶尖古琴大师；

④其他符合石室中学社团联合会规章制度的权利。

古琴社成员履行以下义务：

①遵守古琴社的章程和制度，接受古琴社的领导；

②参加古琴社的活动，完成古琴社交付的各项任务；

③为古琴社的发展建言献策；

④石室中学社团联合会和古琴社规定的其他义务。

第三章　组织机构

第七条　古琴社设社长一名，副社长一到两名，理事数名，参与社团管理。

第八条　社长产生方法：社长在校学生会的监督考核下，经社团全体大会"选举"产生。

第九条　有下列情形之一的社团成员，直接予以退社处理：

①违背社团章程，违反石室中学社团联合会的相关规定；

②在社内拉帮结派，造成社团内部不团结；

③作风不正派，严重影响学校社团的名誉；

④以社团名义谋一己之利；

⑤长期不参与社团活动。

第四章　附则

第十条　本章程解释权归石室中学古琴社。

第十一条　社团章程未尽事宜，交由内部讨论并完善。

第十二条　本章程从批准之日起实施。

（二）聘请一位指导教师

在社团建设的过程中，石室中学大力提倡社团根据自身的特点和发展情况，主动邀请具有特殊专长且符合社团发展需求的校内外指导教师，对社团的日常活动、专业培训、组织管理等方面进行指导，确保学生社团的规范化建设和健康发展。同时，学校还会根据实际情况邀请这些指导教师在关心社团发展、指导社团活动、关心学生综合素质培养和提高的同时参与生命教育的实践研究，向他们传递生命教育理念，推动生命教育与社团建设的融合，让学生感悟成长。

（三）每月组织一次常规社团集会

学校要求社团每月进行常规集会的初衷就是培养他们的团队合力，例如，模拟联合国协会这种成熟的社团组织，一般每周都会有例会和培训。大家在社长的组织下讨论活动方案，安排社团工作，交流活动心得，探讨发展计划。

（四）提交一份"惊天动地"的活动计划

每一个接受生命教育润泽的石室学子，在理解和践行生命教育的过程中都会追求美好的生命状态。学校让社团组织根据他们的发展实际提交一份"惊天动地"的活动计划，就是希望通过这种方式促使他们思考自己社团存在的意义以及生命的价值。学校要求计划"惊天动地"，是希望

通过他们的计划，看到他们对活着、活好、活出价值的理解，看到他们敢想、敢做，看到他们勇于承担社会责任，看到他们主动谋求国家富强和引领社会的勇气。

青年志愿者协会活动策划方案

一、活动名称

豆苗行动。

二、活动时间

2017 年 3 月 19 日。

三、活动地点

SOS 儿童村（成都市金牛区花照壁街 281 号）。

四、参与人员

石室中学青年志愿者协会全体成员。

五、活动安排

2017 年 3 月 19 日上午 7：30，全体成员于学校正门前集合，一并乘公交车前往儿童村。到达后，协会先与负责教师接洽，然后与孩子们见面，通过组织益智活动，如成语接龙、折千纸鹤、跳房子等，将礼品赠予孩子们，同时也让孩子们享受愉悦感与成就感。

六、活动意义

儿童是祖国的花朵，是光明和希望。SOS 儿童村汇聚了许多孤独、受伤的孩子。作为志愿者，我们能做的很少，仅仅能为他们带去短暂的陪伴，但我们能做的也很多，例如，温暖他们的心，抚平他们的创伤，振奋他们的勇气，鼓舞他们拥有梦想。本次活动，除用礼品让孩子们感到开心之外，更重要的是与孩子们交流合作，让他们体会到自我的价值，让他们明白自我的重要性。没有一个生命是卑微的，任何一个生命只要挺立，都能绽放光芒。

七、注意事项

①参与活动的同学必须征得家长同意；

②按时提供班级、姓名、可联系到本人的电话号码及身份证号（给参与活动的同学购买意外保险）；

③一切行动听指挥，切勿擅自行动，注意活动过程中的安全要求；

④与受访儿童亲切交流，切勿生硬融入，注重隐私，时刻关注他们的情绪变化。

策划人：社长周川义

策划时间：2017年2月20日

二、 社团学生的生命状态

模拟联合国，虽以模拟二字开头，却带给了学生超越模拟层面的收获。模拟联合国使一个十六七岁的青年学生有机会站在模拟联合国造就的国际舞台上激扬文字、挥斥方遒，使志同道合的伙伴夜以继日、反复推演的纲领、方略、设想在掷地有声的演讲中毕露锋芒。在模拟联合国协会，青年学生真切地触摸到了人们为这个世界带来改变和进步的可能，感受到了人们对付出与实力的尊重。这会在十六七岁这个关键的蜕变时期给予一个青年最渴望的认可和鼓励，会带给一个青年最需要的自信和坚定。

模拟联合国，曾一度充盈我的高中时代。我时常能在后来生命中的许多瞬间看到自己身上因为参与模拟联合国留下的印记。它们已经成为我的秉性、能力、理想甚至血肉中不可或缺的部分。没有那些经历，我想我一定会是另外的样子，会走在另外的路上。我从初中时代便立志要成为外交官。加入北京大学模拟联合国几乎是我第一次真正向梦想迈进的机会……我相信没有总是落空的努力和没拼命就获得的成功。纵饮冰十年，亦难凉热血，如同些许时候会有师长赞许我"总是阳光而充满斗志"。如今，许多术语和规则早已被忘却，一些技巧也不再实用，然而个中种种却早已内化于心、外化于行。事事岂能顺心如意，唯擅珍惜者满载而归；时时岂敢恣意妄为，终知自律者方得自由。回首成长历程，我难掩心潮澎湃。我追求纯真，追求青春时光的难忘回忆，追求一如既往的真挚情谊；我追求自由，追求无惧陈腐的自由精神，追求忠于理想的精神自由；我追求卓越，追求在见贤思齐道路上不断超越，追求创新

变革的能力与勇气，追求兼善天下的梦想与实现梦想的力量。

愿承初心以致远，慕鸿鹄以高翔。

——石室中学 2013 届模拟联合国协会会长　喇浩钊

生命状态，常常是衡量一个人是否健康和谐发展的重要因素。你的一个选择，并不足以决定你的人生质量，而你一直以来的状态才是决定因素。凡事用心，凡事尽力，用心的人，全世界都会为你让路。用心、尽力都是生命状态的体现，但接受生命教育的个体还应当思考和追求自身的生命价值。在生命教育的润泽下，每一个石室人在各自的生命长路上披荆斩棘，追逐梦想。

第二节　谱写生命成长的"交响乐"

一直以来，石室中学始终坚持把发展学生社团、培育社团文化作为生命教育的重要内容，坚持在社团活动中培养学生的社会活动能力，提升学生的综合素质，努力促进学生的全面和谐发展，逐渐形成了完整的自我服务、相互促进、共同提高的学生社团组织系统。同时，为进一步整合社团资源，创新社团活动，提升社团品牌，我们将各社团组织进行了资源整合，成立了文史类、体育类、艺术类、科技类和综合类五大学生社团集团，并且进一步调整社团活动方式，促使学生社团活动由自发走向自觉，由无序走向有序，由分散走向统一。部分社团在全校乃至全市中学中具有较高的声誉和较大的影响，对培养学生综合素质以及推进校园文化建设发挥了重要作用。在发展学生社团，促进生命教育实践创新的过程中，石室中学同时还提出了"社团活动常态化，社团内容课程化，社团成果生本化，社团影响品牌化"的基本思路，将学生社团活动纳入学校校本选修课程进行管理。学校通过长期的学生社团实践，构建了学生社团活动课程体系，形成了丰富的学生社团活动校本课程。学校组织教师将相关教材整理出版，形成了以五大类学生社团为主体的石室中学生命德育校本课程体系。

校本教材的开发是一项系统工程，又是一项创造性工作。为了推进生命德育校本教材的顺利开发，学校根据自身的办学特色和教师的个人专长，结合本校学生的实际需求，制订了先期方案，多次召开专题会议，充分整合两校区的力量，组织成立领导小组和 20 多个编写小组，为校本教材的开发提供了有力的组织保障。各组明确编写目标，制订编写方案，利用现有资源，分析教材需求，确定时间节点，控制工作进度。学校现已编写各类校本教材 25 本，涉及生命教育、戏剧欣赏、历史文化、摄影、合唱、球类训练、现场救护等内容，共计 380 多万字，参编教师有 100 余人。依托上述校本教材的德育校本课程分为五大类，与五大类学生社团相对应，分为文史类德育校本课程、体育类德育校本课程、艺术类德育校本课程、科技类德育校本课程和综合类德育校本课程。

一、 文史类德育校本课程

文史类德育校本课程包括戏剧欣赏与演练、石室云霞辉映成都等。戏剧欣赏与演练把中国地方戏曲、西方戏剧与新课程的推行相结合；石室云霞辉映成都充分挖掘学校和地方的人文内涵，大力弘扬民族文化，促进学生人文素养和道德素养的提升。

（一）戏剧欣赏与演练社团课程

中国是诗的国度，也是戏剧的国度。京剧、豫剧、川剧、越剧等不同风格、不同流派的剧种在广袤的大地上百花争艳。这是我们祖国文化艺术宝库中珍贵的艺术财富，是我们中华文明的瑰宝，是我们民族文化的精粹。浩瀚的戏剧剧目组成了一幅画面生动、真实反映祖国历史的画卷，更是对青年学生进行爱国主义教育、民族文化熏陶、道德情操教育的绝好教材。而西方的戏剧，又给我们打开了一扇了解世界的大门，让学生知道其他民族的人们有着怎样的喜怒哀乐以及不同民族和国家都会共同追求的东西。学习戏剧文学和戏剧表演，可以培养学生高尚的审美

情趣和正确的人生观、价值观。在戏剧的学习和表演中，学生的创造力和想象力被激发了出来。戏剧表演以"润物细无声"的方式传承着文明，升华着学生的情感，丰富着他们的审美体验，愉悦着学生的身心。学生通过排戏、演出，激活了自己的想象力和创造力，提升了自己的整体规划能力、协调能力、社会交往能力，培养了吃苦耐劳的意志品质，使自己更能理解美、创造美。该课程共有戏剧理论、名剧赏析、实战演练三章内容，包含了中西方戏剧的定义、历史、经典剧目和排剧指导，最难能可贵的是该课程融入了很多石室学生自编、自演、自导的原创局、经典剧和名著改编剧案例，对学生具有强大的吸引力和指导作用。

（二）石室云霞辉映成都校史课程

历史现象是人类文明的再现。本课程通过介绍石室中学的文化底蕴和四川及成都在政治、经济、文化方面具有代表性的历史发展史，让学生领略身边历史的风采，感悟身边历史的真谛，并从中有了意想不到的收获。课程选取了与四川、成都、石室中学(三个层次)发展有关的五个专题，深入浅出地为学生呈现了文翁石室简史、著名校友介绍、成都史话、四川文明和新时期号角的发源地等内容，努力让学生在阅读的过程中了解四川、成都和石室中学在人类文明中政治、经济、文化等方面的基本史实，努力让学生从不同的角度和不同的历史时期，了解四川、成都和石室中学的历史影响，进而认识它们在中华文明中的历史地位。本课程还向学生介绍了郭沫若、周太玄、李劼人、贺麟、李一氓、王光祈、魏时珍、勾清泉 8 位石室校友，引导学生在认识这些著名校友的同时，培养坚强不屈的道德意志，增强社会责任感，树立为祖国富强、人民安居乐业而奋斗的人生理想，塑造志存高远、追求卓越的石室品质。

二、 体育类德育校本课程

体育类德育校本课程包括乒乓球、学校篮球、快乐排球等。这些内容让学生在掌握球类专业技术的同时，在体育竞技中学会专注、坚持、果敢、协作的优秀品质。

（一）乒乓球课程

乒乓球课程立足学校实际，顾及乒乓球社团和爱好乒乓球运动的普通学生的需求，充分利用学校资源，结合学生和乒乓球运动的特点，使学生以乒乓球运动为基础，在身体形态、生理机能、身体素质和身体活动能力等方面得到全面发展。本课程为学生普及了乒乓球运动的起源和发展以及我国乒乓球运动的发展概况，详细讲解了平常练习和对战过程所涉及的基本技术动作和练习方法，为学生进一步讲解了乒乓球运动的攻对攻、攻对削、削对攻及削对削战术，还为大家解答了发球、重发球、轮换发球等基本比赛规则，更分享了乒乓球作为国球在中国的地位，最后还为大家介绍了学校乒乓球运动的发展历程。课程既照顾了大部分学生的观感，还将德育、美育孕育其中，培养学生热爱集体、团队合作、开拓创新、艰苦奋斗等良好的体育作风，同时培养学生鉴赏美、表现美、创造美的能力，陶冶学生的情操，促进学生全面发展，让每位学生都学会学习、学会生存、学会做人。

（二）学校篮球课程

学校篮球课程按照新课程的要求，以增强体质、提高体育能力、促进学生身心健康为主线，从学校学生的实际出发，充分利用学校资源，结合学生特点，使学生以篮球运动为基础，在身体形态、生理机能、身体素质和身体活动能力等方面得到全面发展。此外，本课程还通过围绕篮球项目等，向学生进行系统的篮球运动、健康保健基础知识教育，提高学生的体育文化素养，引导学生培养兴趣、发扬优势、优缺共存、协调发展，养成经常锻炼身体的习惯，学会将篮球作为自身建设的主要项目，为终身锻炼奠定良好的基础。同时，本课程还将德育和美育有机结合，在课程中培养学生热爱集体、团结合作、开拓创新、艰苦奋斗等良好的体育作风，同时培养学生鉴赏美、表现美和创造美的能力，陶冶学生的情操，促进学生个性的全面发展，让每位学生都学会学习、生存和做人。课程从篮球运动的起源、发展入手，畅谈现代篮球的特

点和现状，比较全面和系统地为学生讲述了篮球的基本技术分类和特点，最后还为学生介绍了篮球的主要规则和裁判的基本手势。

（三）快乐排球课程

快乐排球课程按照新课程的要求，以增强体质、提高体育能力、促进学生身心健康为主线，从学校学生的实际出发，充分利用学校资源，结合学生特点，使学生以排球运动为基础，在身体形态、生理机能、身体素质和身体活动能力等方面得到全面发展。课程从排球运动的基本知识、准备姿势和移动技术、垫球技术、传球技术、发球技术、扣球技术、拦网技术、心理机能训练、身体素质训练9个方面入手，让学生完整地学习排球内容和建构排球知识与技能。但是该课程最关键的内涵是"快乐"二字。课程根据不同的学习内容，设计了众多趣味性强且与生命教育内涵相扣的课程游戏，以此为方式，培养学生热爱集体、团结合作、开拓创新、艰苦奋斗等良好的体育作风，同时培养学生鉴赏美、表现美和创造美的能力，陶冶学生的情操，促进学生个性的全面发展，让学生学会学习、生存和做人。

三、 艺术类德育校本课程

艺术类德育校本课程具体包括合唱艺术、音乐与舞蹈、摄影基础、美术的发展、中国工笔、写意山水画、中学素描和陶艺等方面的内容。这些音乐、美术、摄影类课程在陶冶学生审美情操的同时，培养学生的个性特长和想象能力、思考能力、判断能力，提升学生的生命质量和生命幸福感。

（一）合唱课程

普通高中音乐新课程标准确立了音乐教育要以音乐审美为核心，全面提高学生的音乐素质。合唱作为歌唱的一种形式，是全校学生都能参与并体现团队精神的一项艺术实践活动。学生可以通过参与合唱训练和合唱比赛来提高他们的听觉能力、演唱水平和艺术素养。本课程就是希望学生能够增强合唱兴趣，主动参与到音乐实践活动中，学习一些合唱的基本知识，了解合唱追求的和谐美。同时，学校以此为契机，通过合唱培养学生的团结协作精神，丰富学生的音乐生活，拓展学生的音乐视野，促进学生的全面发展。本课程共分为中外合唱艺术的起源与发展、合唱基础知识、校园合唱艺术、学唱中外合唱歌曲四部分内容，并选择了一些适合中学生演唱的中外合唱歌曲，让学生对合唱艺术感兴趣，让他们在优美的多声部音乐中学到更多的音乐知识，进一步认识多声部的合唱艺术。学生可以通过合唱抒发爱国情怀，歌唱美好的时代精神，展示校园文化，提高音乐文化素质，提升生命的格调。

（二）音乐与舞蹈课程

在艺术这个庞大的体系下面，音乐与舞蹈是密不可分的姊妹艺术，它们既有共性，也有特性。音乐是声音的艺术，而舞蹈则用肢体语言来诠释艺术的灵魂。有时音乐有了舞蹈的融入会变得更加形象生动，而舞蹈有了音乐的衬托也显得格外通俗易懂。按照新课程的要求，该课程从9个方面入手，力求充分发掘学生的艺术天性，满足不同学生的兴趣爱好，加强学生的艺术修养，营造浓厚的校园艺术氛围。该课程采用文字与图片相结合，舞蹈鉴赏与舞蹈实践相交融的模式，为学生提供多元化的学习形式。该课程的教材以舞蹈文化为编写主线，其文化内涵由中国汉族民间舞、中国少数民族舞、中国古典舞、外国民间舞蹈和中外芭蕾舞、现代舞、体育舞蹈构成。这种构成方式体现了多元文化的价值。在舞蹈选材方面，该课程既强调弘扬我国的民族舞蹈文化，也重视了解、学习世界的舞蹈文化；既强调对传统舞蹈的继承，也重视对现代舞蹈的学习，同时也注重舞蹈文化与其他相关艺术文化的同构关系。该课程主要以鉴赏带动活动，不仅塑造学生的形体，还陶冶学生的情操，让学生在实践探索中亲身感受、体验舞蹈带来的独特魅力。

（三）摄影基础课程

摄影基础主要通过讲解摄影的基础知识，有计划地组织学生外出拍

摄，使学生初步掌握摄影的基本技巧，提升自己的审美品位。本课程的教学目标就是教会学生用自己手中的相机留住一个个美好的瞬间，留下难忘的回忆。除此之外，课程更重要的部分是对学生进行美育素质教育，引导和培养学生的审美意识，帮助学生通过摄影实践活动去寻找美、发现美和表现美，使学生运用摄影器材和摄影技术把生活中的表象美和自然美，定格为方寸之间的艺术美和形象美，培养学生的艺术兴趣和爱好，培养学生高尚的情操和艺术修养。课程共有摄影概述、数码相机入门、镜头的选择和使用、其他常用器材、掌握摄影曝光、摄影艺术造型、摄影创作实践、数码暗房 8 个方面，由浅到深地引导学生去了解摄影技术的发展历史和数码相机的原理与分类，再通过对比的形式，让学生了解不同镜头产生的不同效果及不同需求需要的不同的镜头参数，同时还介绍了摄影的滤镜、闪光灯、三脚架、快门线、反光板及其应用。此外，该课程还介绍了很多实践中的拍摄技巧，努力通过趣味盎然的对比让学生了解和掌握曝光以及造型和创作作品的方式。本课程的最后还向学生讲述了照片的处理方法。课程实操性较强，由浅入深地逐步让学生熟悉摄影，掌握摄影。

（四）美术课程

从美的事物中找到美，这是审美教育的任务之一。这一系列以美术教育为基础的校本课程以新课程标准为根据，以石室中学为依托，共分为两个部分：第一部分为鉴赏类，即美术的发展，含外国美术发展、中国美术发展；第二部分为新课程实验类，即中国画，含中国工笔、写意山水画和创意素描。美育，可以解释为"审美的教育"，是教会学生如何在生活中发现美、创造美的一种教育方式。美，是不可以量化的，也没有一个专用的品评它的公式。因此，教会学生独立感受并表现美的方法远远比直接告诉学生"美在哪里"要重要和更有意义。宗白华先生曾说过："一切美的光是来自心灵的源泉；没有心灵的映射，是无所谓美的。"这里的"心灵"指的是个人的感受和体验。"授人以鱼，不如授人以渔"这句古语，就是这类课程的编写原则。美术，是一种视觉艺术，在陶冶学生的审美情操，充分发挥学生的想象、思考、判断等能力，并释放学生紧张或消极的情绪，保障学生身心健康等方面，具有其他学科难以替代的作用。同时，美术是人类文化的重要组成部分，具有传承文化艺术的功能。可以说，美术一方面可以培养完整的人格和优雅的个性；另一方面也可以团结整个国家和民族，使学生增强民族自信心、树立民族自豪感。

（五）陶艺课程

长期以来，陶艺就是学生喜爱和热衷参与的一项实践操作课程。学校将陶艺设置成校本课程，就是希望通过这样的方式增进学生对陶艺的了解，增进学生对陶艺的兴趣，从而使学生了解陶艺文化和历史，并通过从揉泥到成型再到装饰、施釉、烧成的全方位实际操作，让学生对陶瓷艺术有更加深刻的体验和了解，从而提高学生的综合素质，激发他们在感悟陶艺的过程中感悟生命的发展。课程共有概述、陶艺基本工具和设备、手工成型、拉胚成型、作品装饰手法、釉、干燥成型与烧制、作品欣赏 8 个方面的内容，涵盖了陶艺制作的理论知识、准备阶段、设计思路、实操要求和后期装饰。课程深入浅出，架构清晰。

四、 科技类德育校本课程

科技类德育校本课程包括欢乐机器人、多媒体技术基础、三维设计教学软件、最优美的计算机语言、通用技术等。这些课程通过指导学生学习计算机和软件编程等发展学生的创造能力、动手能力和逻辑思维能力，促进创新拔尖人才的培养。

（一）机器人课程

近年来，在学校领导的高度重视下，学校机器人活动先后在 VEX 亚太地区工程挑战赛、四川省青少年机器人创新活动、中国青少年机器人竞赛、FTC 工程挑战赛、"登峰杯"机器人竞赛中获得了一系列令人瞩目的成绩，使机器人活动成为学生践行青春梦想、磨砺创新能力的重要载体。本课程由学校多位机器人教练员根据自身的多年经验积累而

成，主要以机器人普及知识的介绍为主，由机器人的原理、结构搭建、程序编写、任务合成和科学探究几部分组成，是按照循序渐进、由浅入深的思路安排的。课程由走进机器人的世界、机器人的结构与设计、机器人的编程控制技术、机器人的工程结构设计、用机器人进行科学探究五个方面构成，以图文并茂的形式为广大学生呈现了一个充满新奇与挑战、充满思维碰撞与团队合作的别样世界。

（二）多媒体课程

多媒体技术自从 20 世纪 90 年代初期兴起后，立刻受到计算机和通信界的重视。随着网络技术的发展，在局域网、广域网以及国际互联网内广泛应用多媒体技术，开展多媒体信息服务，吸引了众多不同行业的科技人员从事多媒体技术的研究工作，推动了信息产业的发展，开发和推广了众多多媒体产品，使多媒体技术成为人们乐于接受的高新技术成果之一，也受到了青年学生的广泛关注。本课程对目前市场上流行的众多多媒体编辑软件进行了筛选，结合学生的学习兴趣和基础对主流软件进行了认真梳理。学生可通过本课程快速理解图像、音频在计算机中的实现思路，掌握常见工具及其相关的处理技术，了解多媒体作品的制作过程，为进一步学习多媒体技术打下基础。本课程内容丰富，实用性较强，紧跟多媒体技术的最新发展动态。

（三）三维设计课程

三维设计教学软件 CAXA 是最先将完全的可视化三维设计、图纸生成和动画制作融入计算机的系统。本软件把具有突破性的全新系统结构同拖放实体造型法结合起来，形成目前对用户很友好的三维零件设计和二维绘图环境，同时还提供了一些人们在高成本的高档三维应用中期望得到的性能。三维设计教学软件可生成两种类型的文件：三维设计环境文件(. ics)和二维布局图文件(. icd)。通用技术三维设计教学软件的主要功能，包括智能图素、智能手柄、三维球等创新设计工具的使用及零件设计、装配设计、渲染和动画等功能，突出创新设计的直观性和易用性。学生可以通过三维设计教学软件设计出心中的作品。有条件购买三维打印机的学校可实现从三维设计到三维实物的转换，同时也可以将三维设计转换到二维平面上，观察其主视图、左视图、俯视图，使学生更能有效地理解三视图。

（四）计算机语言课程

随着信息技术在现代社会中的普及与应用，学生信息素养的培养成为现代教育面临的重要课题。联合国教科文组织为此专门设立了国际信息学奥林匹克竞赛，目的是在广大青少年中普及计算机教育，推广计算机应用。该项赛事在石室中学开展较早，并取得了全省领先的骄人战绩，且一大批优秀的学子获得了全国各级各类奖项，并升入了自己理想的大学。课程内容立足学生实际，结合全国青少年信息学奥林匹克竞赛普及组的基本要求，以及当前信息学竞赛最新的咨询与发展趋势，避繁就简，力求深入浅出地解析复杂的程序设计问题。

（五）通用技术课程

本课程的主要内容是为什么要学习通用技术、技术的基本素养、技术设计、通用技术三维设计软件设计、加工工具的使用、木工工具的使用及简易木质结构的制作、模型或原型的制作、学生作品收集等，这些都是学校经过实际教学后，结合学生学习的真实情况和学校实际制定的。因此，本课程实施性强，富有吸引力，能很好地提高学生的设计能力、独立思考能力、团队合作能力、实践动手能力等。通过学习，学生能理解技术的性质，了解技术的发展历史和一些最新的技术成果以及技术在生活和生产中的应用，能正确认识技术对人们的日常生活及社会产生的正反两方面的影响，具有正确使用生活中一些常用技术的基本技能。学生学习本课程，会不断经历将人们的需求和愿望确认为值得解决的技术问题并形成设计方案的过程；初步学会从技术的角度提出问题、解决问题；经历技术方案转化为产品的过程，初步学会模型或产品的制作、装配、调试的方法；体验意念具体化和方案物化过程的复杂性和创

造性，发展实践能力；经历技术设计中交流与评价的过程，初步学会一些技术交流的方法，发展技术的表达和评价能力。学生学习本课程，能形成和保持对技术问题的敏感性和探究欲望，领略技术世界的奥秘与神奇；关注技术的发展动态，具有对待技术的积极态度和正确使用技术的意识；熟悉从事技术活动必须具备的品质，能够安全而又负责任地参加技术活动，具有良好的合作交流的态度，养成严谨、守信、负责、勤俭、进取等良好品质；体验技术问题解决过程的艰辛与曲折，具有克服困难的勇气和决心，培养不怕困难、不屈不挠的意志，感受解决技术难题和获得劳动成果带来的喜悦；认识技术的创造性特征，形成实事求是、精益求精的态度，培养富于想象、善于批判、敢于表现、勇于创新的个性品质。

五、综合类德育校本课程

综合类德育校本课程包括生命教育、旅游地理、心理学与我们的生活、现场救护知识、模拟联合国、培养有生命力的学生干部等。这类课程在提升学生生命质量和培养学生综合素质方面具有独特的价值。

（一）生命教育课程

为了生命的绽放，生命教育应运而生。生命教育是帮助学生认识生命、珍惜生命、提高生命质量和提升生命价值的教育活动。它以生命为对象，以人文关怀为着力点，以和谐发展为终极目标，旨在强化学生的生命意识感，引导学生的生命幸福感，提升学生的生命价值感。2006年，学校开始了生命教育的探索，经过多年持续不断的研究与实践，取得了丰富的成果，形成了比较系统的生命教育实践模式。该课程整理了学校多年来生命教育实践探索过程中的经典生命教育课，便于学生和教师系统地理解生命教育的价值、意义和内涵，特别是便于师生参悟"活着、活好、活出价值"的三维生命教育体系，为提升师生的生命力提供助力。该课程的 10 节生命教育课，分别揭示了某一方面的生命真谛，使人有醍醐灌顶之感。第一课"珍爱生命"，通过知生命、惜生命、悟生命的思路，引导学生感受生命的美好，感悟生命的宝贵，激发珍爱生命的情怀，活出生命的精彩。第二课"设计我的生命清单"，引导学生为自己的人生制订计划，以这种方式最大限度地激发人体潜能，使学生树立精神理想和目标，最大限度地丰富生命。第三课"爱要说，爱要做"，通过真情流露让学生意识到"爱要说，爱要做"的重要性和必要性，让学生知道怎么去说，怎么去做，学会爱的表达，让家庭更和谐。第四课"学会尊重，学会交往"，主要是让学生理解他人、尊重他人并且了解和掌握文明交往的艺术，让自己的生命更有格调。第五课"学会舍得，成就人生"，是让学生体验生命中的"舍得"是一种人生常态，要理解、认识和感悟舍得，努力提升生命质量和价值。第六课"走出生命逆境"，就是要培养学生对生命、逆境的了解能力以及分析解决问题的能力，帮助学生摆正心态，激发对生命的热爱。第七课"向幸福出发"，就是为了培养学生感知幸福的能力，引导他们树立正确的幸福观、奉献观和人生观，并制订自己的人生计划。第八课"勇担责任"，就是要让学生认识到自己的责任，并引导学生将做最好的自己作为一种有责任感的表现。第九课"向死而生"，就是让学生在体验中懂得珍惜生命，不言放弃，懂得去实现社会价值和自我价值。第十课"设计你的墓志铭"，就是希望学生明白死亡与生命的关系，培养正确的生命观，培养生命意识感。

（二）旅游地理课程

读万卷书，行万里路。经常旅游的人一般思维敏捷，视野开阔；旅游有利于人忘却烦恼和忧愁，容易使人心情愉快、笑口常开；结伴旅游能增进玩伴之间的友谊；旅游能让学生的知识面更广，为学生在今后的学习、工作中打下坚实的基础；旅游能很好地锻炼一个人的身体和意志品质。该课程结合地理学科知识，以生动、实用的内容，从旅游资源、旅游景观的欣赏、旅游活动的实施、旅游摄影四个方面，向大家呈现了我国乃至世界的旅游资源，图文并茂、言简意赅地为大家解读了旅游景观的价值和欣赏方法。课程既具有较强的学术性，又具有较强的趣味性，更具有较强的实用性。

（三）心理学拓展课程

如果我们想要对自己的行为产生的原因有一定认识，就需要对心理学的专业知识有一定了解。心理学是研究人类心理现象发生、发展及其规律的一门科学，是人类对自身进行深入探索和研究的一门科学。自人类文明出现以来，我们对自身的探索和研究就已经开始了。几千年来，中西方的智者先贤都一直在思索着关于自己的一切，产生了许多丰富的心理学思想。时至今日，心理学已是具有多个分支学科的庞大科学体系，包括教育心理学、发展心理学、消费心理学、社会心理学、管理心理学、咨询心理学等。同时随着心理科学的不断发展和心理知识的日益普及，我们也越来越清晰地发现自身的发展与心理状态之间的密切关系，意识到心理学知识能帮助我们更好地认识自己、了解他人、洞悉社会，还能帮助我们更好地调控情绪和行为，使我们拥有良好的心理素质和积极的人生态度，提升我们的人生价值感和生活幸福度。该课程以图文并茂的方式为大家呈现了颇具神秘色彩的心理学，引导学生从生活中找寻自己心理发展的规律，从心理学知识中学会更好地生活。

（四）现场急救课程

随着经济的发展、社会的进步，人们的生活质量不断提高，生活空间日益扩大，交往日趋频繁。在这种现代的工作、生活模式下，各种疾病尤其是心脑血管疾病的得病率明显上升，交通事故中的意外伤害也明显增多。因此，传统的急救服务方式已经远不能达到及时挽救生命、减少伤残的目的。在人们总体素质普遍提高，城镇社区初步形成的态势下，向社会公众普及科学的现场救护观念和技能显得尤为重要。中学生是未来社会的生力军，所以学校要在中学生中普及科学的现场救护观念和技能，并通过他们传播给家庭、朋友，使全社会都建立起现场救护观念，使人们在遇到危重急症时能及时正确地实施基础生命救护，为挽救生命赢得宝贵的黄金时间。该课程对现场救护的成人徒手心肺复苏、伤口包扎、止血、伤员搬运等最简单、最基本的操作方法以及各种天灾人祸中的逃生、自救知识进行了简要介绍，通过救护新概念、心肺复苏、创伤救护、意外伤害、突发事件五章内容，让学生初步了解现场救护的一些注意事项和原则，使学生对一些应急技能有所了解，对意外伤害有所防范，从而指导他们保护生命。

（五）模拟联合国课程

当代中国青年正迎来一个激动人心的时代。当今中国正在实现巨大的历史转型，从计划经济向市场经济转型，从传统社会向现代社会转型。这种转型焕发出来的活力，使中国开始一步一步迈进世界舞台的中心。站在这样一个时代平台上，这一代中国青年中必定会涌现出一大批闪耀全球的政治家、社会活动家、商业领袖、思想家和科学家。他们将会是中华民族历史上具有全球化视野和全球化影响力的一代。

2007 年，文翁石室校内一批热心时事政治、充满激情与梦想的莘莘学子，在石室中学创建了成都石室中学模拟联合国协会。他们梦想通过模拟联合国这种全新的实施素质教育的形式来培养自身的全球视野和领导力，来打造中国下一代全球青年领袖；他们梦想着这样一群未来的全球青年领袖一起携手创造属于中国的全球化时代！

在新课程改革的有力推动和学校的大力支持与帮助下，石室学子紧跟时代步伐，通过自己的努力在石室中学筹办了 9 届石室中学模拟联合国大会，连续 9 年参加北京大学全国高中生模拟联合国大会。每一年都是一次蜕变，每一年都是一次成长。在这 9 年里，石室中学模拟联合国协会已经成为我国西南地区首屈一指的模拟联合国协会，并在四川地区通过自身能力帮助其他学校开展模拟联合国活动，也大力支持并参与筹办了一系列相关活动。该课程就是以学校模拟联合国协会的发展、沉淀为基础，借鉴全球模拟联合国协会发展模式的一次资源整合和经验介绍，通过了解联合国、走进模拟联合国大厦、做一个卓越的"模联"人、筹办一次高水平的模拟联合国会议、历届石室中学模拟联合国开展情况五章内容，为大家呈现了参会到办会的整个过程。教师希望模拟联合国

课程能够帮助更多对此项活动感兴趣的教师、学生顺利进驻模拟联合国大厦，构筑属于自己的世界梦！

（六）学生干部培训课程

多年来，石室中学各个学生组织和学生社团在坚持教育培训与实践锻炼相结合的原则下，通过开展丰富多彩、主题突出、形式多样的教育活动，极大地丰富了校园文化生活，为学生的全面发展做出了积极的贡献；在加强校园文化建设，形成健康向上、和谐稳定的校园环境方面，产生了十分有益的影响；在学校常规管理、特色活动的组织、服务同学、服务教师等方面做出了积极表率。各个学生组织充分展示了石室学子的风采，赢得了荣誉。但是，随着学校规模的不断扩大，以及学生人数的不断增多，学生如何出色地做好学生干部的本职工作，如何出色地做好教师与学生的桥梁，如何科学有效地开展团学工作，成为摆在学校面前的一大难题。该课程根据学校学生干部培养过程中出现的实际问题，以中学学生组织的历史沿革和发展状况，中学学生干部的角色、要求和培养，学生干部工作的流程、思路和方法，学生活动的创意、策划与实施，学生干部如何处理突发事件，学生干部的人际交往、口才培养、文书写作、考核评价等方面的内容为主体，提出通过教育培训和实践锻炼，不断增强学生干部的思想政治素质、政策理论水平、服务意识、创新能力、实践能力和组织协调能力，努力培养和造就一支思想坚定、作风过硬、素质全面、工作能力强的学生干部队伍。思想坚定，要求学生干部具备较高的思想政治素质，有坚定的理想信念和追求，有大局意识和责任意识，特别是在政治立场和政治方向上要始终与学校团委、党委保持一致，具有思想坚定性。作风过硬，要求学生干部具有良好的工作作风，艰苦奋斗，无私奉献，公正廉洁，敢于面对和解决困难。素质全面，要求学生干部不仅要有较高的思想政治素质，还要有良好的科学文化素质和身体素质。工作能力强，要求学生干部要有创新能力、实践能力和组织协调能力，熟练掌握工作方法和技巧，善于化解矛盾和危机，不断探索新途径，解决新问题。总之，培训要不断增强团学队伍的凝聚力、战斗力和创造力，更好地为学校教育教学服务。课程条理清晰，目的明确，为激发学生干部的生命力提供了助力。

所有这些校本课程有助于发展学生的兴趣，体现和发挥学校的办学特色，提高教育质量。学校充分利用这些课程资源，引导教师把校本课程落实到日常的教育教学活动中，充分运用于校本必选课、自主选修课和社团培训课，让学生在参与生命德育校本课程的同时促进自我建构和自主发展。

第三节　奏响生命发展的"进行曲"

21 世纪是一个尊重生命、展示个性乃至塑造个性的时代。美国哈佛大学心理学教授加德纳于 1983 年提出多元智能理论，在世界教育领域产生了深远影响。加德纳认为，人的智能是多元的，它不是一种智能，而是一组智能，这组智能中的各种智能不是以整合的形式存在的，而是在个体身上相对独立存在着，与特定的认知领域或知识范畴相联系。他发现人有 8 种智能：语言智能、逻辑数学智能、视觉空间智能、音乐智能、身体运动智能、人际交往智能、自省智能和自然智能。每一个人至少具备 8 种智能，但具体到个人身上则有所不同。有的人全能，而有的人则某项突出，大多数人居中。他还认为，人的各项智能是相互影响的。每个人的优势智能表现在不同方面，不存在谁更聪明的问题，只存在不同的人在哪些方面聪明和怎样聪明的问题。每个人都是独特的，又是出色的。一个班级中有素质全面、成绩优异的学生，也有学习一般、另有爱好的学生，即使成绩差的学生也总有某方面的优势。因此，教育要善于捕捉学生身上的闪光点，以进行不同层次的教育；要敢于打破常规，努力发展学生的个性，培养学生的个性品质。只有这样，教育才能使学生的个性意识得以升华，才能培养出素质全面、特长显著、个性发展的时代新人。

在生命教育的指导下，石室中学丰富多彩的社团课程和社团活动，恰好给学生提供了生命发展的自主选择空间，有助于学生发展个性，使学生的生命之花得以绽放。学校长期形成的社团文化氛围，就像水、阳光和大地一样润泽生命、滋养生命。

一、 让世界倾听中国青年的声音

自 15 世纪末以来，世界全球化的浪潮便轰轰烈烈地掀起了，它以不可阻挡的迅猛势头，改变着地球上每个地区、每个民族的政治、经济、文化……各个国家凭着进取精神和创新力量，纷纷加入这个浪潮。优秀的政治家们代表着自己的祖国在世界舞台上纵横捭阖、叱咤风云，影响着历史的进程，塑造着未来的蓝图。这一代中国青年正迎来一个激动人心的时代、一个和平开放的时代。随着中国的崛起与发展，世界越来越关注中国青年的声音，所以中国青年更需要在世界舞台上展现中华民族的风采。

当今社会，模拟联合国大会正是帮助中国青年走向世界舞台的跳板。模拟联合国大会(简称模联)是模仿联合国及相关的国际机构，依据联合国的运作方式和议事原则，围绕国际上的热点问题召开的会议，是一项提升学生问题处理、思考辩论、合作交流、英语表达、书面表达等能力的综合性实践活动，是增强中学生思辨能力，拓展中学生国际视野和激发中学生筑梦、追梦和圆梦能力的重要平台。

石室中学模拟联合国协会成立于 2006 年 11 月，经过 10 多年的发展，已经逐渐变成一个学术性社团组织，通过长期坚持组织社团活动，努力提升社员的学术水平、游说能力、演讲能力以及个人气质。该社团始终将学术为本和自主管理、自主培训、自主办会的思想贯穿到自身发展的方方面面。迄今为止，该协会已成功主办了 9 届石室中学模拟联合国大会。社团学生还带头举办过成都模拟联合国会议、西南模拟联合国会议等大型地区性会议，展现了较强的协调能力和学术水平，得到了广泛的认可，逐渐成为引领成都乃至西南地区模拟联合国活动的主力军。该社团先后在北京大学全国中学生模拟联合国大会和团中央举办的全国中学生模拟联合国大会中获得了杰出代表、十佳社团、最佳组织、最佳立场、全国中学生模拟联合国最佳组织等多项集体荣誉和个人荣誉。大批石室学子在这里锻炼自我，追逐梦想，迈向未来。参与模拟联合国活动的众多学生被全国乃至世界一流大学录取。其中，模拟联合国活动积极分子江蝶同学于 2013 年被英国牛津大学录取并获得 100 万元怡和奖学金。

模拟联合国带给我们的，不仅是认识问题、分析问题、解决问题的能力，不仅是敢于质疑的勇气，不仅是尊重规则的意识，不仅是敢于拼搏、适时妥协、与人为善的理念，更是一种思想、一种精神、一种态度、一种素质，那就是人应怎样活着！

——叶心怡

对于我们而言，模拟联合国更多的是一份责任与传承，更多的是学会理解和担当。我们加入她可能有很多原因，但是我们爱上她不需要任何理由，因为这些在别人看来不能理解的事情，对于我们而言就是高中生活最美好的缩影。

——向昕月

图 5-1　石室中学模拟联合国大会

二、　为一首歌动容

石室中学合唱团是一个充满光荣与梦想的学校明星社团，自 1999

年成立以来，先后在两位指导教师的带领下，多次获得了省、市各级中学生艺术节合唱比赛一等奖，并且先后获得了第三届、第五届全国中小学艺术展演活动声乐专场一等奖。2010年，合唱团受邀参加维也纳首届世界和平合唱节，在维也纳大学音乐厅、维也纳市政厅、联合国维也纳总部、维也纳音乐大厅及驻地阿尔比斯山小镇一共参加了5场演出，共演唱了12首中外合唱名曲，反响热烈，被组委会评为"杰出合唱团"。2014年，合唱团受邀参加了在天府广场举行的社会主义核心价值观"24字歌"《世纪的约定》首发仪式，展现了杰出的才华和风貌。2014年，合唱团成为国家级非物质文化遗产项目川江号子传承基地，且多名合唱团成员被选为传承人。2016年，合唱团受邀赴法国参加第四届法中校园艺术节，为从戛纳本地和法国多座城市赶来的1300余名中法文化爱好者，带去了极具藏族风格的合唱歌曲表演《吉祥阳光》，演绎了极富中国非遗文化特色及民族特色的音乐。戛纳副市长希克利专程到现场观看演出，并与合唱团成员合影留念。

合唱艺术的精髓就是合作、和谐、心有灵犀。合唱团每一个生命个体的倾情演绎，让每一位感受过石室中学合唱团表演的观众都感到了蓬勃的生命力。观众无不赞叹他们的专业素养。但谁能想到，每一届合唱团里面大部分的同学之前都没有经过声乐训练，一切都是从零开始的。

合唱团在第五届全国中小学艺术展演活动中的两首参赛曲目，一首是无伴奏中世纪教堂合唱作品，另一首是具有浓郁藏族风格的无伴奏混声合唱与打击乐的合唱作品。这两部作品难度之大，就连专业合唱团都无法保证每一次现场演唱都能达到满意的效果。学校合唱团以精彩的编排和完美的演绎，最终凭借这两首高难度的作品，获得了全国一等奖。他们靠的是什么？靠的就是那份执着。41名学生，41个各具特色的音色，41个极具个性的心灵，2/3的零基础，在一次次训练中，常常为一个和声而训练几十甚至上百次。因为训练，同学们常常错过了吃饭的时间，通过废寝忘食的不断撞击、不断磨合，为了一个共同的目标，默默付出，竭尽全力，最终达到身与心的合一！在一次次合作中，他们懂得了退让和进取，学会了舍弃与坚守，真正理解了合作与和谐的内涵。这些东西正是生命教育理念所倡导的生命品质。

参加合唱团，让我收获了成长，学会了去努力做好每一件事，仿佛让自己生命的韧性也随之增强；让我明白有厚度的脚印在辗转几番后依旧不会被风浪蚀去。在合唱团中，我还感受到了团队的力量，懂得了感恩与付出，仿佛一夜之间获得了生命成长的契机，这让我有力量去迎接人生的每一次挑战！

——方伦洲

图 5-2　合唱团在演出

三、　假如我生无可依

志愿工作具有志愿性、无偿性、公益性、组织性四大特征。参与志愿工作，既帮助他人、服务社会，同时也传递爱心和传播文明。志愿服务个人化、人性化的特征，可以有效地拉近人与人之间的心灵距离，减少疏远感，对缓解社会矛盾、促进社会稳定有一定的积极作用。

青年志愿服务一直都是学校生命教育实践活动的重要组成部分。青年志愿者协会的志愿服务，能够促使参与的学生感悟生命的意义，体验生命的价值，进而让他们尊重生命，以此起到自我教育、自我实现和自我完善的作用。

石室中学青年志愿者协会创建于 2003 年，是石室中学最具影响力的

社团之一，自成立以来一直本着"爱心献社会，真情暖人间"的宗旨，严格奉行"奉献，友爱，互助，进步"的原则，立足校园，深入社区和街道，积极开展各项志愿服务活动，形成了一系列社团品牌活动。例如，照顾孤寡老人，为山区孩子募捐图书，保护黑熊倡议，二手书漂流，"爱心福袋"大行动，参观"爱之家"流浪动物收容所，"摘星计划"自闭症儿童关爱活动，"豆苗计划"SOS儿童村关爱活动，"暖冬行动"冬衣捐赠活动等，受到了全校师生的欢迎和社会各界的一致好评。在同学们的共同努力下，社团入选成都市优秀志愿组织，连续5年获得校"十佳社团"称号，多次受到团市委和四川省红十字会的表彰。同时，社团还积极与其他学校的同类组织和"一天公益""一个村小"等社会公益团体保持密切关系。2008年四川省理科状元王可倚同学曾担任石室中学青年志愿者协会会长，其间带领石室中学青年志愿者奔走于各处，不断践行生命的奉献之力。

在青年志愿者协会丰富多彩的活动中，我感受最深的还是与大家一起帮助他人的幸福快乐和奉献自我微薄力量的成就感。这些活动会不由自主地让人获得一种心灵的净化与精神的提升。

——苟玉清

成为一个人，不仅在于我们发达的思维，更在于我们那可以实时接收感动的心脏。我们的感情不应该只给予周围的人，也应该给予这个世界，给予那些微弱的处于痛苦中的生命。为人在世，我们不应该去创造苦痛，而应该去引导新生，与其用金钱来换取外在的愉悦，不如用真情去传递一份温暖与希望。

——李逸

四、 生命的呼唤

为了唤起公众的环保意识，1991年，英国动物行为学家珍·古道尔不再只停留在非洲刚果丛林做黑猩猩研究，而是走向社会，建立了一个全球范围的青少年教育组织"根与芽"。他组织的活动推进了本地人对动物、人类社区和环境问题的关注。2008年4月，成都"根与芽"由成都市环保局环境保护宣传教育中心和珍·古道尔(北京)环境文化交流中心共同发起,在成都项目办公室的基础上,由成都市环保局作为主管单位。成都"根与芽"环境文化交流中心正式在成都市民政局登记注册,成为独立的民办非企业单位。

仿佛听到了生命的呼唤,同年,石室中学"传薪　根与芽"社团悄然成立。

在近10年的发展中,石室中学"传薪　根与芽"社团始终秉承"根与芽"的宗旨,坚持开展各类环保实践活动,先后在由"根与芽"在创意科技园内举办的变废为宝活动中充当志愿者;响应联合国提出的千年目标,在全球公民节上担当志愿者;为"根与芽"儿童环保剧《千循百乐》筹集资金,并参与到环保剧的宣传和志愿服务中;组织社员为"循乐童年——变废为宝"项目担当手工制作教师的志愿者;为成都市环保运动之"熊猫快跑"制作环保游戏的道具;在"根与芽"主办的西安路小学零废弃夏令营活动中担当志愿者;参加由法国领事馆主办、成都"根与芽"承办的中法环保文化月成都站活动,并担当志愿者;在校内进行垃圾分类减量的宣传;依照成都"根与芽"办公室"循乐童年"课程指导,由社团成员担任小老师,在校园及周边社区进行变废为宝的志愿教学……

石室中学"传薪　根与芽"社团是校内自治度非常高的学生组织。社员对每一次活动的参与,都是一次对生命价值的思考。如同受到了生命本源的呼唤,他们通过自己的方式,不断去带动其他人将对生命价值的思考放到对动物、人类社区和环境问题的关注上来。

活着,有许多种方式。平平淡淡过一生是活着,波澜壮阔过一生也是活着。在我看来,最有意义的生命是使世界变得更加美好,实现自己生命的价值。"根与芽"开展的活动,以发挥自己的每一分力量、使世界变得更加美好为宗旨。"根与芽"开展的一系列环保、送温暖的活动,使我能把自己关于世界更加美好的愿望变成现实行动,切实为环保事业、社会关怀做出自己的贡献。涓涓细流,终能汇成江河;片片红叶,终能摧枯拉朽般烧遍山坡。加入"根与芽",着实令我更深地领悟了"活着"的真谛。只要世上青年都能如此真正地"活着",为世界做出贡献,那么我

们这个世界也就是真正"活着"的世界了。

——梁语薇

"根与芽"像一道光，在我生命的秋风里，给予我活好的契机。为环卫工人送月饼后，口袋里装着淡淡的清香、浓浓的情意；废物重组，让我豁然开朗，仿佛与生命进行了一场跨越千里的相遇。我犹记得珍·古道尔博士用温声细语告诉我："坚持你的梦想，加油！"

——何太皓

图 5-3 "传薪 根与芽"社团成员与"根与芽"
创始人世界著名科学家珍·古道尔博士合影

五、 创造不可能

2016 年，学校代表队摘得 VEX 工程挑战赛亚洲锦标赛最高奖最佳全能奖及季军，并将参加世界锦标赛，同年获 FTC 工程挑战赛同济大学赛区最高奖科技启迪奖，并且所有参与者均获得同济大学降分 60 分录取及自主招生免笔试资格。这令世人惊叹的中学科技类竞赛获奖的背后，隐藏着的是这所学校最善于将不可能变为可能的科技类学生社团：创客空间。

创客的"创"指创造，"客"指从事某种活动的人。"创客"本指勇于创新、努力将自己的创意变为现实的人。

石室中学创客空间社团创建于 2012 年的春天。它的活动主要与"创新、发展"理念相结合。无论是 3D 打印、无人机、化学科创、生物科创、发明创造，还是中学生机器人项目 VEX 工程挑战赛和 FTC 工程挑战赛等国际中学生科技类赛事等，都是该社团的研究内容。这里最不缺少的就是天马行空的想象、无与伦比的实操能力和敢想敢做的决心。这样的生命状态注定了他们不平凡。

了解了无人机的构造与原理，讨论了无人机的使用前景与走向，我开始自己动手简单拼装无人机。了解了无人机各零件部件的作用，我自己控制无人机在空中飞行。这些都是创客空间为我带来的非凡体验。

——范其超

我从小就爱科学创造，爱做实验，爱动手实践。但真正融入这个社团并与大家一起共同参与每一次活动并有所收获时，我才感到了生命的完整和人生的不平凡。

——肖思宇

图 5-4　创客空间社团成员获 VEX 工程挑战赛亚洲锦标赛最佳全能奖

生命教育统揽下的社团组织，总能给予我们惊喜和期待，究其原因，就是每一个社团学生的生命状态都不由自主地在向着"活着、活好、活出价值"的三维生命教育理念靠拢。在这样的氛围里，他们渴望获得非凡的生命体验，渴望去寻求自身的生命价值，这才出现了众多像创客空间这样充满活力的社团组织和像石室中学模拟联合国大会那样具有传承性的社团活动。

第六章

生命的充盈

教育源于生命，循于生命，达于生命。生命是教育的元基点。教育的本质就是关注人生命的发展，让教育回归到唤醒人的生命意识、培养人的核心素养、构建人的精神世界、提升人的生命价值上来。一切教育形式和内容都当以人的发展为根本。

教育是一种慢活、细活，是潜移默化的过程，正所谓润物细无声。教育的变化是缓慢、细微的，它需要生命的沉潜，需要深耕细作式的关注与规范。推行生命教育，遵循生命发展的规律，首先要避免急功近利、立竿见影的思想，要解决当下教育与教学脱离、育德与育智两张皮的问题，抓住课堂教育主阵地，深度渗透生命教育于学科教学中，找准这个改革的关键点，落实课堂中感知、体验、领悟、践行的教学过程。学校通过生命教育对学生进行生命意识教育、生命质量教育和生命价值教育，让生命教育在"漫长"的课堂教学中真正丰盈而充实。

第一节　从学科教学走向学科教育

多年来，石室中学以生命教育统领学校德育，积极创新工作方式和工作思路，主动适应新课程，把培养"有生命力的人"作为教育目标。学校以教师为主导，坚持思想先行，行动落实；以课堂为主阵地，坚持学科内容、教学形式的融合；以学生为主体，坚持感知、体验、领悟、践行相结合的过程教育。开展生命教育以来，学校聚焦学科课堂，协调处理教学与德育、课内与课外、教书与育人、教风与学风、间接课程与隐性课程的关系，全面协调，整体推进。

石室中学具有厚重的历史和文化底蕴，有一支业务精良、思想前卫的师资队伍，具有"高、严、精、活、专"的教风。生命教育扎根石室中学课堂，渗透于石室中学课堂教学中有先天优势和坚实基础。从做好顶层设计，到优化过程管理；从反复培训师资，到落实课堂渗透；从积累经验教训，到完善评价机制，系统化、序列化地抓实课堂教育教学融合

这一改革的关键点，让生命教育真正充满生命力。

一、 学科教学渗透生命教育的现实性

思想引领行动，因此，解决思想认同问题是变革的首要条件，没有思想的一致、认识的统一，一切都只是纸上谈兵罢了。推行生命教育的关键就在于抓住课堂主阵地，深度渗透生命教育于学科课堂教学中。所以全校上下明确学科渗透的作用和意义是推行生命教育的关键。

（一）寓生命教育于教学内容和教学过程之中是新课程改革的内在要求， 是落实生命教育三维目标的具体体现

高中新课程改革不仅仅在于课程知识与结构的变革，还在于从教师中心向学生中心、从独立学习向合作学习、从接受学习向探究学习、从应试教育向素质教育的转轨。新课程改革的这一核心理念，正是以生命教育为核心的学科教学观的体现，是教育的人文价值与工具价值实现统一的体现，也是学校学科渗透生命教育的大背景。

同时，新课程改革强调以知识与技能、过程与方法、情感态度与价值观为主要内容的三维目标，这种目标的确定正是对学生思想道德水平的关注。这就迫切要求我们转变育人理念，切实树立起学科教学渗透的意识，在课堂教学中实现生命教育目标，不仅要传授知识、培养能力，达成知识与能力层面的目标，更要达成提高素质、生成德形、影响人格的育人目标，以潜移默化、润物无声的方式促进学生德形和人格的生成与发展。

（二）通过学科教学渗透生命教育具有不可替代的优势

学科教学渗透生命教育的优势如下。一是面广、量大、时间长。学科教学是学校教学的主阵地，占据学生在校的大部分时间和精力。二是有切实保证。学科教学有固定的课程、稳定的课时、专职的教师和比较完善的管理机制。三是有丰富的知识载体。文化知识是学生思想道德发展的根基。以知识为载体的德育具有强大的说服力和感染

力，能够给予学生深刻的影响，形成强大的内化力量。四是细水长流、潜移默化。学科教学让学生在学习各科知识的同时受到感染和熏陶，符合学生身心发展的特点，有利于学生吸纳并在学习运用和实践活动中逐步深化。

（三）在学科教学中渗透生命教育是国外中小学教育的传统做法

美国、日本、德国、英国、法国等发达国家都非常重视在学科教学中渗透生命教育，并积累了不少成功的经验。例如，美国在社会研究课程中重视学生的危机感教育，以保证本民族利益不受损害，同时向学生传递平等、民主、自由的世界观和价值观。日本学校的学科教学德育渗透及培养方式和方法更为丰富：公民课让学生了解社会，对学生进行政治和法制教育；文化课又被称为"真理教育"，意在帮助学生掌握真理，培养他们的科学态度和逻辑思维；友爱课使学生理解人格尊严，自觉尊重他人，消除偏见和歧视；垃圾分类课主要培养学生的良好卫生习惯。这些做法为我们在学科教学中渗透生命教育提供了事实依据。

二、 学科教学渗透生命教育的原则

学校紧密结合学生思想品德的实际，深刻挖掘教材中的德育资源，通过精心设计教学过程和运用教学机智，在发展学生能力和开发学生智力的同时，不失时机、卓有成效地实现了生命教育目标。

（一）有意原则

有意原则就是要明确地渗透计划，加强预设，注重目标性。

任何学科的内容，都应是科学性和思想性的统一。因此，在教学中，教师依据学科课程标准所强调的情感、态度、价值观目标，找到生命教育渗透点，明确提出符合学科特点的生命教育目标，预设生命教育内容。生命教育渗透点，可以是一个定理、一位科学家、一个探究过程、一份视频资料、一个问题情境，甚至是一项作业、一个节日。教师

依据本课教学内容，提出有针对性的课堂生命教育目标，准确定位，把握本课渗透的预期效果。有目的、有计划、有组织地把生命教育落实到具体教学环节，有目的、有意识地加以渗透。

（二）有序原则

有序原则就是要把握学科特点，规范有序，注重生成性。

教师对课程和教材中的生命教育因素进行梳理，使渗透的生命教育目标和内容序列化、层次化。具体来讲，教师要在课程和教学中挖掘适合学生年龄及心理特征，符合学生认知水平和接受能力的生命教育因素，根据学生的认知发展规律，由浅入深、循序渐进地在学科教学中进行生命教育渗透，以提升生命教育的实效性。例如，小学阶段的爱国主义教育，主要渗透感性认识，让学生感知什么是爱国，培养他们朴素的爱国之情；初中阶段要渗透国史、国情、国策等教育，增强学生的理性认识，使他们了解为什么要爱国；高中阶段则要针对学生正在形成的世界观、人生观、价值观，着重渗透一些历史唯物主义和辩证唯物主义的基本观点，树立学生的报国之志。在这样有步骤、有层次的渗透下，学生才能认识、接受和同化生命教育，他们的道德才能实现真正的发展。

（三）有机原则

有机原则就是要紧扣教材内容，潜移默化，注重自然性。

生命教育并不是一种外在于教学的存在，而是教学不可分割的有机组成部分。除教学内容外，教师、教学形式和教学过程等教学的其他诸要素也都具有教育性。良好的教师形象、和谐的课堂氛围、互动的探究过程都是教学中自然而宝贵的生命教育资源。教师应合理把握生命教育内容，充分挖掘学科教学蕴含的生命教育资源，结合学生的生活实际，根据学生的认知水平和身心特点，找准生命教育渗透点，并把握好生命教育渗透的角度和层次，做到生命教育内容和教学内容的有机融合。在教学过程中，教师要尽量淡化生命教育的痕迹，隐蔽自己的生命教育意图。因此，教师要充分运用教学机智和教学艺术，在"渗透"二字上下工夫，力求在渗透生命教育的过程中做到潜移默化、润物无声、春风化雨。

（四）有效原则

有效原则就是要结合学生特点，讲求效果，注重实效性。

教师要深入了解学生的思想状况，把握学生的思想脉络，不断修订和完善计划，找准渗透时机，改进渗透方法；在教学过程中要以学生为主体，发挥学生的主动性、积极性，根据渗透点设置情境，引导学生进入情境，让学生主动在情境中活动、体验和感悟，形成正确的情感、态度和价值观；在渗透时还要选准学科知识、生命教育要求与学生精神需求的最佳结合点，作为生命教育的切入点，才能增强教育的实效性，收到较好的效果。

三、 学科教学渗透生命教育的途径

教育是慢的艺术，同时认知也是一个长期的过程。因此，教师在课堂教学中应用恰当的教学方法以及合理而科学的途径可以使教育收到事半功倍的效果。教师要做一个有心人，做一名智者，认真识学生、备内容、找途径、备方法，才能成为一名合格的教师和真正的教育者。

（一）紧扣教材， 立足课堂

传统德育的弊病在于游离于教材和课堂之外，教学和德育两张皮的现象严重。新课程的实施为解决这个问题提供了切实可行的方案。教师要充分理解和运用新教材，挖掘新教材中的生命教育资源并将其落实到教学过程中。教师抓住了教材和课堂，就抓住了学科教学渗透生命教育的牛鼻子，就等于切中了学科教学渗透生命教育的要害。教师不仅要在课堂讲授中渗透生命教育，还要在课堂训练和作业中渗透生命教育。

（二）结合学科， 发挥优势

教师要把握学科性质，充分发挥学科优势，增强生命教育的生动

性。不同学科的教材内容所蕴含的生命教育资源不同，生命教育的渗透点和渗透的生命教育内容也不同。因此，各学科教师需要根据学科情况因地制宜，要突出学科的专业特点和学科味道，不能把生命教育课与政治课、班会课混为一谈。

（三）课外拓展，发展个性

教师要充分利用课堂延伸和课外活动中的生命教育资源，拓展学生的视野，发展学生的个性，促进学生人生观和价值观的形成。教师还可以抓住课堂管理和与学生日常接触的机会，进行随机但有意的渗透教育。

四、学科教学渗透生命教育的机制

变革伊始，机制先行，让制度在实践中科学化、合理化是变革的根本保障。多年来，学校推行生命教育，优化完善了学科教学渗透生命教育的一套可行的工作机制，确保课堂充满活力，保障生命教育的有效推行。

（一）以校本研修、生命教育教改研讨会为契机，加强学习，转变观念，提高教师渗透生命教育的水平

学科教学渗透生命教育的效果首先取决于教师的生命教育渗透意识和水平。学校定期和不定期地组织学习，使广大教师在深刻了解教育本质的基础上，明确知识与品德、教学与教育、教书与育人、教风与学风的统一关系，在观念层面形成正确的课程价值取向，内化渗透生命教育的意义，增强渗透意识，将育人意识作为自觉意识。

（二）建立相应的管理机制，使学科教学渗透生命教育规范化、长效化

1. 建立生命教育支持系统，形成生命教育共同体

学校成立了生命教育专家委员会、班主任培训指导委员会、学生社

团指导委员会、家长委员会、校外生命教育基地委员会，使这些生命教育支持系统成为学校生命教育的重要力量；把教研组长和部分骨干教师充实到学校生命教育支持系统中，形成生命教育共同体，从而加强学科教学渗透生命教育与班级团队活动、社会实践活动等其他生命教育主线的协调、衔接和整合，解决各种生命教育力量分散无序、各自为战造成的重复或脱节问题，形成学校生命教育合力。

2. 建立生命教育工作坊，固化生命教育渗透

生命教育工作坊下设生命教育工作室、名班主任工作室、学生社团工作室、阳光心理工作室等，以加强各学科在生命教育中的相互配合，从而形成整体效应。各学科都有着自身的特点，体现在学科教学渗透生命教育的内容和目标上也有不同的侧重点。学校努力让学科教学渗透生命教育的人员、目标、内容和工作区域进入生命教育工作坊系统，使生命教育的各方面有机联系，充分发挥各学科教学的协同作用，使孤立分散的教育成为整体有序的教育，从而形成学科教学渗透生命教育的整体效应。

3. 建立健全学科教学渗透生命教育的目标体系和评价机制

根据学科教学中的知识及能力方面的要求，学校建立了一个相对完善的目标体系和评价机制。同样，学校对情感、态度、价值观等德育维度的要求，也应该依据中小学德育要求和各学科课程标准形成一套较为明确、细化、易于客观描述和便于操作的目标体系和内容体系，并建立相应的评价机制。例如，听课、评课时，教师要把学科教学渗透生命教育作为一项重要的评价指标。这样可以使学科教师渗透生命教育时有章可循，使学校对教师的考核评估有据可依。只有把学科教学渗透生命教育也纳入刚性管理范围，才能尽快改变教师备课不备生命教育渗透内容，上课不渗透生命教育，考核、评估教学工作没有生命教育渗透的状况，确保学科教学渗透生命教育落到实处。

（三）加强学科教学渗透生命教育方法的理论与实践研究

学科教学渗透生命教育是德育的主要渠道，也是提高德育实效的一

条有效路径。但学科教学渗透生命教育的方法既不同于一般的教学方法，也不同于一般的德育方法。它是在学科教学中为了完成必要的生命教育任务而专门采用的方法，要受到学科性质与特点的制约，所以探索和总结一套学科教学渗透生命教育的方法具有重要的理论意义和实践意义。这要求学校教师和德育工作者打破学科和专业的藩篱，在育人的高度携手合作，共同进行学科教学渗透生命教育的研究，达成学科教学渗透生命教育在理论与实践方面的双向建构。

表 6-1　石室中学学科教学渗透生命教育的教学课堂评价标准

评价项目	评价内容	分值	得分
目标	依据学科课程标准强调的情感、态度、价值观目标，明确提出符合学科特点的生命教育目标；依据本课教学内容，提出有针对性的课堂生命教育目标，准确定位，把握本课渗透生命教育的预期效果。目标表述准确、简明。	10	
内容	遵循学科自身的教学规律、生命教育的规律和青少年成长的规律，准确把握学科教学和生命教育内容的结合点；合理把握教育内容，充分挖掘学科教学蕴含的生命教育资源，结合学生的生活实际，根据学生的认知水平和身心特点，找准生命教育的渗透点，并把握好生命教育渗透的角度和层次，做到生命教育内容和教学内容的有机融合。	30	
过程	教学活动过程中形成良好的人际关系和课堂氛围，促进学生良好思想品德的形成；通过设计合理的活动，实现师生互动、生生互动，让学生在学习活动中合作学习、共同探索、积极交往，在民主和彼此尊重的课堂氛围中学会合作、学会倾听、学会分享。	15	
方法	以学生为行为主体，发挥学生的主动性、积极性，依据渗透点设置情境，引导学生进入情境，让学生主动在情境中活动、体验和感悟，形成正确的情感、态度和价值观。	20	

续表

评价项目	评价内容	分值	得分
教师行为	做好渗透点的引入，使其自然有趣，能激发学生的学习兴趣；以平等的态度与学生交流；做好渗透活动的小结，进行正确的引导，巩固和强化生命意识、生命质量、生命价值三维目标的生成。	20	
活动准备	针对课堂要渗透的生命教育目标，调查分析学生的问题和需求，为课堂教学提供依据，根据内容和活动需要与学生一道做好相关的物质准备。	5	

总分：

第二节 让课堂焕发出生命力

育人是根本，是教育生态。把生命教育简单地归到德育范畴，而忽略其在课堂教学中的渗透是一个误区。石室中学开展生命教育，制定了学科教学渗透生命教育的机制、途径、原则和课堂评价标准，培训教师，督查课堂，评价激励，使石室课堂形成了"生命、生活、生成、生动、生态"的"五生"课堂，让生命教育之花在课堂绽放。

生命，即在教学中尊重生命、尊重个性、尊重特点；生活，即在教学中结合生活实际，将生活现象融入知识教学，不仅要求知识掌握，更要求技能提升；生成，即在教学中讲求方法、强调过程、注重生成；生动，即在教学中强调情境教育法，注重趣味性与实践的结合；生态，即在教学中彰显传递思想、尊重个性、讲求生动、融入生活、突出实践、提升能力的良性教育观。不同的学科有不同的特点，有不同的渗透途径和方法。教师的智慧和水平决定了学科教学渗透生命教育的效果。"五生"课堂特色鲜明，亮点突出，教学模式、教学方法、教学技巧百花齐放，让课堂充满生命的智慧，让生命教育在石室中学的课堂充满生命力。

一、 生命教育在人文科学学科课堂熠熠生辉

（一）语文学科渗透生命教育

《我为什么而活着》是伯特兰·罗素的一篇自传性随笔。在文章中，作者深情回溯了自己一生的追求，表达了对"我为什么而活着"这一问题的深入思考，抒发了对生命的真挚热爱，诉说了自己对于"应该怎样活"这一论题的真知灼见。生命的荣枯和它的价值在文章中得到了准确的诠释。

文章本身的难度并不大，其主旨以及作者的感情都较容易把握。另外，吴增强在《健全青少年》一文中，对 4000 多名中小学生调查发现，随着年级的升高，学生的生命观反而越来越模糊，这值得我们深思。基于此，年轻的语文教师杨帆就把生命教育渗透重点放在了"启迪学生树立正确的人生观、价值观"和"引导学生寻找自己生活的意义和目的，鼓励学生为之而努力奋斗"方面。

古往今来，人们千百次地这样追问过自己：我们究竟为什么而活着？这个问题太简单又太复杂。有人碌碌一生，未来得及思考就已成为人间的匆匆过客；有人搜古寻今，苦思冥想，终其一生也未能参透其中玄机。人最宝贵的东西莫过于生命。有生必有死，生死问题是我们每个人必须给出答案的问题。

杨帆老师认为，明确自己为什么而活着能使我们不断叩问自己，树立和调整自己的目标和追求，让我们最大限度地丰富自己的生命。而全面提高学生的语文素养，促进学生均衡而有个性地发展，则是语文教育本身所肩负的责任。

杨帆老师首先通过介绍让同学们了解课文的作者罗素，然后让同学们自由朗读课文，勾出表现罗素活着的理由的关键句子，标出含义深刻的句子，进而研读、讨论罗素一生有哪几种追求：渴望爱情，追求知识，同情苦难。通过讨论，同学们明确了渴望爱情、追求知识和同情苦难可以说是罗素在漫长的一生中奋斗不息的精神动力，而对人类不可遏制的同情则是罗素追求爱情和知识的真正动力，这体现了一个伟大的思想家拯救人类的良知。罗素的爱情是充满传奇色彩的，这是他对爱情的渴望和对生命的珍爱。他追求爱情，是因为爱情使人狂喜，那里有人类所梦想的天堂的神秘缩影；他追求知识，是因为他愿意把自己的所有智慧和力量奉献给人类，救民于水火。可以说，他的一切追求都来源于他对人类的深切同情。

归纳起来，同学们谈论的活着的理由大致如下。有的同学的理由是为了生存而活着，因为生命的存在是我们实现价值等其他多种可能的保证。有的同学的理由是为情感而活，亲情、爱情、友情为我们照亮黑暗，为我们提供精神的家园，为我们追求更高的人生理想找到归宿。也有人认为人来世间一遭太过艰辛，来了就要让自己获得人生的阅历和满足感，要尽心感受这一切。活着既是原因也是目的，是普通民众在红尘中最自我、最真诚的表达。

（二）政治学科渗透生命教育

鉴于高二年级正在学习哲学下册的"人生观和价值观"知识，所教班级又刚刚组织了"生命价值"主题班会，于是吴峨老师专门设计并上了"珍惜生命，实现人生价值"一课。

吴老师先通过相关的调查数据、图片和影视等材料，展现中学生自杀的严峻情况。北京心理危机与干预中心的调查显示自杀的人很消极，常感到生命无意义，缺乏生命活力，对生活的满意度极低，因此，生命质量教育理应成为生命教育的一项重要内容。

然后，吴老师让学生分组讨论并发言，继而师生共同探讨得出中学生自杀的几点原因。

第一，高中生正处于生理和心理发展的不稳定阶段，他们面对种种学习压力和困难，出现了一些不能正确看待生命、不能正确对待生命中的挫折的一些现象和问题。如果不能恰当地处理这些问题，学生的个体健康和社会的整体和谐发展都会受到消极影响。

第二，部分学生受片面思想的影响，从心理上无法接受社会的竞

为生命而教

争,这样的问题在当今的学生中或多或少存在。

第三,现在的高中生大多都是独生子女,往往关注自己多于关注他人。

最后,吴老师从理论上讲解活着、活好、活出价值,同时运用多媒体展现学生在学校生活的片段,体现生命的价值和生活的美好。

生命的价值具有三层内涵:活着、活好、活出价值。

所谓活着,就是说我们要有生命意识。生命意识是个体对生命的主观感受和认识。从这个层面讲,我们应该加强对生命意识的培养,珍惜和尊重我们的生命。

所谓活好,就是说生命要有质量,即生活的充实度和满意度要高。从这个层面讲,我们应该充实生活,不断提高生活的质量,要具有幸福感。

所谓活出价值,就是说我们要具有生命价值感。臧克家的诗歌云:有的人活着,他已经死了;有的人死了,他还活着。这告诉我们生命中最重要的是活出意义,活出价值。

这节生命教育课主要从理论上探讨了生命的价值和人活着的意义,教会学生深化认识生命的价值,从而珍惜生命,为社会做贡献。本节课通过组织学生探讨生命的价值,采用研究性学习的方法,注重学生和教师相结合,注重合作学习和探究学习相结合,注重学生生活体验、感情回归,注重课堂教学设计的知识性、情境性。

"珍惜生命,实现人生价值"教学的目的有三:

第一,从人生观、价值观具有导向作用的角度,教会学生思考人是什么、人活着为了什么以及人的真正价值是什么等千百年来人类社会永恒的命题,同时引导学生思考如何认识轻视生命的中学生自杀现象以及如何评价新闻报道的轻生事件;

第二,使学生明确生命的意义、生命的质量、生命的价值,使学生树立起生命意识,从而珍惜生命、爱护生命;

第三,渗透生命教育,教育学生明确生命的价值和生命的意义,引导学生正确分析生活和学习中的心理压力,使学生掌握缓解心理压力的方法，使得生活更具有意义和价值。

学生普遍认为这节生命价值教育课，抓住了目前中学生的敏感问题"心理压力"，体现了教师对社会、学校的热点问题的把握和对学生的人文关怀。

本节课取得了较好的教育教学效果，特别是结合高二哲学知识"人生观和价值观"来教育学生探索生命教育的课题，找到了政治学科渗透生命教育的有效途径。本节课教学目标明确，达到了组织学生进行研究性学习的目标。

（三）历史学科渗透生命教育

人教版教材《世界近代现代史》上册有一节课：法国大革命和拿破仑帝国。在教学过程中，学生表现出了对拿破仑的浓厚兴趣，可是因教材编排的局限而知之甚少，于是他们纷纷发表意见，希望更多地了解拿破仑。历史老师饶治梅认为这正是进一步培养学生学习历史的学习兴趣和提升学生学习能力的大好时机，也能进一步督促自己直面新课改，更好地引导学生以史为鉴、思考人生，从而引导学生全面发展。于是，饶老师鼓励同学们利用课余时间查阅、搜集相关资料，并在班上准备一节活动课：校园听证会——评价拿破仑。

为了能让更多的同学参与学习、分享见解、剖析人性、思考人生，饶老师借用了听证会的活动形式。

在课前准备中，科代表按照同学们的兴趣和意愿组织同学们分组，然后小组自愿选择观点。各小组利用课余时间通过网络、学校图书馆或书店查阅相关资料，经过讨论，将资料制作成小卡片，以便分类整理、交流成果。

各组代表纷纷发言。同学们结合史实，就拿破仑的人格品质、道德修养、战争、爱情、逸事、名言等进行思考和自由争辩。饶老师适时引导学生。

这节课通过查阅、搜集相关资料和课堂分享与展示，增进了学生对拿破仑这一历史人物及其相关历史活动的了解，深化了学生对拿破仑及

其帝国的认识。这节课还培养了学生通过阅读获取有效历史信息的基本能力，运用辩证唯物主义和历史唯物主义的基本观点、方法全面评价历史人物的能力以及良好的语言组织与表达能力。这些不仅是学生备战高考所需的基础知识与基本能力，更是学生进入社会所必备的人文素养。饶老师也希望利用课堂尽情发挥历史学科的德育功效，引导学生去发现和思考人性的真善美，引领学生进一步树立正确的人生观、价值观以及崇高的爱国情感。

（四）地理学科渗透生命教育

进城务工人员(下以农民工代替)在城市里大多从事着脏、累、险、乱、差的工作，为城市建设和城市人的生活做出了重要的贡献。但农民工受到不公平待遇这一社会问题同时存在。在一节地理课上，邹语佳老师借"农民工问题研究"这一课题，向学生渗透社会公德教育、集体主义教育和爱国主义教育等。

邹老师创设情境导入新课，让学生迅速融入课堂；直接列出本节课要讨论的四个问题(农民工的现状、农民工对城市的利与弊、目前农民工存在的问题、农民工问题的解决对策与途径)，引发学生关注社会问题，培养人文关怀精神和爱国热情。

邹老师通过短片欣赏把学生引入本节课的主题。班中的学生大多都是城市里的孩子，他们通过角色扮演走进农村，切身感受农民的生活现状和心理期望，拉近农村与城市的距离，消除潜意识里对农村人的偏见，树立正确的认识观。

本节课以本校的各种职业为例，比如学校的清洁工人、建筑工人、水电工、食堂工作人员、保安等，来谈农民工所从事的职业的种类，让学生自己总结出这些职业一般都具备险、累、脏、乱、差等特点，进而引导学生反向思考：如果没有这些农民工为学校做这些事情，那有多少城市人愿意去做这些工作呢？

这个讨论过程可以让学生更加尊重农民工，小到向学校里的清洁工阿姨说声谢谢，向保安叔叔问声好，大到在生活中去尊重每一位农民工，并用自己的美德去感染其他人。

本节课通过辩论引导学生用辩证的观点看待问题，在分组辩论农民工对城市利弊的过程中培养学生团结合作的精神和集体荣誉感。

本节课通过对目前农民工所面临的问题的研究，如播放"留守儿童的心里话"这段视频，让生活条件比较优越的城市学生感受到自己的生活相对于这些父母不在身边、没有好的物质条件、没有好的学习环境的农村孩子来说是多么幸福。本节课一方面让学生珍惜自己现在所拥有的生活与学习环境，从而更加努力学习；另一方面培养学生的爱心，确保当处于社会底层的人们需要帮助时学生能伸出援手。

培养学生用科学的世界观解决问题的能力；引起学生对我国城市化进程中出现的问题的关注，加强学生的主人翁意识，引导他们关心时事、心系祖国，激发他们的爱国热情。

本节课在以上环节中不断渗透爱国主义教育、人道主义与社会公德教育、科学的世界观教育、集体主义教育、社会公德教育、劳动教育、理想教育。

本节教学内容是"人口增长"后的一个问题研究，是新课程教学在每章后特别增设的内容。问题研究可以发挥学生的主观能动性，增强学生参与课堂的兴趣，培养学生分析问题、解决问题的能力，同时向学生渗透德育。由于问题研究的是农民工，对于大多数生活在城市的学生来说很多东西都不是很了解，所以在研究过程中，教师多以周边的实事为例，列举大量的实例帮助学生正确认识和分析问题。

本节课通过视频资料展示，身边例子列举，小组合作交流，归纳得出农民工所面临的问题，并提出解决农民工问题的对策与途径。这节课就是要培养学生科学研究的方法和态度；通过小组合作培养学生的集体荣誉感，加强团队意识；通过对农民工对城市的贡献的讨论，让学生树立人人平等的意识，培养学生的良好美德；使学生关注更多的社会问题，使他们心系祖国，培养具有人文关怀和国际视野的人。

上述几节课充分发挥了学科课程自身的优势，使学生受到优秀文化

的熏陶，在形成健康美好的情感和奋发向上的人生态度以及引导学生认识社会、认识自我、规划人生等方面，起到了积极作用。

课堂上，教师的启发式教学和探究式学习，使学生平等积极地参与交流和发表见解，使学生从自身发展、社会和谐的高度树立生命意识，从而珍惜生命、爱护生命，活着、活好、活出价值。

教学也充分尊重学生的个体体验。教师没有以个人观点代替学生观点，而是让学生在交流、讨论和辩论中自我认识、自我思考、自我观照，并在适当的时机点拨引导，这一点充分体现了课堂对学生个性的尊重，也是对学生个体生命的尊重。

同时，这几节课注重体现学科教学的渗透意识，没有把课上成生命教育课。因此，教学体现的是渗透意识，而非完完全全的生命教育。纵观这些课，我们发现生命教育并不是作为标签附着在课本之上的，而是与教材、教学有机结合、适时渗透的，充分体现了学科教学春风化雨、润物无声的特点。

学生表现积极，讨论热烈，能够很好地把握教材内容和内在情感。在对课堂的内容主题探讨时，很多学生有自己的看法。这些看法虽然谈不上成熟，但是还算积极向上。学生对其他人的观点也能持尊重和理解的心态。

经过这样的引导，经过这样的交流，经过这样的学习，学生一定会对性格、命运、生命、生活有新的认识和新的体验，也一定能在生命的舞台之上，活出自己的精彩人生。

二、 生命教育在自然科学学科课堂流光溢彩

自然科学学科(以下简称理科)的任课教师通常认为生命教育应归属德育范畴，与课堂基础知识的传授无关，即使要在课堂教学中渗透德育内容也是人文科学学科的事情。这种错误思想就是"唯分论"思想的产物。实践证明，只为了传授学科知识会最终失去教学效果，只想要高分数会最终失去得分能力，这种狭隘的知识传授观已经引发广泛关注，这也是当下课堂改革势在必行的根本原因。

课堂应该是广义知识的课堂，是德育与智育的综合整体。德育内容和学科知识都是学生需要掌握的知识，它们相互融合、相得益彰，加上恰当的教学设计和合理的教学方法能够增强课堂效益，提升教育教学效果，所以德育、智育应当两手抓、两不误。当然学科知识的学习内容多、节奏快，而育人是一个漫长的过程，需循序渐进，不可急功近利，这是客观存在的事实。因此，在课堂中渗透生命教育显得尤为重要。教师要了解学情，根据学情备内容；要善于创设情境，因势利导备教法；要不急不躁、不显不漏，在传授学科知识的同时循序渐进培养学生的生命存在感、生命幸福感、生命价值感。

石室中学开展生命教育，坚持生命教育的课堂渗透，使一向被认为枯燥乏味、单调呆板的理科课堂发生了改变。在融合学科知识与生命教育内容的课堂上，学生参与的积极性提高了，学习兴趣和激情得到了激发，课堂变得活跃、快乐纷呈和充满智慧。

（一）学科历史融入课堂，增添理科课堂的人文特点

新课程教材编入很多学科历史内容。例如，章头图、章导言与本章知识教学有很强的相关性。又如，一些学科发展史、学科名人事迹、学科领域的重大发现等，不仅可以帮助学生学习学科基础知识，也是激发学生兴趣的素材。

在数学课"曲线与方程"第一课时的教学中，教师以章头图、章导言中坐标系的创始人笛卡儿的一个广告视频导入，使学生了解坐标系的发现以及笛卡儿的浪漫情史，既有对伟人的敬仰又有轻松欢快的话题。

"曲线与方程"第一课导入部分

教师播放一段和笛卡儿有关的广告视频。

教师：这则广告的创意源自一位伟大数学家的爱情传说。大家知道他是谁吗？

学生（齐）：笛卡儿。

教师：是的，那你了解笛卡儿对数学的贡献吗？

学生1：他发明了直角坐标系，创立了解析几何。

教师：解析几何研究几何图形的方法有何特点呢？你能结合所学知识谈一谈吗？

学生2：我们在《必修2》中曾经学习了直线、圆与方程，那是在直角坐标系中用方程表示直线、圆，然后使用代数的方法对他们进行研究。

教师：大千世界，千奇百态！直线、圆都只是其中的一种曲线（直线也可称为特殊的曲线）。生活中我们还会遇到很多其他的曲线，比如下面动画中的截口曲线。

教师通过幻灯片展示截口曲线生成动画。

教师：在这个动画中，你观察到哪些曲线？

学生（齐）：椭圆、抛物线、双曲线。

教师：是的，它们统称为圆锥曲线。公元前，古希腊数学家阿波罗尼在他的《圆锥曲线》一书中便记载了他对圆锥曲线的几何性质的研究。

上述例子还有很多，例如，物理课"原子核"中融入我国"两弹一星"的历史以及我国"导弹之父"钱学森的事迹，化学课"元素周期表"融入镭的发现历史以及居里夫人的事迹，生物课"基因"融入我国"克隆之父"童第周的事迹。教师安排学生在课前查资料，了解相关领域的历史和人物的事迹，以史为鉴，敬而践行，传递正能量，既拓宽了学生的知识面，也培养了学生的人文素养。更为重要的是，教师精选、精讲可以在较短的时间内调动学生的积极性，激发学生学习的主动性，保障课堂主干知识的有效、高效学习，提高教学质量。

（二）探究性教学法应用于课堂，激发理科课堂的活力

理科课堂重在思维和思想的构建，讲求严密的逻辑与科学性。传统的教学往往就是知识传授、例题讲析和课堂应用三部曲，造成学生情绪不高，激情不够，效果差强人意。探究性教学法应用于课堂强调的是知识的生成。探究性教学法通过学生自主探究、自主发现、合作探讨、生

成结论，让学生在课堂上成为学习的主体。学生主动参与的意识在教师的引导中和问题矛盾的碰撞中不断提升。成功后的成就感、喜悦感带来的是课堂的活跃、思维的有效训练、知识的高效深度掌握以及学生探索精神和客观的科学态度的培养。

例如，在数学课"曲线与方程"第一课的研究性学习部分，教师的目的在于让学生明白曲线与方程的关系。学生以已经学习过的函数知识为基础，通过变形自主画出图形，然后在与同学的协作中发现问题，不断深入认识，一步步接近教学设计目标，自然生成知识。同时，学生自主探求、体验的过程，也是学生科学精神逐渐形成的过程，为学生生命质量感、生命价值感的形成奠定了基础。

目前，在理科课堂教学改革中，探究教学成为一种公认的有效教学模式。但是学生参与的主动性和积极性仅靠单一的探究是不够的。石室中学将生命教育渗透于学科课堂顶层设计，坚持推行和激励评价相结合，形成了体系。各个环节形成了合力，从而真正使课堂充满活力。机制完善、教师群策群力、资源共享，有效减轻了教师的备课负担，使课堂生命力得以显现。

（三）情境教学法走进课堂，使理科课堂充满乐趣

情境教学法以案例或情境为载体设计教学过程，调动学生的多种感官，寓教于乐，从传统静态学习到动态学习，让学生消除学习疲劳，激发学习兴趣和主动探索的精神。

大多数人认为情境教学是人文学科的专利，理科课堂难以实施。我们认为情境无处不在，关键在于开发和恰如其分地应用。

化学课"化学实验安全"教学设计以学生为主体，使教师成为情景剧中的角色。教师、学生共同仿真表演，贴近生活，以情动人，在快乐中表现出一个沉重的主题。在本节课中，情境设计恰到好处，吸引学生融入课堂，使学生快乐学习了相关知识。在现场教学中，教师看到学生高度参与，深度融入，兴趣盎然，效果突出。一堂化学课以表演情景剧的方式完成可谓大胆创新、别出心裁，最大限度地调动了学生的热情，让

学生加深了对珍惜生命的感知。教师也从中收获了良好的课堂氛围和良好的教学效果。

"化学实验安全"教学设计（课堂教学部分）

教师：其实，生活中的这些事故是很多的，所以化学实验中的操作尤为重要。下面我们一起来看一个小品。

旁白（以下用 P 代替）：在教室后面沉寂的角落里，有一支破试管（破试管上场）。

破试管（以下用 S 代替）：试管就应该对自己狠一点。

P：还有破酒精灯（破酒精灯上场）。

破酒精灯（以下用 J 代替）：每当我被摔成三十四块时，你还真以为那是被一个人摔的？说真的，我是被 5 个人摔的，信不信由你。

S：兄弟是你啊，几日不见，怎么成这副模样了？

J：别提了，现在的中学生太不遵守操作顺序了。那天，他们还没把我熄灭就去收拾其他的兄弟，然后一个小妹妹把我打倒在桌子上。他们又手忙脚乱地灭火，一不小心又把我摔倒在了地上。幸好我拼命护住脸，我英俊的相貌才得以保全。现在我的屁股上还有个洞呢。你又是怎么到这里的？

S：兄弟，你还记得上次那个初中生用我加热自来水的事吗？

J：我怎么会忘呢，那次他没有预热就直接加热，还让我烫伤了你的纤纤玉腿呢。

S：就是他。后来他用我的头对着另一个学生，使滚烫的水烫伤了那个学生。他一气之下就把我摔在了地上。你说我冤不冤啊?!

P：沉默 3 秒，乌鸦飞过。

乌鸦（以下用 W 代替）：我和你缠缠绵绵翩翩飞，飞越那红尘永相随。

这时一大堆玻璃碴飞下，有"人""哎哟"了一声。

J：谁？是谁？

S：这声音怎么那么耳熟？

J：烧杯大哥，是你吗？

破烧杯（以下用 B 代替）：你们是谁啊？

S：是我，小试管，小破试管。曾经有一个温柔舒适的试管夹摆在我面前，我没有去珍惜，直到失去后才追悔莫及。如果上天能给我再来一次机会的话，我再也不做实验仪器了！

J：还有我，酒精灯啊。

B：是兄弟们呀，多日不见，如隔三秋，没想到再见，竟在这种情况下！

我……

S：大哥你别哭啊，你怎么到这里来的？

J：而且还体无完肤！

B：别提了，那天那个高中生用我做钠和水的反应的实验。老师千叮咛万嘱咐，说只能取绿豆大的一块钠，可是那孩子可能没见过绿豆，就取了乒乓球那么大一块！一遇水，我就觉得浑身剧痛，昏死过去。等我醒来，我已经粉身碎骨了！

（四）实践教学法深入课堂，让理科课堂充满生活元素

实践教学法是学生在课堂上或课外亲身经历、体验，总结生成知识的方法。物理、化学、生物学科利用这样的方法进行教学有很大的开发空间。该方法不仅让学生对知识的理解和掌握程度加深，更能够培养学生的动手能力和尊重科学的精神。多人合作的实践还可以培养学生的团队协作能力和人际交往能力。

物理学科"自由落体运动"以测试多名学生的反应时间为切口，通过学生在课堂中的直接的实践体验和教师的问题设计，让学生产生认知冲突，在学生疑虑重重中引入知识教学，促使学生产生浓厚的学习兴趣。以往教师以众多例子说明自由落体运动而无法很好拨动学生心弦的现实，在看似不经意的"测反应"的实践中得到了改观。

物理学科"自由落体运动"导入部分(4分钟)

课前准备：师生课前设计制作好"测反应时间尺"（在一个约 50 cm 长的尺子的一面标记上自由下落对应长度所用的时间，一面朝向学生）。

教师：刻度尺一般是用来测量什么的？

学生：测长度。

教师：老师手中的这把尺子很神奇，它不仅能测量长度，还能测量时间，那么并且能测出同学们的大脑反应时间，那么谁想知道自己的大脑反应时间是多少？（选3～4名学生来玩"测反应时间"的游戏。）

学生活动：学生抓住尺子的同时就报出其反应时间，可采用"比比谁的反应时间短"的方式调动学生的积极性。

教师：同学们一定想知道这把尺子为什么能测出你的反应时间吧？它的奥秘与我们今天要认识和研究的一种运动自由落体密切相关。

在生物学科"细胞的构成"教学设计中，教师提前两个星期要求学生在家养出蘑菇，然后在实验课上指导学生将自己的劳动成果制成切片，观察植物细胞的组成，这些看似用时长的做法却隐藏着极大的教育价值。养蘑菇的实践培养了学生的劳动习惯，使学生懂得珍惜劳动成果；自我实践的成果直接用于知识的学习，让学生充满好奇心与强烈的求知欲，激发学生探索未知的原动力；教学过程设计了必须由团队共同完成的环节，培养了学生的沟通协作精神。这正是生命教育需要的。

生命教育的学科渗透方法当然不止这些，这里只是抛砖引玉。这项系统工程因学科不同、课题不同、特点不同而方法不同。它需要上下一心、持之以恒、不断探索、不断修正、不断完善。

墨守陈规必遭淘汰，创新求变获得新生。推行学科教学渗透生命教育改变了理科课堂陈旧的教学模式，实现了教师主讲、学生被动接受到教师主导、学生为主体的蜕变，从而摘去了理科课堂"枯燥乏味、单调呆板"的帽子，让理科课堂也充满了乐趣，充分调动了学生的求知欲望和学习热情，找到了激发课堂活力的源头，形成了有石室中学特色的理科课堂。这就是石室中学推行生命教育的最大收获。

三、 生命教育在艺体及心理学科课堂光彩夺目

在"全员育德"思想的总体指导下，石室中学全体教师不仅教好本学科的知识，更着眼于全体学生的身心和谐发展，为学生的终身幸福

奠定基础；着眼于学生个性的健康发展，为提升学生的生存能力和生命质量奠定基础；着眼于增强学生在自然和社会中的实践体验，为营造健康和谐的生命环境奠定基础。教师引导学生热爱生命，建立生命与自己、生命与自然、生命与社会的和谐关系，让学生学会关心自我、关心他人、关心自然、关心社会，提升生命价值感，努力做到现实和理想的吻合，理解生命的意义和价值，实现"活着、活好、活出价值"的三维生命教育目标。

（一）着眼于学科特点， 深挖生命教育渗透点

从学科内容和特点上讲，艺体及心理学科的学习内容本就与生命教育密切相关，可以说这些学科是进行生命教育渗透的最好学科。例如，学生在体育课上学到的体育技能既能增强学生的自信心、锻炼学生的意志品质，又能调节学生的情绪，同时还可能成为学生的兴趣爱好，进而让学生能够生活得更好。美术、音乐的很多内容本身就是人类对生命的咏叹、诠释和祝愿，如贝多芬的《命运交响曲》、雕塑《垂死的战士》等。

基于学科特点，在艺体及心理学科的教学中，教师时刻都要记住充分利用授课内容进行生命教育的渗透。石室中学的艺体及心理学科教师一直坚持探索在学科教学中进行生命教育渗透。例如，在"和谐与美的世界——古代希腊艺术简介"一课中，在讲到雕塑《垂死的战士》的时候，教师提问：在冷兵器时代，一位战士在残酷的战斗中即将死去，为什么脸上仍带着一丝微笑？教师提示希腊人需要创造一种不过分刺激人感官的美，因此人们把这种古怪的艺术形式叫作"古风式的微笑"。教师同时提示这也体现了这位战士不惧死亡。对于人，死亡是不可避免的，但是我们要学会向死而生！

（二）着眼于身体， 探索身体的奥秘， 强健体魄， 感受生命之美

生命教育以生命为核心，以教育为手段，倡导认识生命、珍惜生命、爱护生命、享受生命。生命教育的核心是生命。因此，教师在教学中要着眼于学生的身体，引导学生探索身体的奥秘，强健体魄，感受生

命之美，不但要活着，还要活好。

学生在体育课上的各种活动、训练中逐渐了解自我，了解自己的身体同时在一个个的体育项目中不断磨炼自我，超越自我，感悟生命。在"成都太极拳第三路"的教学中，教师让学生通过自主探究体会太极运动的刚柔，体验并感悟体育给生命带来的美。

"成都太极拳第三路"导入部分

教师：同学们，太极拳在成都受到了广大市民的喜爱。现在成都市教育局把太极拳推广进了校园，你们知道这是为什么吗？

学生：（学生可以有不同的回答）因为太极拳是强身健体非常有效的方法。

教师：很好。其实，太极拳是我国几千年传统文化的瑰宝之一，它是一项心静体松、柔缓自然、动静结合、着重自我控制和意气诱导的健身运动。它既能表现出男生的刚强，又能体现出女生的柔美。校园太极拳深受同学们喜爱，它不仅可以增强身体的柔韧性、灵活性、协调性和节奏感，更重要的是让我们得到美育熏陶，同时激发民族自豪感。学习太极拳是一个持之以恒的过程，它让我们懂得坚持、不放弃的道理。

（三）着眼于艺术发展，聆听自然的音符，探寻世界的色彩，创造出美妙的人生旋律

艺术教育激活生命本源，激活学生的创造力和创新力，让他们热爱生命、珍视生命、完善人格，进而帮助他们树立正确的人生观和价值观。一个懂得欣赏美、创造美的人的精神世界一定是丰富多彩的，他也一定懂得热爱生活、享受生活。试问一个热爱生活的人怎么会不热爱生命、不珍爱生命呢？因此，艺术教育在很大程度上推动了生命教育的开展。

在"和谐与美的世界——古代希腊艺术简介"一课中，教师通过展示一系列著名的建筑、雕塑，让学生不断发掘、体验艺术品中的和谐与美：《垂死的战士》的古风式微笑的美；《米洛斯的维纳斯》的线条美、韵律美、残缺美、遐想美。学生通过挖掘、探讨这些艺术品的和谐之美，

进而感悟世界之美、生命之美。

在"贝多芬的《命运交响曲》"一课中，学生通过聆听、演唱音乐作品，不断走近音乐、体验音乐，将视觉和听觉进行结合，感受生命的力量和心灵的震撼；感受贝多芬不屈服于命运，以顽强的意志与命运进行抗争的精神；感受贝多芬残缺的生命因为音乐而精彩，而有意义，而有价值。当遇到困难和挫折时，学生应当像贝多芬那样坚强，热爱生命，创造生命的价值！

"贝多芬《命运交响曲》"教学设计片段

教师利用多媒体播放贝多芬的图片。

学生分享贝多芬的经历。

教师播放两部主题音乐。

学生想象音乐表现的意境。

教师播放《命运交响曲》第一乐章。

学生用绘画的形式表现听到的音乐形象。

教师：请你谈谈你从《命运交响曲》第一乐章中感受到了什么。

学生：（自由发言）心灵得到强烈震撼；命运应掌握在自己手中。

教师：（结束语）贝多芬一生创作了100多部充满时代气息的优秀作品，为人类留下了无价的音乐宝藏。贝多芬的《命运交响曲》，赋予生命永恒的活力，几百年来，深深感动了一代代听众。不知多少人从他坚强的意志中获得了力量和勇气。人活着，就应该像贝多芬那样去创造生命的价值！

（四）着眼于心理健康，规划出五彩人生

生命教育的主要目标是引导学生正确认识人的生命、人的价值、人的社会性和使命性，从而让学生珍惜生命、敬畏生命、欣赏生命、掌握生命、完善生命。这种教育要着眼于学生的心理健康，让学生提高心理素质，促进学生生理、心理和社会性等方面健康和谐发展，提升学生对生命价值和意义的理解，让学生快乐成长。

 为生命而教

"寻找心中的北极星"教学设计片段

活动一：讲述北极星的故事——引发学生思考并引出本节课的主题

撒哈拉沙漠中有一个非常贫穷的小村庄叫比塞尔。在很久以前，比塞尔是一个只能进、不能出的贫瘠地方。在一望无际的沙漠里，一个人如果凭着感觉往前走，只会走出许多大小不一的圆圈。因为人们没有认识到这一点，所以他们一直都没走出去。后来，一位青年出现了，他发现比塞尔四处都是沙漠，一点可以参照的东西也没有。于是，他找到了北极星，在北极星的指引下，他成功走出了大漠。这位青年人于是成了比塞尔的开拓者，他的铜像被竖在小城的中央。铜像的底座上刻着一行字：新生活是从选定方向开始的。

教师：正如这句话所说，我们想要有所成就，有所突破，首先要选定自己的努力方向，明确自己的奋斗目标。没有目标和方向的人，往往会盲目地绕出一个又一个的大圈子，最终成就不高。希望在这节课的引导下，同学们能够积极地思考和寻找你们心中的北极星。

活动二：明确自我目标——在自我分析的基础上制订努力计划

教师：要达到这些目标，我们需要规划好自己的人生道路，这样才能使每一步都坚定有力地向着自己的北极星前进。要做好自己的生涯规划，我们需要在自我分析的基础上，确定努力方向。接下来，我们来进行自我分析和寻找努力的方向。

①分析自己的爱好特长，树立未来目标；

②分析自己的气质类型，扬长避短；

③分析自己的个人能力，尝试完善自我；

④分析自己的学习状态，制订学习计划。

活动三：承诺签章

①学生齐声宣读承诺：以上内容是我内心的真实想法，为了追寻我心中的北极星，我将用实际行动兑现以上承诺。我的心将是最好的见证！

②学生签下自己的姓名和日期。

③学生想办法盖上自己的大拇指印。

教师：一个人事业的成败，很大程度上取决于有无正确适当的目标。如果没有切实可行的目标作为驱动力的话，人们是很容易对现状妥协的。有效的生涯设计需要切实可行的目标，以便排除犹豫和干扰因素，使人们全心致力于目标的实现。

生命教育的目的在于唤醒人的生命意识，培养人的核心素养，构建人的精神世界，提升人的生命价值。这是一个长期的过程，不可能一蹴而就、立竿见影，它是一项集感知、体验、自悟、践行于一体的系统工程。石室中学自推行生命教育以来，尊重教育规律，坚持在学科教学中渗透生命教育。课堂教学德智并重，两极共振。多年的探索促进了石室中学师资队伍水平不断提升，教学模式不断创新，教案基本集成，教学质量稳步提升，形成了石室中学生命教育学科渗透的特色和亮点。

小胜在智，大胜在德；低端在智，高端在德；近利在智，长远在德。教育是慢的艺术。急功近利，损人不利己。学校要始终正确认识生命的特点，尊重教育规律，坚持"培养有生命力的人"的目标，让教育回归生命本源；抓住课堂主阵地，积流成河，聚沙成塔，在潜移默化、耳濡目染中达到育人目的。

第七章

生命的怒放

第一节　聆听花开的声音

"中学生命教育的实践与研究"课题立项之时，生命教育在国内的实践与研究刚刚起步，且我国西部地区尚无相关单位和个人对生命教育展开系统的研究。本课题的立项研究，几乎无相关经验可借鉴，但通过三年多持续不断的研究和实践，带动了成都市、四川省和西部地区很多兄弟单位开展生命教育。

生命教育课题的研究与不断创新取得了丰硕的成果：2010 年获得了中国教育学会全国优秀科研成果一等奖；2011 年获得了四川省人民政府第四届教学成果一等奖；2014 年获得了教育部首届"基础教育国家级教学成果奖"二等奖；2015 年获得了教育部社会主义核心价值观教育优秀范例奖。

一、 形成学校生命教育的办学特色

学校确立了"求真务实，以人为本"的治校办学理念和"活跃和谐"的办学特色，提出了"志存高远，追求卓越"的核心价值观，用以指导全校的工作。"求真务实"，是指完善和发展教育的根本功能，思想上求实，工作上扎实，作风上朴实；"以人为本"，是指以学生和教师的成长和发展为本，倡导学生和教师全面、协调、可持续发展；"活跃和谐"，是指学生思维和教师思想活跃，学生文理和谐发展以及德智体美劳全面和谐发展，教职工人际关系和谐；"志存高远，追求卓越"，是指不仅要让学生有崇高的理想，还要注重可持续发展，正视学生存在的个体差异，注重对学生的长远教育，激励学生不断进步，让学生不断超越自我。通过研究，石室中学形成了生命教育和社团文化两大特色。学校通过生命价值观教育对学生产生影响，规范个体的言行，增强学生的生命意识感、生命价值感和生命幸福感，从而提升学生的生命质量。

二、 促进灾后师生精神家园的重建

在生命教育课题立项研究三年后的临近结题阶段，四川汶川特大地震发生了。石室师生身在灾区，面临抗震避震和灾后重建的任务。在余震不断的时候，学校里的住校生、走读生和社区居民共同避险，未发生一起安全事故；学校按照上级要求，积极恢复正常的教育教学秩序。因为学校已经开展了三年生命教育实践，所以地震对师生的心理影响相对较弱。高 2008 届学生参加高考，并未因天灾而影响发挥，反而取得了令人瞩目的优异成绩，一举夺得全省文理科双状元，用生命的力量以骄人的成绩真正诠释了生命的价值。

在雪灾、地震、水灾等重大自然灾害面前，人的生存意识和求生技巧体现出了很大的作用。学生接受生命教育，树立正确的生命价值观，掌握应对灾难的技巧，面对灾难时，就能够正确应对，获得生存的机会，减少灾害造成的创伤，提高生命质量。四川汶川特大地震警示我们，地震发生后，被掩埋在废墟下的人们如果有强烈的求生意识，有坚定的生存信念，掌握必备的避险技巧和一定的生存技能，往往能更好地保护好自己，进而得到生存的希望。这一切体现出了生命教育的重要性，它教会学生正确的求生技能，教会学生即使在极端的条件下也要有坚定的生命意识。灾后重建更是一个漫长的过程，它不仅是物质财富的再创造，更重要的是人们心灵的重建，这就需要学校通过生命教育教导学生不仅要珍惜拥有的一切，还要从容地面对一切，快乐地生活，提高生命的质量。志愿者、心理咨询师等奔赴灾区解决了突发性的心理问题后，要从真正意义上让灾区的师生进行可持续的心灵家园的重建，因而在中小学全面推行生命教育是一条行之有效的捷径。

三、 自主建构以生命教育为核心的德育校本课程

新课程的全面实施，给学校德育的发展带来了新机遇，也提出了新要求。在新课程理念的指引下，学校提出"新课程、新德育、新特色"的

思路，充分发挥校本课程在德育方面的独特优势，开辟德育工作新路径，努力实现校本课程德育化与学校德育校本化的整合，促进学校德育工作水平的提升和发展，全面构建新的德育工作格局。

生命教育是帮助学生认识生命、欣赏生命、尊重生命、珍惜生命，是增强生存技能和提高生命质量的教育活动。它不仅包括对生命的关注，而且包括对生存能力的培养和生命价值的提升。学校通过开展生命教育，表达对生命状态的关怀，对生命情调的追求，使人更好地体验和感悟生命的意义，促进肉体生命与精神生命的和谐发展、人与人的和谐相处、人与环境的和谐共存。学校生命教育的研究从认识生命的内涵入手，在此基础上建构生命教育体系，初步解决了中学生命教育课程内容、实施途径和开展形式及其与现行课程设置的关系等问题，使生命教育在中学开展具有可操作性。

近年来，石室中学依托成都市"十二五"规划课题"生命教育视野下德育校本课程的建构与实施"的研究，初步建构并形成了以生命教育校本课程为核心，以文史、艺术、体育、科技、综合五大类社团课程为主体，以德育常规活动和创新活动等综合实践课程为重要内容，以独具特色的石室文化和石室校园环境等隐性课程资源为补充资源的德育校本课程体系。

四、 培养出充满旺盛生命力的石室学子

（一）"西南球王"圆梦北大

兰天，石室中学高 2015 届 5 班学生，参加北京大学全国中学生艺术冬令营并通过测试，获得北京大学录取资格。高考中，兰天以高出北京大学预录取线 52 分的成绩，被北京大学录取。

兰天是石室中学第一届唐立新"素质十星"评选活动中的"体育之星"。老师们评价说，这不仅因为他体育成绩好，还因为他的互助精神和团队精神强。兰天却说，这个称号背后更有着一份希望："我会更加刻苦训练，为学校博取更多荣誉。生命在于运动。运动的人生带给我们

的不只是健康，更是一种快乐，还有永不言弃的精神、重拾自信的信念。"

兰天在升旗仪式上做了主题为"体育教我永不放弃"的发言。他讲道：

"在羽毛球的各种比赛中，我收获最大的不是一座座奖杯，不是'西南球王'的称号，不是北京大学的录取，而是一种精神，一种永不言弃的精神。人们常说，机会总是留给不放弃又有准备的人，所以哪怕只有1%的希望，我们都应该坚持、坚持再坚持，这样胜利就可能随着我们的努力拼搏而到来。我印象最深的就是男团决赛那一场。决胜局中，我15：20落后，让对手领先5分。我平静下来，对自己说'坚持'。最终我一分一分地拼搏，连续挽回8分，取得了这场比赛的胜利，为学校获得男团冠军拿下关键的一分。这让我想起乒乓球女王邓亚萍说过的：'我不比别人聪明，但我能管住自己。我一旦设定了目标，绝不轻易放弃。'这也是我在球场上感受到并一直贯彻到生活中的态度。只要我们努力向着心中的梦想前行，我们终将会有站在金字塔塔尖的实力和机遇，这一切的根本是你的拼搏和坚持！生命在于运动。高中三年的生活紧张而充实，这是运动带给我活力，是运动带给我快乐，是运动赋予我勇气，是运动赋予我力量，是运动强化的拼搏精神让我感受到了生命的辉煌。"

（二）在充实中追逐梦想

林蕾，石室中学高2007届8班学生，毕业后考入中国人民大学国学院，现已被哈佛大学东亚研究中心录取，凭全额奖学金攻读博士学位。她是2008—2009学年中国人民大学吴玉章奖学金获得者。大家都很好奇她是如何做到的，而林蕾只是淡淡地一笑，说了一句话："我只是想拼到最好。"简单的回答，却透露出她倔强和追求完美的性格。她每天早上7点起床，有时候从上午8点一直要学到晚上9点。对于这么紧张的课程，林蕾却应对得游刃有余，始终保持富有活力的状态。她有一个原则性观念，就是"要让自己不停地忙起来"。即使是周末，她的大部分时间也是在自习室中度过的。

她是校啦啦队最活跃的"篮球宝贝",给赛场带去更多的活力与激情。林蕾也很感激啦啦队:在学习之外,能有机会加入这样一个充满朝气与活力的集体,令她的大学生活更加缤纷炫目。

她是中国人民大学辩坛中神采飞扬的明星辩手,自从大一加入辩论队后就"深陷其中,难以自拔"。赛场上的她自信、睿智。她享受着赛场上的每一分钟,享受着与队友们并肩作战的美好。作为队伍的主力之一,她带领国学院辩论队夺得了2008年中国人民大学"二十院"辩论赛的亚军,并在各大比赛中多次获得明星辩手和最佳辩手的称号。谈到辩论,林蕾觉得更让她看重的是她收获的珍贵的友情。"大家都是心直口快的人,真诚、仗义,没有多余和复杂的东西。"

和同龄的女孩子一样,林蕾也注重外表,认为每一个女孩子在大学时都有享受青春的资格。但她更注重内涵,认为修养和底蕴才是一个女孩子最精致的东西。课余时间,林蕾也和很多人一样喜欢看电影和美剧,喜欢运动和音乐。看美剧一方面提高了她的英语语言能力,另一方面也增加了她思维的深度。

其实林蕾真正感染我们的,不是一个个耀眼的成绩,也不是超乎常人的忙碌,而是一个女孩子对生活的把握。她不愿浪费生命里的每一分钟,活得自在潇洒。刚考完GRE(美国研究生入学考试),她可以给自己买一件新衣作为奖励,拉上好友去四川火锅店饕餮一番,但第二天又接着泡进自习室。

谈到未来的规划,林蕾希望能出国深造,继续本科阶段主攻的汉藏佛学比较研究和经济学的学习,希望学成以后可以将宗教文化与经济发展两方面结合起来,为国家汉藏关系的研究以及民族问题的解决做出自己的贡献。

(三)出彩异域的石室学子

陈茜是石室中学2008届毕业生。中学毕业后,她考入美国著名的雪城大学(Syracuse University)攻读新闻传播学专业,并辅修了国际关系专业。

在石室中学形成的扎实的英语基础、极佳的沟通能力和出众的形象，使陈茜在大学期间就表现出了过人的才华。她在大学期间就开始为新华社做美国现场节目的出镜记者，并且她担任主播的节目深受观众的好评。VOA(美国之音)曾专门做过陈茜的访谈节目，介绍她在美国的出色表现。

陈茜毕业后，留在美国工作，担任纽约华尔街的财经节目主播，为华尔街多媒体、腾讯财经等多家媒体报道了大量中英文财经新闻。她的播报逻辑清晰，分析专业，亲和力强，深受广大观众的喜爱。

（四）花开的声音

1.《华西都市报》2014 年 6 月 29 日报道

(1)李阳昊　石室中学文庙校区

高考成绩：651 分。

报考院校：清华大学。

2013 年 11 月，李阳昊从全校学生中脱颖而出，被推荐为清华大学 2014 年"新百年领军计划"的学生，将享受高考总分最高降 60 分录取的政策，而他的高考成绩是 651 分，上清华大学没有问题。

"很沉稳，做起事来特别有条理。"提起李阳昊，数学老师李老师这样说。从高一进校开始，李阳昊的成绩就在年级前几十名，到了高三，就稳定在年级前 10 名了。每次考试结束，他都会分析试卷，分析自己失分和得分的原因。

综合素质考评中，全国青少年信息学奥林匹克联赛一等奖让李阳昊的分数高了很多。他是从初二开始接触这项比赛的。当时参加比赛的有近 200 人，最后坚持下来的只有 20 个左右，李阳昊是其中一个。

(2)徐紫菀　石室中学文庙校区

高考成绩：651 分。

报考院校：北京大学。

她是黑马女孩，从平行班冲到重点班。

"我是今天唯一一个从平行班升到重点班的学生。"2013 年 11 月，站在讲台上进行面试答辩时，徐紫菀就这样说。3年前，徐紫菀通过外地生考试，独自一人从达州考到石室中学，当时，她的成绩在年级排100多名，被分到平行班。3年后，她以年级前10名的成绩，获得北京大学"中学校长实名推荐制"的资格，被北京大学降30分录取。

在达州，徐紫菀的英语成绩是拔尖的，但一到成都，她就认识到了自己的差距。她说："我的词汇量太小了。英语成绩让我跟其他同学差了好多分。"徐紫菀开始专门针对自己的薄弱面加强训练，只要碰到自己不会的单词，她就收集起来，不断复习，直到学会为止。慢慢地，她的英语成绩就提升上去了，整体成绩也慢慢高了起来。

虽然学的是理科，但这个文静的女孩子非常喜欢三毛，喜欢席慕蓉。周末不上课的时候，她会一个人跑到书店，坐在地上看一下午的书。在宿舍，徐紫菀养了几株含羞草。这原本是同学不要的东西，但她为了观察含羞草是如何开花的，就接手照顾。

徐紫菀非常喜欢做手工，她会用绸带、彩纸和一些布做一些小手工。班上不少同学都收到过徐紫菀的手工作品。教师节时，她还给教化学的章老师送了两顶小帽子。"帽子很可爱，很精致。我好喜欢。"章老师说。

(3)杨小又　石室中学北湖校区

高考分数：634分。

报考院校：北京大学。

"高一时，我参加全国创新作文大赛获得了全国一等奖。那次比赛就是在北大举行的。当时，北大的人文气息吸引了我，让我下定决心将来要报考北大。"杨小又高考考了634分，准备报考北大的中文专业，她的梦想要实现了。

杨小又说她很喜欢中国的散文和外国的小说，如阿富汗裔美国作家卡勒德·胡赛尼的小说《追风筝的人》。提起自己最喜欢的书，杨小又说自己以前买了很多名著，但因为课业负担重没怎么看。这80多天的暑假，她打算好好看书。

今年高考，杨小又英语考出143分的高分。谈起自己学习英语的经验，她认为英语学习可以分为长时间的积累和短时间的突击，两者

结合后考高分就不难。单选、完型、阅读这些题型就需要长时间的积累。

杨小又说自己买过一本专门练习新题型的书，这本书有100篇文章。她每天做一篇，做完后自己认真做好总结，一步步提高自己做这种题的能力。

(4)赵宇翔　石室中学北湖校区

高考分数：630分。

报考院校：北京大学。

赵宇翔的高考成绩为630分，这个分数可以让他填报自己最喜欢的北大俄语专业。赵宇翔说，虽然自己之前没有接触过俄语，但是他比较喜欢俄国文学。他认为俄国文学在世界文学史上非常有影响力，比如俄国作家高尔基、列夫·托尔斯泰、屠格涅夫等都是世界文学史上举足轻重的作家。

分数刚刚出来，这个勤奋的男孩就已经在着手准备大学学习了。他买了几本俄语入门书，计划利用这个假期先对俄语进行基本了解。

在高中的学习中，文综是赵宇翔比较擅长的科目，尤其是历史和地理。对他来说，地理让他体会到了足不出户就能了解地球、环游世界的感觉。"比如说，我们到外地旅游，就可以用所学的地理知识分析当地的地势特征、气候变化、人文环境。"关于历史，赵宇翔说自己小时候就喜欢看历史书，通过历史，他可以以古鉴今，学到古人留下来的经验和智慧。

在高三复习的过程中，赵宇翔也遇到过难题。当他碰到不会做的题目时，他会对这道题做详细分析。久而久之，各种难题就会迎刃而解。

2.《华西都市报》2015年6月26日报道

(1)石室中学"最牛学霸班级"

2013年6月20日，中国神舟十号航天员王亚平在天宫一号圆满完成首次太空授课。为了配合此次活动，中央电视台科教频道邀请了4所全国知名高中的学生，举办了一场以"太空实验"为主体的"地面课堂"展示活动，石室中学基地班学生就是其中的代表。

基地班的 6 名学生，根据简谐运动公式，用弹簧制作出了可供航天员在失重状态下称体重的"太空质量仪"。这个仅仅用了 800 元钱就制作出来的质量仪的理论误差是 0.5 千克，而在央视节目录制现场，测试主持人体重时完全没有误差。

现场展示后，评委们评论说：这群学生用简单的力学原理和简单的装置，制作出了精确度非常高的测量仪器。评委中有被誉为"嫦娥之父"的中国科学院院士、国际宇航科学院院士欧阳自远，也有来自清华大学和中国科技大学的教授。

基地班的学生在各个方面都有不俗的成绩。其中，李凌新曾获全国信息学奥林匹克竞赛一等奖，进入四川省代表队，在暑假参加清华大学信息学竞赛夏令营，获得清华大学降至重点线录取的资格。今年高考成绩出炉，李凌新将被清华大学计算机科学与技术专业录取。

初中时，李凌新就读石室初中，就参加过学校的竞赛项目。到了高中，李凌新进入了石室中学的竞赛班，每周末有一半的时间都跟着学校的竞赛指导教师上课。"班上的同学都非常优秀，几乎每个同学都有学科特长，这种学习氛围也促使着我不断前行。"

李凌新说，竞赛指导教师曾贵胜给了自己很大帮助："他能告诉我们哪些知识点是重要的，给予我们学习方向上的引导。"同时，李凌新认为，同学之间的交流也给了他很大的帮助："我们一起交流，一起攻克难关，一起进步。"

(2)到北极科学考察科研论文获省级赛事最高奖

到北极科考，是很多科学家都想去做的事情。在石室中学的拔尖创新人才基地班中，就有学生参与了北极科考项目。2013 年 7 月，石室中学 4 名学生参加中国科学探险协会组织的"北极极地考察活动"，也是四川省中学生首次参与北极科考活动。基地班的朱雯颖就是其中一员。

"在生物学科方面有特长的学生才能参与，并且每个人都需要带着课题去。"朱雯颖说。她有好几天的时间是待在科考船上的，在北冰洋的岛屿中考察野生生态，并收集海水、石头、土壤样品，观察冰川化石。

"我的题目是'北极土壤中嗜冷微生物的鉴定'。我想了解在那么冷的环境中，微生物跟我们生活的区别。"回来后，通过多次实验，朱雯颖和团队的成员，在北极土壤中发现了一种能适应低温的"酶"，并分析出这种酶未来的应用价值："低温状况下应用于工业生产，可以降低成本，这一类的脂肪酶可以有效地在冷水中溶解污渍。"

这个研究题目获得了四川省青少年科技创新大赛的最高奖项——主席奖。朱雯颖也凭借自己高中时的优异表现，被美国埃默里大学录取。

3.《华西都市报》2016 年 6 月 30 日报道

(1)曾宇婷——物理满分、喜爱二次元的手工小达人

曾宇婷既是一位物理满分的学霸，也是石室中学艺术设计社的社长，平时很喜欢做手工。作为艺术设计社的社长，曾宇婷经常组织社团活动。社团多以手工为主题，开展一些手工教授课程或手工艺品的义卖活动等。对曾宇婷来说，重要的是参加这个社团使她认识了很多志同道合的朋友，大家经常一起交流互动，为她的高中生活增色不少。曾宇婷最喜欢的手工就是刻章了。"我从小学就开始玩刻章了，刚开始时刻一些小东西。"曾宇婷说自己读高中的时候还会浏览《三联生活周刊》《看天下》《环球人物》等杂志。"大家高三学习比较忙，很少看新闻。为了不和社会现实脱节，大家还是要从这些杂志里了解一下时事热点的。"曾宇婷说。

(2)杜梦菲——物理满分，刷物理题刷出了成就感

面对物理满分的成绩，杜梦菲表示运气占了很大一部分。她平时最爱做物理题，认为通过各种计算最终完整做出来一道难题是很有成就感的一件事。

她还很喜欢生物。杜梦菲回忆，高中的时候，她的生物老师还带着她做过关于生物学方面的课题研究。"我们学校每周都有科研项目供学生自主选择。我选择了生物方面的研究，于是我的生物老师便联系专业研究人员把我们带到成都中科院分院实地参观实验的操作。"杜梦菲还记得那次的课题是关于中药石斛的转基因研究。她觉得有机会进入高级的实验室体验实验操作是一次宝贵的经历。

(3)彭银银——生物满分，喜欢"宅"，喜欢漫画

这次生物考了满分挺出乎彭银银的意料的。"因为我之前在模拟考试中没有拿过满分，所以这次还是挺惊讶的。"平常就很喜欢生物的他觉得这次生物试题比较简单。总分677分的他最后报考了复旦大学。

彭银银属于安静性格的那一类男生。在运动方面，比起篮球，彭银银更喜欢打羽毛球，用他自己的话来讲就是"到现在我都还没学会打篮球"。同样地，在音乐方面，彭银银既不喜欢喧闹的摇滚乐，也不太爱听流行乐，他更喜欢能让自己舒缓放松的轻音乐。"比起外出旅游，我更喜欢'宅'在家里。"彭银银说他就喜欢自己一个人在家里看看小说，听听音乐，追追动漫。"我从初中开始就很喜欢看动漫了。"

(4)陈宇飞——生物满分，"出乎意料的情节更能吸引我"

陈宇飞的生物也考了满分，但他更喜欢物理和化学。陈宇飞在高中的时候就自己研究了一个化学方面的课题，而且在这次高考中他的物理离满分也只差0.5分。在陈宇飞看来，生物拿到满分也算是在自己的意料之中的："题很简单，没有陷阱多的题。"陈宇飞说。在拔尖创新人才基地班，通过每周的科研实践，他自己自主分析问题和动手操作的能力都得到了很好的锻炼。"学校会提供实验室，也会安排专门的老师来指导我们，并且有多种方式供我们选择。"

生活中的陈宇飞更喜欢能让他出乎意料的剧情。在平时的生活中，陈宇飞还喜欢做菜。"在妈妈做菜的时候，我就喜欢过去帮忙切菜，然后学习一下。"

第二节　生如夏花般灿烂

"人最宝贵的是生命，生命对于每个人只有一次。人的一生应该这样度过：当他回首往事的时候，不因虚度年华而悔恨，也不因碌碌无为而羞愧……"这是奥斯特洛夫斯基的世界名著《钢铁是怎样炼成的》中保

尔·柯察金所说过的一段话，它道出了生命价值的真谛。

通过实施生命教育，学生的生命观发生了变化。特别是通过开设生命价值观教育学科课程和开展生命价值观教育实践活动，学生更注重关爱生命，要活着；更注重提升生命质量，要活好；更注重实现生命价值，要活得有意义。学生面对繁重的学习任务，面对生活中的挫折和困难，大都能调整状态，正确对待。通过生命价值观教育，很多学生改变了孤独倾向、自责倾向、过敏倾向、恐怖倾向、冲动倾向等；学会了自我调节，学会了寻求心理帮助；能与周围的人正常交往，懂得分享与合作，乐于帮助别人，尊重别人；养成了良好的学习习惯，能够很好地适应校园学习生活；形成了良好的心理素质，增强了生命意识，提升了生存质量。

一、勇气与信任

（一）断桥一小步，人生一大步

石室中学高 2008 届学生王可倚，在参加野外生存拓展训练跨越断桥时，心存恐惧，但最终在老师和团队的鼓励下，战胜了自我，成功跨越了断桥，完成了心理的飞跃，为应对人生之路上的挫折打下了坚实的基础，并在事后写下了《断桥一小步，人生一大步》的心得体会。通过训练，王可倚同学在心理上显得更为成熟，并在 2008 年的高考中一举夺魁，成为四川省理科状元。

（二）信任的力量

石室中学高 2007 届学生向雪这样写道：

两小时的等候把兴奋推到了极点。长时间的旅程让每个人坐立难安。我们像小孩子冲进游乐园一样冲进了训练基地——这将是放松心情和愉悦的一天。

1. 对自己的信任

时间紧迫，我们很快进入了第一个项目——过断桥。

我没有恐高症，不害怕高地，所以轮到我的时候我轻松地跨过去了，然后迅速转身准备跨回来。

可就在这时，我亲眼看见教练把木板缩回去了一截。

恐惧顿时在 9 米的高空从四面八方挤过来。我顿时觉得那断桥变得好长好长，那距离是我跨不过去的。我并没有想我会不会摔下去，我只是惧怕跨不过去。可是不能总待在这边啊，我定定神，使劲一跃，跨过了断桥。

原来不过如此，断桥并没有我想象中的那么宽。我完全可以跨过去。那是眼睛说了谎，是恐惧放大了距离。

其实有时候，眼见也为虚，只有心之所见才是真实的，只有相信自己才能决定你的成功。

2. 对他人的信任

第二个项目是背摔。我们一致认为这是最危险的项目。因为从小被教育要谨慎小心的我们不得不毫无反抗地完完全全地把自己的性命交给别人！

我们没有任何安全绳，完全没办法保护自己，只能去相信别人。

当我走上去被捆住手背对着大家的时候，我的双腿已开始发抖了。虽然高度不到两米，但心底的慌张胜过我站在断桥上的时候。当我问队友准备好没有时，我自己都感觉有气无力。

最终我还是倒了下去。我看见层叠的树叶和树缝间隙露出的天空从我的眼前翻过去。我高声尖叫，脑海里一片空白。但我最终稳稳地落在了队友们的手上，被队长扶着摇摇晃晃着了地，什么危险也没发生！

原来相信别人也不是什么困难事，也并非那么危险。人生路上，我们需要别人的帮忙，我们需要信任别人。

3. 对团队的信任

后来我们还进行了电网、风火轮、时装秀之类的项目。我们小队在队长的带领下团结一致，在技术和速度上都得了第一名。

我们的队长极其细心，有责任感，能正确地指挥和领导大家。我们的队员信任队长，也彼此信任、团结一致，努力完成项目。虽然我们不

像其他队有整齐的队列、复杂的形式，但我们形散心不散，彼此的信任让我们每一个人为荣誉拼搏，让我们彼此建立了深厚的友谊。

相信自己！相信别人！相信团队！信任是立足之本。

（三）勇气与集体

石室中学高 2006 届学生李鹏这样写道：

我是怀着一种崇敬的心情写下这篇文章的。

我只是觉得恐惧，当我在一路狂颠的闷得透不过气的车内压抑着心中那股强烈的想吐的冲动时，当我摇摇晃晃地站在 7 米高的跳板上时，当我背对着大地低头站着时，我发现其实我很胆小，很怯懦。是的，就是这样。

我战战兢兢地摸了摸头盔，深吸了一口气，然后用汗津津的手扶上被太阳晒得滚烫的铁架，开始向上爬。我爬得很小心，尽最大的可能紧贴着柱子，害怕自己会抓不稳。我费力地咽了咽口水，拉拉绳索继续开始向上。慢慢地，莫名的恐惧和慌张就像蚂蚁一样爬上心房，痒痒的，痛痛的。自己叫不出来，也哭不出来。我有些痛恨自己，为什么会是这样？

恍恍惚惚之中，我听见遥远的呼喊声。

透过刺眼的阳光盯着又一个站在高空的人，听见地面上的加油声，我瞬间很感动。

因为曾经有过最真挚的祝福，所以在背摔时我安全地躺在了队友们的手上，所以在我每一次安全地重新回到地面上时，我的心总是充满了强大而充实的安全感。当我向后倒去的同时，我听见他们整齐洪亮的口号"来吧"；当我站在高空，双腿不停地打战时，我听见那些来自地面的渗入人心的加油；当我们为了共同的目标一同奋进时，我看见所有的恐惧都离我们而去。

教练说："你们是最光荣的！"

我终于了解了团队的力量，也终于知道了团队协作的强大，也感受到了当自己恐惧时团队带给我的巨大力量。我们可以把废报纸变成精美的衣服，变成长长可行走的履带。教练说："你们所拥有的比你们所知道的要多得多！"

我觉得很充实，虽然仍心有余悸。因为我知道，有朝一日，当我再次回忆起这些时，我一定会记得那和煦的阳光、那嘹亮的口号、那美好的队友和那天所了解的勇气与集体。

学校在课题研究中推进生命价值观教育，使学校教师的生命观念、教学方式得到转变。以人为本的生命价值观教育观影响着教师的教育行为，并塑造了一个优秀的生命价值观教育教师团队。他们不仅自己开展生命价值观教育，还积极影响身边的同事和学生，使不少教师更珍爱生命，重视生命的价值。瑜伽小组、拉丁舞小组、教师足球队等健身组织相继在教师中自发成立，并定期开展活动；教师羽毛球联赛和乒乓球联赛也定期进行，使教师更注重提升生命质量。教师的教育观念和教育行为悄然发生了变化：他们不仅重视学生的分数，更重视学生的生命状况；不仅重视传授知识，更注重学生的全面协调发展。在课堂上，教师有意识地关注学生的生命价值，关注学生的生存方式，注重增强学生的生命幸福感，给学生主动探索、自主支配的时间和空间，构建民主、平等、和谐的师生关系。师生在平等的基础上进行对话与交流，实现知识共享，共同品味学习的乐趣、成长进步的快乐。研究出人才，实践出经验。经过实践和研究，学校涌现出一股生命价值观教育的骨干力量。他们在优化学生生命世界的同时，也在不断地构建自身的生命价值观教育体系，促进专业发展，提高自身的教育科研能力和创造力。

二、 尊重与呵护

（一）尊重生命， 和谐发展

石室中学数学老师任红这样写道：

生命珍贵，它蕴含着灵光，彰显着活力；教育神圣，它催生生命的

个性，培育生命的绚丽。苏霍姆林斯基在《把整个心灵献给孩子》一书中给教育下了一个定义：教育——这首先是人学！确实，每个人都有生命的尊严，都有张扬生命的权力，这是谁也不能剥夺的。因此，教育理应承担起让生命飞扬的责任。

作为一名老师，我想老师首先是一个真诚的人道主义者、一个深受学生喜欢的老师，也应该是一个充满人情味的老师。如果老师取得的"业绩"是以牺牲学生的主动发展、和谐发展、快乐成长为代价的，那么这样的老师终究不能被人们承认，是无法令人信服的，是无法令学生幸福的。

杜威曾说教育即生活，生活即成长。学生品德的形成源于他们对生活的体验、认识和感悟。教育从最根本的意义上说，是为人的生命（尤其是精神生命）的发展服务的，这就要求我们尊重生命主体，将生命发展的主动权还给每一位学生，从而为学生创设生动活泼、充实丰富的环境和条件，以促进生命主体全面、和谐、主动、健康地发展。然而，由于各种各样的因素，我们忽视了教育的这一初衷，使学校的德育现状存在许多不尽如人意的地方。

在课堂教学上，传统的"三中心"观念主导着我们的教育行为，主宰着我们的课堂教学。

在师生关系上，不少老师把学生当作一种监管对象，使师生之间缺乏情感沟通与交流。

在班级管理上，我们往往注重规章制度的刚性管理，缺乏行之有效的、生动活泼的管理方式。

针对教学中出现的忽视学生生命教育的现象，我们应在教育上采取相应的措施，以中学生在生活中遇到的社会性、道德性事件及问题为依据，敏感地捕捉有教育价值的素材，加强学生品德教育，关注学生生命的发展。

一是关注学生生命的需要。

二是关注学生生命的个性。

三是关注学生生命的发展。

针对学生生命意识的缺失，我们应采取以下措施。

第一，学校、家长要树立科学的人才观、价值观，绝不能盲目地以分取人，以分育人。

第二，教师要树立起生命意识。

第三，学校要开发心理健康教育资源，有条件的学校要开设心理健康课程，为学生提供心理健康教育服务。

第四，学校要真正把"教书"与"育人"落到实处，特别要重视德育尤其是法制教育。

第五，学校要创办家长学校增强家长的法律意识，提高家长的教育能力和素养。

第六，各方要净化社会环境。

第七，学校要教会学生自我保护的方法。

第八，学生要学会求救和自救。

我们要为生命而教，让生命融合到生活中，让学生感受亲情的温馨，体味劳作的畅快，品味创造的美妙。

我们要学会尊重每一个教师、每一个学生的鲜活的生命，要学会珍爱生活、珍爱生命，从而使我们的学校成为师生心灵沟通的舞台，使我们的教育成为师生生命飞扬的绿洲。

（二）让生命在教育中灿烂如花

石室中学地理老师周亚玲这样写道：

关于"生命"这个平常但又十分严肃的话题，我想谈一下个人的看法。我不知道别人为什么活着，我活着的目的很简单，就是不辜负生命。回顾过去，我们是怎样度过短短的一天的呢？有些人痛苦地活着，而有些人快乐地活着。同样的生命，不同的活法，命运在于选择正确的人生。只要热爱生命，一切都在意料之中。

我们常说，要先感动别人必须先感动自己，生命教育亦如是。生命教育还在于使学生形成正确的生命认知，培养学生欣赏人生、尊重生命、积极进取的态度，进而实现自我价值；也在于教育学生形成积极的

心态、良好的认知水平，从而拥有正确的人生态度，同时协助学生建立正确的人生观。

生命教育的目的，就是要让学生懂得生命是至高无上的，所以要善待自己，享受生命成长的快乐，也尊重他人的生命。只有这样，我们才能在面对挫折时笑对人生，才不会轻易放弃生命，才能享受到自己生命的乐趣。这就是我们生命教育要达到的境界。尊重生命，热爱生命，敬畏生命，培养健全的人格是我们生命教育的口号。

面对偌大的世界，面对复杂的生活，人生的答案是丰富多彩的。人生的意义在于拼搏，生命的意义在于奋斗！不要灰心，切勿胆怯，用心去体味你的人生，用汗水去浇灌你的成功舞台上的鲜花，你的生命必将灿烂如花！

三、守望与成长

（一）爱的蓝丝带

家长刘女士这样写道：

应孩子和学校的邀请，我参加了石室中学的生命教育活动。当女儿亲手为我系上融入了爱的蓝丝带时，当她以从未有过的温柔和炽热的目光注视着我时，我的眼睛湿润了，我和女儿紧紧拥抱。蓝丝带将母女紧紧地连在一起。我感到女儿的心跳和体温。她浑身散发出青春和生命的力度和热度，让我觉得自己也仿佛年轻了许多。

（二）与孩子一道成长，共享美丽人生

家长周先生这样写道：

生命教育是一项涉及学校、家庭、社区和全社会方方面面的系统工程，让我们共同承担起生命教育的责任，让生命教育融入生活，与孩子一道成长，共享美丽人生，让生命之花长开不败！

第三节　花重锦官城

桃李不言，下自成蹊。学校生命教育课题研究不断深入，影响不断扩大，引起了各类媒体的争相报道。《中小学心理健康教育》《四川教育》《教育导报》《成都日报》《成都商报》《华西都市报》《成都晚报》等平面媒体，中央人民广播电台、四川电视台等广播电视媒体，搜狐、网易等网络媒体纷纷报道了石室中学生命教育的开展情况，在教育界和社会上产生了良好的影响。

一、学有优教，学有良校

（一）成都高中生自写墓志铭反思"活着"

《成都晚报》曾在 2007 年做了如下报道：

我们为什么活着？为什么死亡？昨日，61 名十五六岁的高中生写下自己的墓志铭，为自己的一生"画下句点"。在青春年少的时候让学生思考死亡的话题，这是石室中学开展省级重点课题"中学生命教育的实践与研究"中的一项创举。昨日，在该课题研讨会上，该校高一 8 班 61 名学生在一堂名为"设计你的墓志铭"的课上，庄重地为自己的人生做了"最后总结"。

反思"活着"，高中生自写墓志铭

加强生命教育出新招，石室中学让 61 名学生思考死亡话题，此举引起观摩者和家长的热议。

学校通过生命教育来培养学生珍爱生命的意识，这在西南地区尚属首例。成都市教育局负责人昨日表示，今后将在全市逐步推行生命教育。

直面死亡，自写墓志铭凝重又谐趣

昨日，在生命教育课上，班主任唐宇给61名同学布置了一道特殊的习题：写墓志铭，"简单明了地概括自己的一生，要用第一人称写，体裁和格式不限"。

一位名叫小煦的同学站起来，用平静的语调念出了自己的墓志铭："人可以走向天堂，但不能走到天堂，而我，一直都在路上。"对自己的人生，她这样理解："天堂，是我们最终都要走向的彼岸，而那里与梦想无关。在我长长的人生道路上，我将一直追寻我的梦想，并为之奋斗。"

有一位同学画的是一张诺贝尔奖获奖证书，他的留言是："这里长眠着一位中国籍诺贝尔奖获得者。"对此，他的解释是："我不知道我的终点在哪里，但我知道我的起点在中国。"

另外，一些同学的打油诗、古文墓志铭也颇有新意。例如，汤楠写道："大学生，博士后。做生意，也顺手。坐洋车，住顶楼，这一生无烦忧。"赵化写道："他生前是个胖子，但是现在他和所有睡在这里的人一样骨感。"

"斯人于世，乐天安命，知书达理。虽棋琴书画无所不通，天文地理无所不晓，然少志于学，有所获。壮务于劳，有所成，惜时如金，仁信兼重也。及其暮年，寄情山水之间，尽享田园山林之趣，快然自足，乘化而终。自曰：不求有功于世，但求俯仰无愧。"

各方反应

老师：生命的意义在于生

让正值青春年华的中学生想象自己的死亡并写下墓志铭，这样的教育方式是否得当呢？观摩者谈了自己的感想。某中学语文老师杨帆的看法是："我们教给孩子的不是如何看待死亡，而是要他们明白生命的意义在于生，尤其是如何生，而不是在于死。"

锦官新城小学李老师说："听了这堂课，我很受启发，觉得中学生的思想很成熟，跟小学生的思维有很大的差异。"

教育界：很有新意，值得借鉴

武侯区德育办金蓉说："听了这堂课，我首先觉得同学们的文采很好，他们对自己人生的期望都很高。另外，这堂课从反面促进学生思考生命的意义，很有新意。目前武侯区还没有开设生命教育课程，不过我们会借鉴石室中学的做法逐步推行。"

树德中学德育处主任江晓玲说："这堂课的形式很新，切入点很好，教育学生珍爱生命，唤起学生懂得生命的意义，让学生常怀感恩之心。树德中学也开展了类似的主题教育活动，比如感恩教育、成人宣誓等。"

家长意见不一

刘先生说："我听了高一8班的公开课，觉得这种形式很好。作为家长，我肯定愿意让孩子写墓志铭。这让他们认识到身上肩负的责任，让他们认识到如何珍惜自己的生命。高中生到了这样的年龄应该学会思考。"

赖先生则说："学校让十几岁的娃娃写什么遗书啊，太不吉利了！孔子都不谈鬼神，我们后辈更该避忌。我认为对孩子开展生命教育是好的，但是必须用写墓志铭这样的方式吗？"

校长：通过教育，学生更关爱生命

为什么要在学生中推广生命教育？开展生命教育有什么样的意义？记者专访了石室中学副校长。

问：为什么要开展生命教育？

答：我们对生命教育的理解有三个层次，即活着、活好、活出价值。开展生命教育能够使学生树立起生命意识感，让他们关爱生命、珍惜生命、敬畏生命；培养他们的幸福感，最终帮助他们实现自己的理想。

问：开展生命教育有哪些具体的实践形式呢？

答：我们开展了中学生十八岁成人教育系列活动、青年志愿者服务活动、野外生存拓展训练、农村生活体验等实践活动。

问：开展生命教育后，学生、教师的面貌发生了哪些变化？

答：通过开展生命教育，学生的观念发生了明显变化，他们更关爱生命，更注重提升生命质量，更注重实现生命价值。教师的教育观念和教育行为也悄然发生了变化，不仅重视学生的分数，更重视学生的生命状况。

（二）《命运交响曲》解读生命教育

《成都晚报》曾在 2008 年这样报道：

来自全市 20 个区（市）县的近百名德育负责人和教师在石室中学聆听了两堂别开生面的生命教育课。

在一堂讲述西楚霸王项羽乌江自刎的语文课上，在同学们讨论了性格和命运的关系后，"咣咣咣咣!"《命运交响曲》开启了学科渗透生命教育之音乐课的大幕。在第二节公开课上，石室中学音乐老师张熙选择了讲解贝多芬的《命运交响曲》。"如果人生是一部尚未谱曲的乐章，那我们就用命运来丰满它!"一位女同学说出了自己的感受。张老师最后总结："命运掌握在自己手中，人活着就应该像贝多芬那样去创造生命的价值。"

（三）海峡两岸专家探讨生命教育

《华西都市报》曾在 2009 年这样报道：

"汶川大地震后，把灾难作为一种正面的教育资源，发掘灾难背后积极的生命意义，这对学生珍视生命很重要。"海峡两岸学校生命教育研究与实践研讨会在成都举行，来自台湾的教育专家团队来到成都石室中学，就如何帮助师生更好地认识生命、珍惜生命、热爱生命进行交流。

据悉，成都市教育局已确立了 35 所单位为成都市生命教育首批试点单位，积极推行生命教育理念。成都市教科所心理健康教育教研员曹璇认为，青少年对死亡的看法有一些认识上的误区，所以学校有必要结合灾后重建探讨生与死的话题。只有把死亡这个命题想清楚了，青少年才能够更好地去生存和生活。

（四）怒放的生命

《华西都市报》曾在 2010 年这样报道：

文明的薪火在历史的征程里代代相传，生命的光彩在岁月的星空中熠熠生辉。穿越两千多年的时光隧道，成都石室中学，这座在锦江之滨巍然屹立了两千多年，虽时移世易而岿然不动的公立学堂，正屏气凝神，聆听时代进步的隆隆足音，投身教育变革的滚滚洪流。

"中学生命教育的实践与研究"，这个与升学率并无直接联系的课题，石室人对其躬身探索已有三个年头了！充满人文精神的活生生的教育，让千年学府青春焕发、生机盎然。当你穿过闹市区那条幽静的小巷，沿着门前的石梯拾级而上，跨进一道气势恢宏的朱红大门，步入这座古色古香的殿堂时，你会感到一种震撼人心的力量——生命的庄严从雄浑的建筑和遒劲的枝干上映射下来，生活的壮美从厚重的石碑和泛绿的苔藓里渗透出来，生长的气息从纯真的笑容和琅琅的书声中散发开来。文翁香火不灭，石室精神犹在，激扬生命之力，焕发生命之美，迎着21世纪的朝阳，这位千百年来一直站在蜀地的银杏树下，矢志不渝地守望教育理想的千旬老者，勇于直面当代青少年情感冷漠、心理脆弱、自杀暴力等问题，为在传统教育中被漠视、被异化、被压抑、被束缚的鲜活的个体生命"松绑"，让传承千年的教育之"育"回归原点——从"认识生命、珍惜生命、尊重生命、热爱生命"开始！

1. 让生命飞扬是教育的责任

在"中学生命教育的实践与研究"课题开题前后，石室中学做了大量调查和研究。面对一场场触目惊心的惨案和悲剧，课题组感到一种揪心的痛。反思传统教育的种种沉疴痼疾，放眼中国乃至世界基础教育改革的趋势和走向，课题组觉得，在学生中开展生命教育，是历史赋予他们的责任和使命。

青少年生命伤害事件的背后有种种主客观原因，最直接的原因是青少年受知识经验的限制，尚未形成明晰的生命意识，缺乏对生命的尊重与珍惜。据调查，近年来，青少年对生命的无知和困惑集中表现在几个方面：其一，生命无意义；其二，生命意识肤浅，价值观念模糊；其三，生活的充实度和满意度不高，生命质量不高。

(1)学校教育渐趋异化

基础教育的对象是一个个活生生的孩子，而长期以来，功利思想在

为生命而教

一定程度上遮蔽了人文精神，使学校教育忽视学生的生命存在和生命尊严。"升学为主""教师权威""学科本位""智育第一"几座大山压迫并束缚着人的心灵。成都市教育局的一项调查证实，92.6％的人认为中小学生的烦恼和不愉快来源于升学压力大、成绩不理想和作业负担。

尽管新课程目标体现了对学生生命价值的关照，新教材也力图向少年儿童的经验和生活世界回归，但在现实中，学生被封闭在书本中、禁锢在课堂上的状况并没有明显改观。虽然各学科都或多或少地包含与生命相关的教学内容，但少有对个体生命意识、生命质量和生命价值的呵护，尤其缺乏一套有关生命教育的丰富而完整的课程体系和教学模式。

(2)当代教育关注人的本体发展

进入21世纪，人类在享受科学技术带来的物质成果的同时，也承受着前所未有的生存危机和生存压力。自然环境的破坏，精神家园的失落，贫困、疾病和战争的威胁，道德价值观的嬗变等都直接或间接地蚕食着生命的尊严和价值，所以对生命意义的不解和追问一直困扰着人类。

在当代，世界各国在基础教育的发展取向上都更加关注人的本体的发展。人不再作为生产手段而是作为人本身，在生命、个性、潜力等方面得到充分和自由的发展，这种观点正在超出任何"实用的"教育观念，成为当今基础教育改革的首要目标。学会学习、学会做事、学会生活、学会生存成了未来教育的四大支柱。就我国基础教育而言，新课改强调发展学生对自然、对社会和对自我的责任感。我们应积极倡导教育要关注青少年的生命意识、生命质量和生命价值，教育青少年认识生命、体验生命、关爱生命、珍惜生命。

(3)生命教育与石室文化一脉相承

对石室中学的前身汉文翁石室的功德，后世评价极高，把文翁石室与都江堰相提并论，把文翁和李冰父子并颂为"李冰治水，文翁化蜀"。文翁的不朽业绩至今仍惠泽后人。

今天的石室中学以教师和学生发展为本，明确提出了"继承优良传统，打造素质基础，培养创造能力"的办学思想，"求真务实，以人为本、活跃和谐"的教育理念，"为培养高素质的专门人才、复合人才和杰出人才打下坚实基础"的"三才"培养目标。这种办学思想、教育理念和人才培养目标，强调人和谐发展、人与人和谐相处，体现了学校对个体生命自由发展的追求，表达了学校对生命活力与生命价值的关注。基于此，石室中学积极地调整和变革学校现有的教育制度，创建有利于生命自由发展的教育环境，倡导平等和谐的师生关系和教育行为，构建培养生命自由精神的课程体系和实践活动。

2. 构建三维生命教育体系

中学生命教育是一个新课题，如何构建既符合中学生身心特点又符合教育规律的生命教育体系呢？课题组选取生命、生命教育和生命教育目标三个层面，对生命教育进行研究，最终选取了生命的三个维度，即活着、活好、活出价值来构建三维生命观。三者协调统一，构成完整的生命教育体系。课题组通过三维生命教育，强化学生的生命意识感，引导学生的生命幸福感，提升学生的生命价值感。

(1)三维生命

①活着：自然生命是人存在的物质载体，所以活着是最基本的生命维度。

②活好：健康快乐地生活，具有良好的生命质量。健康是生理、心理与社会三者的和谐统一；快乐是指生活的充实度和满意度高。

③活出价值：通过崇高的个体追求，实现自我价值和社会价值。

(2)三维生命教育

活着——生命意识教育

生命意识就是个体对生命的认识和主观感受。生命教育的目的就是要让个体树立起生命意识，珍惜生命，爱护生命。生命意识教育主要包括生死教育、生存技能教育、应对生命危机教育等。

活好——生命质量教育

生命质量的提升即个体健康快乐地生活，其生理、心理和社会和谐统一，对生活有较高的满意度。生命质量教育包括挫折教育、感恩教育、生涯规划教育、理财教育以及消费教育、休闲教育、旅游教育等。

为生命而教

活出价值——生命价值教育

每个人对生命意义和价值的追求不同。生命价值教育引导人在实现自我的同时实现社会价值。生命价值教育包括社会责任感教育、社会关怀教育、宗教伦理教育、关爱自然教育等。

(3)三维生命教育目标

第一层次：活着—生命意识教育—生命意识感

生命意识感淡漠就会导致个体对生命的漠视和践踏。学校要通过教育使学生树立起生命意识感，让他们关爱生命、珍惜生命、敬畏生命。

第二层次：活好—生命质量教育—生命幸福感

幸福感是人的价值得到肯定、内心需要得到满足的主观感受，是一种自我满足的体验，是生活的充实感和满意度的体现。生命质量的提升最终都以生命幸福感的增强为标志。因此幸福感的培养是生命教育追求的一大目标。

第三层次：活出价值—生命价值教育—生命价值感

人不仅局限于对现实世界的满足，同时也在不断追求对自身生命价值的超越和升华。人要实现自己的理想和追求，就要靠教育。教育为人的生命而存在，生命价值教育是教育的基本内容。

3. 开展生命教育实践

面对新时代的中学生，学校应通过怎样行之有效的生命教育方法和手段，让中学生在生命教育的活动情境中，真正认识和体验生命教育，从而形成正确的生命价值观呢？开展生命教育需要通过多种渠道，采用多种方式整合学校、社会与家庭等方面的教育资源。在石室中学，生命教育已渗透到各门学科、各个环节、各个方面，主要包括构建生命教育课程体系、学科教学渗透、开展生命教育实践活动等。

(1)构建生命教育课程体系

从2006年起，石室中学就开始构建生命教育课程体系。高一年级每个班隔周开设一次生命教育课程，以班会的形式设计不同的主题，组织和引导学生探讨和体验生命的价值。

"如果明天你就要死亡，你将如何设计自己的墓志铭？"在题为"设计你的墓志铭"的生命教育课上，石室中学高一年级 61 名高中生或庄重或诙谐地说出了自己的墓志铭。一些同学还把为自己精心设计的墓志铭蓝本制作成幻灯片，与同学、老师分享——"生是死的开端，死是生的延续""我真的还想再活 500 年"……这堂别开生面的生命教育课经媒体报道后，引起了巨大的反响和争议。有人认为让孩子谈死"犯忌""晦气"，更多的人则为"死亡教育"击掌叫好——让青春年少的学生直面死亡的话题，理性认识生命的本质和过程，思考生命的意义和价值，有助于树立学生的生命意识感，引导学生关爱生命、珍惜生命、敬畏生命，提升生命质量，实现生命价值。

（2）学科教学渗透生命教育

每一门学科都蕴含着独特的美，都有着人文精神的闪光点；每一堂课都是不可重复的生命体验。在石室中学，除生命教育课外，语文、数学、外语、历史等所有学科领域都渗透了生命教育的内容。老师们在学科教学中增强生命教育意识，挖掘显性的和隐性的生命教育内容，挖掘教材的生命教育衔接点、闪光点，结合教学环节，利用这些知识点进行生命教育的学科渗透，帮助学生树立正确的生命观，使学生在学习各科知识的同时，受到生命教育的感染和熏陶。

"学科教学渗透生命教育，可以起到点石成金、事半功倍的效果！"学校不久前出版的《学科教学渗透生命教育教案集》，浓缩了石室中学各科教师生命教育学科渗透的生动范例。教师引导学生阅读语文课中的经典作品，感悟生命之美；从历史人物和历史事件中汲取人类历史文化中的养分和精神力量；在数学课中渗透理财教育；在体育课中渗透运动损伤的预防和康复教育，帮助学生学习简单的生存技能与方法、掌握自我保护的知识和技能；在化学课中渗透人与自然的和谐发展理念，倡导保护环境；在物理课中渗透安全用电、节能、防雷击教育，等等。

新课程改革促进了生命教育的学科渗透，而生命教育的学科渗透反过来又推进了新课程改革。英语老师彭长江说："生命教育在英语教学中的渗透，把简单的传授语言知识、培养语言技能的英语课堂，变成了有思想、有灵魂、有实在教育意义的课堂，使英语教学增添了无限的生

命活力。生命教育是课堂的翅膀，它让我们飞得更高。"

(3)开展生命教育实践活动

学生社团活动、班团队活动也是石室中学开展生命教育的重要载体。

如果说石室中学两千多年的历史是一块厚重的幕布，那么活跃在校园内外的一个个学生社团就是一出出精彩的剧目：文翁戏社、潮浪文学社、国旗班、管弦乐团、石室电视台、校园广播站、心理协会、环保协会、青年志愿者协会、游离态动漫协会、独品·摄影协会、汽车协会、舞蹈协会、跆拳道协会……石室中学社团联合会旗下20个成员交相辉映，年轻学子用热情、才华和个性，奏响青春的旋律，编织梦想的璎珞，抒写生命的华章！

生命潜能拓展训练、青年志愿者服务、"蓝丝带"亲情交流……丰富多彩的生命教育综合实践活动，让学生体验生命的美好，挖掘生命的潜能，感悟生命的真谛，做自己成长路上的真正主人。

4. 师生、 家长共享美丽人生

通过开展生命教育，老师们欣喜地看到，学生的精神面貌有了很大的改变。生命教育可以改变学生的焦虑状况、孤独倾向、自责倾向、过敏倾向、恐怖倾向、冲动倾向等，让学生学会调节与控制情绪，学会寻求心理帮助；使学生能与周围的人正常交往，懂得分享与合作，乐于帮助别人，尊重别人；让学生初步养成良好的学习习惯，能够很好地适应校园学习生活；使学生形成良好的心理素质，提升学生的生命意识与生存质量。

生命教育是循序渐进的。"我是谁？生命有何意义？"同一个问题在不同学段有着不同演绎。在小学低年级，学生要初步了解自己的身体，形成性别意识，喜欢自己；在小学高年级，学生要了解身体生长情形，懂得同情和关心他人，初步认识和体验生命的可贵；在初中，学生要了解人体构造与各器官的功能，认识性别差异，培养自尊心、自信心；在高中，学生要了解生育过程和避孕方法，了解每个人在婚姻、家庭与社会中的权利和义务，理解生与死的意义。

在高中阶段开展生命教育既是构建和谐社会、贯彻科学发展观的需要，又是学生、教师、学校全面和可持续发展的需要，同时也是新课程改革的要求。在基础教育阶段，除文化知识外，德育工作也具有基础性。目前，学校德育工作的时效往往不令人满意，因为空洞的说教与学生有距离。生命教育着眼于学生基本素质的培养和学生的终身发展，侧重于学生个体的完善，使我们的教育真正走进学生的心灵。

生命教育是一种全人教育，目的在于促使学生生命主体全面、和谐、主动、健康地发展，帮助学生认识生命、珍惜生命、尊重生命、热爱生命，帮助学生学会关心自我、关心他人、关心自然、关心社会，提高生命质量，为学生的终身幸福奠定基础。生命教育实施的途径与方式应该以课堂教学为主渠道，通过学科渗透的方式，并辅之以社会实践活动，做到显性课程与隐性课程相结合、知识传授与亲身实践相结合、必修课与选修课相结合。同时，生命教育的实施应做到政府指导、学校推进、社会支持、家庭配合。

我校开展省级课题"中学生命教育的实践与研究"，目标是构建新课程改革中实施生命教育所要求的新型的教师观、学生观和教育观；整体规划我校乃至成都市中学生命教育的目标内容体系，形成学校、家庭与社会三位一体的生命教育实施体系；提出开展生命教育的实施意见、评价体系与具体操作模式；通过生命教育，表达师生对生命状态的关怀，对生命情调的追求，使人更好地体验和感悟生命的意义，促进肉体生命与精神生命的和谐发展、人与人的和谐相处、人与环境的和谐共存。

一所好的学校，应该让师生享受教育和学习的过程，让师生感受到教育和受教育的快乐，并从中体验到生命的幸福感和价值感，这种幸福感和价值感会成为促进师生进一步发展的内在动力，这是回归人性、充满人情味和生命力的教育。让我们关爱并尊重每一位教师、每一个学生的鲜活的生命，让我们的教育成为生命飞扬的绿洲！

——校长寄语

（五）活着、活好、活出价值

《华西都市报》曾在 2011 年这样报道：

 为生命而教

成都石室中学"生命教育"系列课程提升学生生命价值感

在闹市中那条幽静的小巷里，朱红色的大门气势恢宏，青色大理石显得庄严厚重，这是有着两千多年历史的石室中学。古老的建筑和浓密的大树充溢着两千多年厚重文明的传承，先进的教学设备和活跃的校园文化又赋予这位古蜀智者以现代气息。

今年，四川开始新课程改革，要求学校转变传统的教育方式，以学生的发展为本。与其他学校不同的是，这位传统与现代气息兼具的古蜀智者满怀悲悯，除了转变课程知识和结构之外，更加注重学生的生命教育。

据石室中学校长介绍，从 2006 年开始，石室中学已经开始探索中学生生命教育。目前，在新课改的背景下，石室中学已经将生命教育进行整合，把生命教育带进课堂，进而形成一种全新的校本课程体系，试图通过系统的生命教育增强学生的生命意识感、生命价值感和生命幸福感，从而提升学生的生命质量。

反思现实，开展中学生生命教育迫在眉睫

进入 21 世纪，人类在享受科学技术带来的物质成果的同时，也承受着前所未有的生存危机和生存压力——自然环境的破坏，精神家园的失落，贫穷、疾病和战争的威胁，道德价值观的嬗变……这些都直接或间接地蚕食着生命的尊严和价值。青少年受知识经验的限制，容易受到外部环境的影响，尚未形成清晰的生命意识，缺乏对生命的尊重和珍惜。

三维生命教育体系构建完整的生命教育

"经过研究，我们选取了生命、生命教育和生命教育目标三个层面，对生命教育进行研究。"该校时任校长助理张显国告诉记者。经过研究，他们最终选取了生命的三个维度——活着、活好、活出价值，构建"三维生命观"。三者协调统一，构成较完美的生命教育体系。学校通过三维生命教育，强化学生的生命意识感，引导学生的生命幸福感，提升学生的生命价值感。

高中生写墓志铭引导学生体验生命价值

从 2006 年开始，石室中学就已经开始构建生命教育课程体系。各

班以班会的形式，每周都设计不同的主题，组织和引导学生探讨和体验生命的价值。

"如果明天你就要死亡，你会如何设计自己的墓志铭？"在生命教育课上，这是石室中学某班的班主任唐宇以"设计你的墓志铭"为题，让学生写出自己的墓志铭。

除了专门的生命教育课程，该校还将生命教育融入学科当中。"学科教学渗透生命教育，可以起到点石成金、事半功倍的效果。"田间说。

多彩的社团活动让学生活得精彩

潮浪文学社、管弦乐团、广播站、舞蹈协会、文翁戏社、国旗班、游离态动漫协会……石室中学现有近40个社团。各个学生社团开展了丰富多样的社团活动，发展学生兴趣，活跃学生思想。

潮浪文学社开展了一系列文学创作讲座，邀请青年作家与同学们进行写作经验的交流，并独立出版文学刊物《潮浪》；管弦乐团在参加省市级各项比赛中成绩突出，曾经赴美演出；环保协会与高校环保组织合作共同开展系列活动，还和根与芽国际环保组织成都项目部合作开展大型环境保护行动；青年志愿者协会与媒体联手向社会伸出友爱援助之手……

"这些丰富多彩的综合实践活动，让学生体验生命的美好，挖掘生命的潜能，感悟生命的真谛，做自己成长的真正主人。"张显国告诉记者，学校计划将这40个社团进行整合，形成3个学生集团，即学生传媒集团、学生艺术集团、学生体育协会，以便更好地整合资源，促进学生社团更好地发展。

选修生命教育和加入社团都算学分

在该校科创实验室，线路、电池、各种传感器等堆在高一1班的马伟林的课桌上。他同伙伴们仔细地观察着图表，回想着老师的讲课内容，绞尽脑汁把手中的这些零部件拼凑成一台三轮车。这是石室中学一堂名为"智能机器人"的选修课。学生不论年级，都可选修这门课。该课程的老师熊冲介绍说，这门课主要培养学生的动手实践能力，在制作的过程中不限制学生思维，主张学生按自己的想法做。

在石室中学的手工制作教室，窗台上摆满了各式各样的纸折鲜花，白色的橱窗里摆满了手中制作的玩偶，有可爱的纸折公主，也有各种动物模型。20名高一学生选修了这门课。这不，几个男生正在努力把花蕊缠在铁丝上。

在石室中学，诸如智能机器人、花艺制作、陶瓷制作等提升学生生命幸福感的选修课，也属于生命教育的范畴。选修这些课程或加入社团，都将计入学分。

（六）带着对生命的感悟爱学生

《中国教育报》曾在2012年这样报道：

四川成都石室中学教师龙晓彤

痛失两个女儿，她却没有让一名学生掉队；面对悲痛与压力，她照样支持丈夫在国防事业中收获辉煌。无论是经历的艰辛与痛苦，还是收获的"成都市十佳文明教师""全国百名好军嫂"等荣誉，在龙晓彤看来都不重要，她说最幸福的事就是看到学生成长。

从意外执教到倾心奉献

龙晓彤说，她走上三尺讲台"纯属意外"。"也许因为父母都是教师，从小目睹他们终日操劳，我发誓将来绝不当教师。"可仿如命运安排，高中毕业后，一所师范大学的录取通知书寄到了她手中。4年后，她并不情愿地走上了讲台。

转变发生在6年后。彼时，龙晓彤考调到了成都石室中学，并同时获得了一个转行的机会——到一家通讯社当编辑。

在去留之间，龙晓彤犹豫了。这时，石室中学原语文组组长杜学钊的一番话让她下定决心留下来："教师活得相对自由，与讲台下几十双真诚的眼睛交流，那是一种精神上的满足。"龙晓彤似有被"点醒"的感觉："是啊，还有哪个职业能像教师这样最大限度地保持本色，自由而率真地生活呢？"

留下来的龙晓彤心态也随之改变。"以前单调乏味的日子突然变得有滋有味，曾经当作任务完成的上课、批改作业也突然变得盎然有趣，就连那些惹我生气的'捣蛋鬼'也突然变得可爱……"她开始全身心地投入教育事业。

龙晓彤认为，语文教师不仅要传授学生知识，更重要的是教他们感悟生活、完善自我。实践中，她善于从学生的周记入手。

有位女生，平时给人的印象是大方开朗、无忧无虑的。龙晓彤却从她的周记中敏锐地察觉到一丝淡淡的哀愁。"我想她心中一定有阴影。"通过聊天，龙晓彤得知在这个女孩 7 岁时，她的父亲因意外事故离开了人世，给她带来了挥之不去的阴影。

龙晓彤的主动关心让女孩一下子得到精神上的安慰。她把龙晓彤当作最信任的人，而龙晓彤也通过自己的人生体验，开导她以积极心态面对生活。

一位男生在周记中记下他陪生病的妈妈散步的生活片段和感悟，龙晓彤就借此教育其他学生要承担责任；另一位学生在周记里探究了如何获得心灵的快乐，龙晓彤就顺势引导大家不要仅为考试而学习，要以开放的心态接受知识，丰富自我……

"同龄人的故事和感悟远比老师苦口婆心的大道理有效，"龙晓彤说，"有责任心是对教师最起码的要求。当我们在单纯的责任中加入对学生真挚的情与爱时，我们就会干得更愉快，付出也会变得心甘情愿。"

两度丧女，把母爱倾注给学生

就在龙晓彤对未来的工作、生活满怀信心时，一场灾难从天而降。

1994 年，龙晓彤不满 3 岁的女儿被诊断出患白血病，而她的丈夫是一名军人，正在西藏执行任务，她不得不独自面对这一切。

当时，龙晓彤正带着高三毕业班，教学任务很重，一边是需要照顾的女儿，一边是离不开她的学生。那段时间，龙晓彤咬牙坚持着，奔波于学校和医院之间：每天放学后她把作业带到病房批改，晚上和女儿挤在病床上休息，第二天一大早又赶去学校上课……

1996 年 7 月，女儿病情加重再次住院，此时丈夫在野外组织训练。当丈夫从训练场赶回来时，女儿已永远闭上了眼睛。

痛失爱女的龙晓彤迎来了一批新的学生，她把对女儿的爱倾注到了

学生身上。然而，不幸再次降临。1999年，龙晓彤第二个女儿出生时因新生儿窒息，只在世上活了8小时。再一次打击让龙晓彤彻底崩溃，而这时丈夫又接到外出训练任务。"我知道服从命令是军人的天职，尽管心中万分不情愿，也只得含泪送走他。"龙晓彤说。

在龙晓彤人生最黑暗的日子里，学生给了她巨大的精神力量。学生带着鲜花和签满名字的慰问信去看望她，信上写道："老师，我们都是您的孩子，盼着您早日回到讲台，看看我们纯真热情的双眼，读一读里面洋溢着的对师长、对母亲的爱。"

泪水模糊了她的双眼，为了不耽误学生高考复习，龙晓彤提前两个月结束产假，回到了讲台。"我永远忘不了踏进教室的那一刻同学们的掌声和鲜花，这让我充分体会到了当一名教师的幸福。"

作为一名军嫂，龙晓彤克服生活中的巨大困难，支持丈夫事业的故事也让学生感动。正因为她的支持，她的丈夫从一名普通技术干部成长为团参谋长，被评为"优秀军事指挥员""科技练兵先进个人"，并先后6次荣立三等功。2003年，龙晓彤被评为"全国百名好军嫂"，在北京受到国家和军委领导的接见和表彰，并在人民大会堂做事迹报告。

付出饱含生命真谛的爱

在石室中学老师眼中，龙晓彤是一位低调、令人尊敬的同事。

石室中学校长介绍，龙晓彤是成都市学科带头人后备人选，在教书育人上绝对是一把好手。迄今她已送走8届毕业生，每一届学生的成绩都名列前茅。作为学校语文教研组组长，她也能把教研组活动搞得有声有色，深得同事们的信任和赞赏。

"她是一个让人温暖的人。"谈到对龙晓彤的印象，"温暖"一词从默文婷那里脱口而出。这个"80后"女孩刚到学校时，便在龙晓彤手把手地指导下站上讲台，并很快成长为教研组骨干。更让小默感动的是龙晓彤对她像妈妈一样的爱。她刚到成都时，正碰上H1N1甲型流感肆虐。当她被诊断为"甲流"疑似病例时，龙晓彤冒着被感染的危险，到医院悉心照顾她，让她这个外地人顿感温暖备至。

在学生眼里，龙老师一直是令他们感动和尊敬的好老师、"好妈妈"。"当一个在岁月与生活中历练过的人站在讲台上时，她的笑容不仅有快乐，还有宽容、坚强，以及对家人、朋友、学生深沉的爱。这种爱饱含着生命的真谛。"一位学生在周记中这样说。

今年"六一"儿童节，班里一位男生在校园里看到了龙晓彤牵着她7岁的儿子。后来，她在这位男生的周记中读到了这样的话："看着龙老师和她孩子玩耍的情景，我知道，龙老师幸福，我就幸福！"那一刻，龙晓彤热泪盈眶。

（七）生命教育让学生活得更精彩

《成都日报》曾在 2013 年这样报道：

平安校园既是孩子们健康成长的摇篮，也是保障家长们放心工作、造福社会的定心丸。

构建平安校园，我市中小学进行了哪些探索？在培养师生安全意识、法治意识方面又有哪些特色？新学期伊始，在市委、政法委的组织下，本报记者先后走进石室中学、天涯石小学以及成都七中育才学校对此进行了探访。

门卫妻子来访：进门也要亮证登记

9 月 9 日下午，记者来到石室中学门前，透过古色古香的侧门，可以望见校园内郁郁葱葱的高冠乔木，耳畔不时传来操场上同学们的笑声——还未置身其中，就已感受到一股静谧而又蓬勃的力量。

"请问你找哪位？"左侧门卫室内，一位身着白色制服的保安向记者询问来意。和他相对的另一个门卫室里，他的同事正在整理安保器械。

依照保安的要求，记者随后拨通了此次预约采访的对象，校长助理张显国的手机。通话中，张显国向保安确认了记者的身份。不过，记者即便拿到这一"通关令"，还需要配合保安再完成两道程序：出示证件和登记信息。

"关系再熟，进门都必须亮证登记，连我老婆都不例外。"这名门卫对照着记者的证件一边在本子上记录着，一边向记者乐呵呵地解释。随后，记者在这名保安的一路带领下见到了张显国。校门口的其他来访者

正接受另一位门卫的询问。

谈起记者"门难进"的经历，张显国解释说，该校始终高度重视平安校园的建设工作，明确提出了"以安全办学为前提"的治校理念，以制度的形式将安全责任逐级具体落实到每个人身上，"一草一木都有专人负责"。

随后，记者在张显国的带领下对整个校园环境进行了实地探访。记者看到，每栋楼的醒目位置都贴有这一栋楼总负责人、具体负责人的名单。每间教室门口也贴有安全疏散通道示意图。它们距离地面大约1.6米，这是最省力的观察范围。

此时正值上课时间，在干净整洁的教室里，同学们正凝神静听着教师的讲解。张显国告诉记者，每个班都有一位安全委员负责教室的用电安全，并协助班主任每学期开展安全主题班会。每到寒暑假，学校还会布置安全主题作业，要求学生绘制所在小区的应急疏散路线图。

据了解，在构建平安校园的工作中，石室中学还加强法制培训，聘请汪家拐派出所、浆洗街派出所负责人担任该校法制副校长。目前，由该校编订的《石室中学安全资料汇编》已经付印，且《学生安全指南》《教师安全管理指南》也即将被分发到每位师生手中。

为了进一步保障学生心理健康，该校还专门打造了占地100多平方米的生命教育中心。宣泄室、辅导室等一应俱全，每周一至周五上午9点至下午5点，面向学生开放。3名拥有国家二级心理咨询师资质的教师每周都定期到这里为学生提供心理健康服务。

（八）素质教育的根本内涵不是吹拉弹唱而是培养人的生命力

《天府早报》曾在2014年这样报道：

本质上，素质教育不只是单纯地减轻孩子的学业负担，不是教他们吹拉弹唱，而是教给学生对世界、环境、人生的看法和意义。因此，素质教育就是要让学生树立起积极的世界观、人生观、价值观、道德观等，懂得怎样去追求属于自己一生的精彩，活出一生的价值。

生命教育：构建三维生命教育体系，逐步推行"生态德育"

作为学校素质教育的重要阵地，石室中学以生命教育、社团文化和艺术教育为特色的德育工作，将"培养有生命力的人"作为德育目标，以做人教育为基础培养学生的生存力，以成才教育为核心培养学生的发展力，以理想教育为方向培养学生的卓越力，深挖素质教育的根本内涵，在助力学生从优秀走向卓越的同时，更是引起了广泛持久的社会影响。

据石室中学校长田间介绍，自2006年起，石室中学就从认识生命教育的内涵入手，构建了生命教育理论体系，形成了比较系统的生命教育实践模式。此外，石室中学推出的25本生命德育校本教材，进一步物化了生命教育的成果，为学校生命教育的深入开展奠定了基础。石室中学分管德育的校长助理张显国表示，下一步学校将对生命德育进行传承和发展，着眼点将放在尊重人的差异性和关注人的生存环境上，由单个人的生命逐渐扩展到对生命环境的关照上来，由个体生命这个点逐渐扩展到生命关系这个面的研究上来。德育平面将逐渐扩展为德育立体生态环境的建构，最终形成生态德育的新特色，让学生在良好的教育生态中，获得全面、充分和自由的发展。

校本课程：让学生在充满生命力的课堂中体味生命，收获成长

"因为梦想，生命精彩""向幸福出发""设计你的墓志铭"等都是石室中学极具特色的生命教育经典课程。据了解，在新课程的背景下，石室中学充分发挥校本课程在德育方面的独特优势，形成了以生命教育校本课程为核心，以文史、艺术、体育、科技、综合五大类社团课程为主体，以德育常规活动和创新活动等综合实践课程为重要内容，以独具特色的石室文化和石室校园环境等隐性课程资源为补充的德育校本课程体系。

由伍陵老师讲授的"向幸福出发"，就针对高中生课业负担重、心理压力大、幸福感低的现状，利用情境教育法、体验式学习法等教学方法，引导学生树立正确的幸福观，培养学生感受、发现、创造幸福的意识和能力，并帮助学生制订自己的人生幸福计划。伍老师说："这堂课的主要内容和目标，就是让学生感知幸福，引导学生说出自己的不幸福，探究如何将不幸转化为幸福，最后引导学生明白幸福的更高境界，即奉献他人、回报社会，做一个对他人、社会有用的人，这就是活出了价值。"

据了解，除了开设专门的生命教育课，石室中学还十分注重在各个学科中进行生命教育的渗透。"语文教材里就有很多充满生命力的文章，它们可以让学生窥探到生命的脆弱与顽强、丰富与美丽。"叶幼梅老师说。例如，在讲史铁生的《我与地坛》时，她就会以史铁生对自己不幸的超越，来引导学生建立起正确的生死观，让学生明白，对于每一个生命来说，"活着"都是最珍贵的，对于自己的生命当知珍惜，对于他人的生命当知关爱。

社团活动：丰富多彩的社团活动，让学生找到生命的价值

目前，石室中学两校区共有注册学生社团 60 多个，注册会员 4000 多人，每学年参与社团活动的人数达到了 10000 多人次，社团活动可谓百花齐放。据介绍，石室中学根据各个社团的特点，成立了文史类、艺术类、科技类、体育类、综合类五大社团集团，并编写了相对应的社团校本教材 25 本，内容涉及生命教育、戏剧欣赏、历史文化、摄影、现场救护等。

在五大社团集团中，科技类社团的机器人活动小组格外引人注目。这个每学期只有 30 多位同学组成的社团，在石室中学百家争鸣的社团小组中规模并不算大，但他们的实力却不可小觑，尤其是石室中学成立了拔尖创新人才基地班，更是激发了同学们的无限创造力。机器人活动小组指导老师熊冲介绍说，同学们通过自己的努力和团队协作，通过对目标永不放弃的追求，一次又一次地赢得了挑战，同时也创造了属于自己的生命价值。

"从高一加入学校红十字社，到现在成为社团联合会副主席，在这一年多的时间里，我不仅提升了自己各方面的能力，更重要的是感悟到了活出价值的含义。"石室中学高二学生熊佚飞说。他所在的社团以慈善活动为主，探访成都黑熊基地、和福利院的孩子一起玩游戏、为农村贫困学生拉助学赞助等都是他们做过的事情。一年多来，他们已资助了50 多名贫困学生。熊佚飞说，通过社团活动他认识了许多朋友，体会到了不同的人生。他在帮助别人的同时，也感受到了自己活着的价值，因此，在慈善路上，他会一直走下去，不会因为高中毕业就言放弃。

据了解，学校一大批社团精英也颇受知名高校的青睐。学生会主席、潮浪文学社社长赵铁凯考入了北大；国学社社长龚晨被清华大学录取；社团联合会副主席江蝶被牛津大学录取，还获得了百万奖学金。据介绍，除了江蝶自身的学术水平，她的社团经历和综合素质更是牛津大学看重的因素。

除了社团活动，石室中学的同学们还能在学校开展的一系列活动课程中体会生命的丰富，感受青春的精彩。其中，颇具特色的"六旅"体验活动就备受同学们的欢迎。它包括走进绿色军营，体验军旅生活的军营之旅；到具有重要历史意义的地点接受爱国主义教育和革命传统教育的红色之旅；参观科技馆，视野得到开阔，激发科学热情的科技之旅；和农村学生手拉手，体会生活艰辛和不易的农村之旅；通过参观艺术作品，感悟艺术魅力的艺术之旅；参观名校，激发学习热情的名校之旅。

艺术教育：以艺术教育促进学生的生命创造力，学霸韵律操红遍网络

汉风古韵、水景长廊，翰墨石室、古朴厚重，从公元前141年文翁办学至今，两千多年的岁月流转中，石室中学的校址从未变动，学校建筑依然保持汉代风格，其校园本身就是一件巨大的艺术品，也是同学们接受艺术教育的乐园。

据了解，石室中学一直把艺术教育作为学校的重要基础工作来抓，并根据学生的年龄特点，将艺术教育分阶段进行。高一为培养兴趣阶段，活动开展以教学班为单位，要求每个学生必须参与，增强感性认识，也让教师对学生的天赋、素质及发展潜力有一定的了解，以便因材施教，确定培养内容与途径。高二为发展兴趣阶段，打破班级年级界限，允许学生调整自己的兴趣爱好，把各项活动中水平提高较快的学生集中起来，组成兴趣小组和学生社团，进行专门的培养和指导。

石室中学有层次的艺术教育结构，不仅满足了艺术特长生的发展需要，培养了一大批特长学生和各项艺术活动尖子生，还使大多数学生的个性特长日趋鲜明，促进了学生整体审美能力和生命创造力的提升，彰显了石室学子律动的生命和青春。

最近，一段颇具神韵的中学生韵律操视频在网上火了：5名穿着石

室中学校服的学生，像充满喜感的兔斯基一样挥舞着手臂、抖动着大腿、扭动着屁股，在镜头前轻快地踏着自己的专属舞步……那活泼搞笑的架势，完全没有一点学霸只顾埋头啃书的样子，但它却实实在在地出自石室中学的学霸之手。

这段韵律操竟是获得石室中学韵律操大赛第一名的优秀作品。网友们在感叹同学们充满想象的生命创造力的同时，也为学校开放、包容和自由的艺术精神和教育生态点了一万个赞。"这就是我们身边的'歌舞青春'，朝气蓬勃，充满了生命力。"一位成都的网友评论到。

当然，除了这类能瞬间红遍网络的学生"神迹"，石室中学的艺术教育更是硕果累累。学校传承非物质文化遗产项目川江号子；合唱团曾代表中国参加在维也纳举行的世界和平合唱节，并获得了"世界杰出合唱团""杰出团长""杰出指挥"三项大奖；管弦乐团曾获全省中小学艺术节一等奖，并参加全国中小学艺术节获全国二等奖……可以说，石室中学艺术教育在全国、省、市都发挥着一定的引领和示范作用。

（九）推行"新三生教育"，让教育回归生命原点

《华西都市报》曾在 2015 年这样报道：

每一个生命都应当自由生长、繁盛。

教育，因生命而发生；教育，源于生命，循于生命，达于生命。

因此，成都石室中学校长、四川省特级教师、中小学教育专家田间认为，生命既是教育的起点，又是教育的终点，还是教育的中心点，整个教育应围绕生命而展开。教育本质是关注人的生命全面、自由、充分发展。教育要改变的不仅仅是智育，而应该更加关注生命存在、生命智慧、人生境界和生命价值等重要问题。

基于此，从 2006 年开始，在田间校长的带领下，石室中学开始研究生命教育，希望以此让教育回归生命原点，让教育回归到唤醒人的生命意识，构建人的精神世界，提升人的生命价值的终极目标上来，让教育重新焕发出生机与活力。

从社团文化构建，到班级建设、课程构建，再到日常教育的融合，

通过全国、省、市级五个课题推动，石室中学的生命教育已经成为中学德育的典范。

生命教育让教育回归原点

石室中学校长助理、成都市特级教师、成都市未来教育家张显国认为，未来基础教育将更加强化学生的核心素养，也就是学生适应终身发展和社会发展的必备品格和关键能力，是知识、情感、态度和价值观的综合。

此前，石室中学提出了"活着、活好、活出价值"的三维生命架构，同时也提出了相对应的三维生命教育内容。

在此基础上，石室中学又提出了"新三生教育"，即生命教育、生活教育、生态教育。生命教育是要学生正确处理人与自我的关系，活着，活好，活出价值，树立正确的生命观，引导教育回归生命原点，让教育的价值与人的价值协调统一；生活教育则要引导学生正确处理人与社会的关系，形成正确的生活观，引导教育着眼学生生活实际，让教育走向生活化；生态教育则需要学生正确处理人与自然的关系，形成正确的生态观，构建新的教育生态，促进生命自由生长。

张显国说，石室中学的教育者认为教育即唤醒。在三维生命教育理念和"新三生教育"理论体系下，学校构建了以学科渗透为基础，以生命教育课程为核心，以社团课程为主体，以活动课程为补充的生命教育实践体系。

石室中学在课程上进行整体设计，鼓励各个年级自主开发课程，用一定的时间使生命教育课程在目标、时间、内容、形式和层级上形成体系，使之形成全校序列化模式。生命教育的经典课程，不仅成为学校德育课程的典范，更是学校德育工作的创举和特色。这些充满体验性的教育情境和教育活动，为学校德育的创新和发展做了实践探索，使德育创新取得了非常丰硕的成果。

班级管理培育学生生命价值。"我越来越觉得老师对学生最大的功德是提醒、建议乃至建设一种美的生命形态、真的生命格局、善的生命价值。"成都市学科带头人、石室中学年级组长李奇这样说。他认为，高中生

的生命价值观培育，一在善良心，二在责任感，这两者是一个堂堂正正的人一生中最大的生命价值。他认为在班级管理中，要想实现个体的善良心和责任感的强化提升，必然要有纯善厚道的班级氛围。在日常工作中，他尝试从多角度、多层面来营造有善良心和责任感的班级氛围。

"我们的行动指南是善良和责任，所以从点滴做起就成了必然的氛围。做好作业、做好清洁、听好课程、做好训练、见面问好、谦虚礼让等，都会让我们徜徉在充满爱与责任的良好氛围中。"除此之外，李奇还采用了德育中很重要的一个手段——阅读。他会定期推荐一些经典读物，让学生在文章中品味善良，在文字中养成责任。

班本课程浸润心灵

大家知道国家课程、校本课程，那什么是班本课程呢？在石室中学优秀班主任、全国知名班主任梁岗看来，为实现班级管理、集体教育以及学生个体发展进行的教育内容的总和就是班本课程。

梁老师的班上有一门比较有意思的课程是书香文化课程。同其他学校开展的课程不同，他班上的课程采用四季模式进行，即每个季节都有相应的古诗词供学生学习。学生在春天读春天的诗，在夏天读夏天的诗，让春夏秋冬穿越24个节气。例如，9月开学时，班上的学生用《山居秋暝》开启秋季诗歌，在白露读《月夜忆舍弟》和《玉阶怨》，到了重阳节就阅读《九月九日忆山东兄弟》和《蜀中九日登高》。

英语早读的时候，梁老师的班还会开展《飞鸟集》的阅读。学生在老师的带领下自己翻译作品，感受这些诗歌的美，感受这些美所传递的意义。

梁老师班上还有一门特色绘画课程。绘画课总共有8节，包含自画像、全家福等，让学生在绘画中解决心理问题。除此之外，班上还有专门给女生开的课，叫作"女生请尊重自己"，给男生开的是"请磨炼自己"；班上也有男女生一起上的课，比如"那些年我们一起追过的女孩""爱是一种能力还是艺术""暑假采访身边的爱情故事"等。

班级活动让学生焕发生命力

当社会发展到以追求人的价值为本之时，教育将人的发展视为根本的和最高的价值也成为必然。石室中学年级助理、校优秀班主任彭世坤就坚持这样的观点，围绕这样的价值开展班级活动。

他的班一直坚持班级生日制度。班委会给每个同学送生日贺卡，给老师送生日小礼物。家委会也会给家长送生日祝福。他说这种细节会让人感受到关怀和爱："如果每个人都能够成为世界的中心，他应该就不会觉得孤单和寂寞了。"

彭世坤认为，教育的过程就应该这样，慢慢地，通过各种活动，滋养学生生命，同时也滋养老师的生命。

二、 润物无声， 花开西南

（一）各级领导的关心

生命教育课题成立之初，就得到了国家、省、市各级领导的亲切关怀和指导。成都市教育局也高度重视，并通过生命教育现场会向全市推广，相继以"生命教育校本课程"和"生命教育学科渗透"为主题，在石室中学召开生命教育现场工作会，向全市宣传推广生命教育的成果。"中学生命教育的实践与研究"课题组为现场会提供交流论文，现场展示生命教育课和生命教育学科渗透课，为成都市的生命教育提供了良好的示范，为成都市师生的灾后心理重建提供了可借鉴的手段和途径。

（二）专家学者的指导

2006 年，生命教育课题在石室中学校长、四川省特级教师王明宪的主持下开题。该课题调集了学校的精兵强将，并得到了四川师范大学教育科学学院科研团队的支持，还聘请了省市多位专家参与课题指导，使课题研究工作进行得井然有序。

2014 年，在北京师范大学石中英教授的指导下，学校确立了课题深入研究的新方向，即在当前全国上下大力弘扬社会主义核心价值观的背景下，以"高中生命价值观教育的实践研究"为切入点，深入研究生命

教育，探讨核心价值观背景下的中学生命价值观教育。2016年年底，课题结题，得到了石中英教授的高度评价。

2015年，学校以"教育的原点与未来"为主题，成功举办2015年全国中小学教育研讨会、成都市未来教育家第三次主题研讨会暨石室中学第五十四届教改（德育）研讨会。会上，国家督学杨国顺应邀做了题为"教育综合改革背景下的学校转型与变革——教育的原点与未来"的主题报告。杨国顺督学介绍了上海教育综合改革的相关情况，对我国中小学教育转型和变革的挑战与机遇做了说明，对石室中学生命教育选题"让教育回归生命原点"以及中小学的未来发展进行了深入思考，对人文、艺术、德育等进行了精彩解读，并提出了以人文思想推进学校转型变革的策略建议。杨国顺督学强调教育需要梦、校长需要梦、教师需要梦，强调学校在教育改革中要跟着教育的规律走，追着教育的感觉走，随着教育的节奏走，要以师德引领学生的人生观、价值观、世界观。

在课题的研究进程中，石室中学还得到了一些省市专家的关心和指导。各级专家对生命教育的研究给予了大力支持，在充分肯定课题的同时，更提出了课题下一阶段研究的新思路和新方向，使课题组深受启发。

（三）蓉城联动

2008年，四川汶川特大地震爆发。面对繁重的灾后重建任务，在石室中学和四川师范大学教育科学学院联合研究的生命教育课题的基础上，成都市教育局、成都市教科所和石室中学联合向中央教科所申报了教育部"十一五"规划课题"成都市区域性推进中小学生命教育的实践与研究"，并获得批准。

学校以"成都市区域性推进中小学生命教育的实践与研究"和"生命教育视野下德育校本课程的建构与实施"，带动了四川省500多所中小学对生命教育进行持续研究。

（四）跑马溜溜的山上

四川省马尔康中学作为少数民族地区学校，在生命教育课题组的指导下，开设了"向死而生""设计墓志铭""学会舍得""珍爱生命""向幸福出发"等生命教育课，开展了"生命手拉手，成长心连心"、生命拓展训练、生命教育六旅体验、十八岁成人教育、青年志愿都服务等系列生命教育实践活动。

图7-1　马尔康中学

马尔康中学通过"石室祥云"网络平台与石室中学共享生命教育资源，全面落实藏区"9＋3"生命教育工作，使全校师生树立了"活着、活好、活出价值"的生命观，强化了学生的生命意识感，引导了学生的生命幸福感，提升了学生的生命价值感。

经过几年来的研究与实践，马尔康中学初步形成了生命教育的办学理念和办学特色，进一步培养了学生珍惜生命、尊重生命、热爱生命以及增进民族团结、维护社会稳定、实现国家富强的生命价值观。

（五）生命教育绽放生命活力

成都石室白马中学是由福建省莆田市爱心援建，成都石室中学领办的一所公办完全中学。该校地处我国四川省彭州市，教学大楼、多功能学术大厅、实验大楼、图书馆、400米标准塑胶运动场、室内体育馆、塑胶篮排球场、餐厅、住宿楼一应俱全。该校是彭州市占地面积最大、教育教学设施一流、功能齐全的现代化庭院式学校。校园绿树成荫，环境优美，是学生成人成才的理想之地。

1. 石室领办，生命教育在极重灾区彰显生命力

石室中学是享誉世界的巴蜀名校，在两千多年的办学历史中取得了卓越的办学业绩，并形成了独具特色的办学理念和学校文化。白马中学自2009年建校，就由石室中学全方位领办，由石室中学派出校长、管

理团队和骨干教师，秉承石室中学"爱国利民、因时应事、整齐严肃、德达材实"的优良传统，确立了"求真务实，以人为本"的办学理念和"志在高远，追求卓越"的核心价值观，全方位借鉴石室中学的办学思路和做法，确保了学校高起点、高速度、高规格发展。短短几年内，白马中学在各个方面取得了突出的成绩，被成都市教育局评为"成都市新成长型学校"。

白马中学是2008年汶川特大地震后彭州市最大规模的灾后重建学校。石室中学结合极重灾区学校的实际，以"用生命教育培育有生命力的学生"为办学理念，以三维生命教育为内容，以培育生命力为目标，让校园充满生命的活力。白马中学通过实施生命教育，基本实现了理念彰显生命力、教师焕发生命力、课堂充满生命力、制度承载生命力、文化弥漫生命力、学生爆发生命力的目标，为灾区教育科学发展、城乡教育均衡发展、素质教育全面推进提供了新模式、新样板。

2. 通过学科渗透，生命教育在白马中学激活生命力

在石室中学的领办下，生命教育科研课题在白马中学得到很好的延伸和应用，特别是在学科渗透方面抚慰了地震给师生带来的心理伤痛，激活了师生战胜一切困难的生命活力。生命教育的学科渗透在白马中学立足课堂、着眼学科、全面渗透、全员育人，建立了师生共享、和谐相处、快乐学习、幸福成长的现代教育新生活，让渗透课堂成为生命的课堂、生本的课堂、生长的课堂、生成的课堂、生活的课堂和生动的课堂，从而实现生命教育的有机渗透。例如，白马中学高一语文课侧重于渗透三维生命教育中的生命意识教育、生命质量教育，高三语文课则渗透生命价值教育；初高中体育课渗透运动损伤的预防和康复教育，引导学生学习简单的生存技能与方法等；初三、高一、高二化学课渗透人与自然的和谐发展理念，倡导生态文明；物理课渗透安全用电、节能、防雷击的知识；高中政治课、历史课渗透生命价值教育，尊崇高尚的生命价值等。

3. 通过社团活动，生命教育让灾区学子演绎精彩的生命

白马中学德育工作突出生命教育，其指导思想是"立足点高，落脚

点实，规范有序，强化社团文化、艺体教育的特色"。该校加强德育常规管理，突出"精细"和"效益"，于细节处凸显以人为本的生命观。该校以学生社团建设为阵地，传承石室文化，丰富校园文化生活，加强学生自我教育、自我管理，成立了文学社、书艺社、心理学社、篮球社、播音主持社、舞蹈社、音乐社、戏剧社等10多个学生社团。为传承石室中学活跃、和谐的办学特色，白马中学共开设选修课30多门，这些课深受学生的喜爱与肯定。

白马中学以学生社团为载体发展德育特色，建立严格的社团活动机制。近几年来，白马中学在学习石室中学社团文化建设的基础上，每学期注重组织好学校社团日常活动，进一步丰富社团活动内容，使学生真正在社团活动中发展兴趣、锻炼能力，为学生的全面发展打好素质基础。总之，社团活动让学生在快乐的校园生活中演绎出生命的华彩篇章。

4. 通过健康教育，生命教育提高生命健康水平

白马中学每学期通过广播讲座、宣传画廊、电视录像、心理健康小册子等形式传授季节性、流行性疾病的防治知识。学校引导学生注意用眼卫生，坚持每天做眼保健操，做好视力检查和防近视工作，严格控制近视率。此外，该校重视心理辅导教师队伍建设，并持续进行培训以提升他们的心理教育专业素养。五年来，该校分批次外派教师到四川师范大学、石室中学进行学习和交流。学校心理健康教育、心理咨询活动和心理测试活动也开展得有声有色。学校心理咨询室的专业心理教师帮助学生排解心理疑难，扭转心理困境，促进学生身心健康发展，实现"生命教育"的初衷。

5. 通过问卷反馈，生命教育提升师生幸福感

几年来，通过实施生命教育，白马中学学生树立了"活着、活好、活出价值"的三维生命观。尊重生命，珍惜生命，关注生命质量，活出生命价值，成为白马中学学生的共识。几年中，白马中学无一例自残、自杀等漠视生命的事件发生，同时志存高远、追求卓越，成为学生的生命常态。

石室中学采用问卷形式对白马中学1000名师生进行了调查。调查发现通过开展生命教育，采用情境式教学法、体验式教学法、实践性教学法、生成性教学法、欣赏教学法等教学方法，白马中学能为学生呈现生活情境，提供角色扮演的机会，创设一些与生命教育有关的活动，把学生置于一种生命情境中，引导学生生成渴求参与的动机，让学生在实际参与和亲身体验中丰富人生经历，体味生命，收获成长。调查结果显示，98%的师生接受并认可生命教育；99%的师生懂得尊重、珍爱、接纳自己和他人的生命，会感知、发现、享受和创造幸福，以良好的心态去成就自己和他人的幸福，从而提升幸福指数，提高生命质量。

6. 通过地震体验馆，生命教育诠释生命无价

四川汶川特大地震，无疑为生命教育补上了刻骨铭心的一课，同时抗震救灾形成的震撼人心的强大信息流给我们带来了诸多启示。只有在民族经历危急之后，在生命遭受重创之后，我们才如梦方醒，才真正理解其中的真谛。生命教育，当是唤起生命意识、培养生命智慧、追求生命价值的教育，所以加强学生的生命教育是素质教育中最重要的环节。白马中学在2011年4月建成地震体验馆，深度开展生命教育。目前，全校每一位学生都到地震体验馆接受生命价值教育，进而关注生命，关爱生命，尊重生命。

7. 通过网班互动，生命教育聚焦课堂生命力

网班教学是扩大优质教育资源辐射面的重要载体，是现场直播石室中学优质课堂教学的重要媒介，也是有效实施生命教育的重要途径。白马中学学生直接聆听石室中学优秀教师上课，与石室学子共同学习，效果良好。

在生命教育科研课题和网班互动的影响下，目前白马中学正实施"生命课堂"战略，聚焦"课堂生命"。"生命课堂"的内涵是一种教育创新理念和一种可贵的教育价值追求；"生命课堂"绝不是一种固定的教育模式、一种单一的教学风格。构建"生命课堂"的理念不仅为学校深入推进课程改革提供了理念支撑与方向引领，而且为全面提高学校教育教学质量奠定了可靠的基础。打造"生命课堂"是一项艰巨而新颖的工程，其具体要求是从生命成长的高度探索"生命课堂"的核心理念，从教育均衡的维度探索"生命课堂"的推进策略，从可持续发展的角度探索"生命课堂"的目标任务。

有生命的课堂才是好课堂，有活力的教师才是好教师。推进"生命课堂"建设不是一个口号、一次运动，而是理智分析教育发展新形势后，顺势而动、倾力而为的一种实实在在的探索和实践。从微观角度看，推进教育内涵发展的关键是突出课堂，而课堂教学改革的关键在于激发生命的活力，促使课堂真正成为具有生命特质的课堂。构建"生命课堂"的关键是课堂教学的设计者和执行者必须具备活力。

8. 白马崛起，生命教育让灾区学校引领和辐射全省

白马中学确立了"用生命教育培育有生命力的学生"的办学理念，努力实现理念彰显生命力、教师焕发生命力、课堂充满生命力、制度承载生命力、文化弥漫生命力、学生爆发生命力的目标。短短几年来，在成都石室中学的倾力领办下，全校师生励精图治，克服办学过程中的重重困难，培养了合格的高中毕业生 3500 余人、初中毕业生 1800 余人。学校教育教学质量稳步提高，连年超额完成教育局的责任目标，连年受到上级主管部门的表彰，并被成都市教育局评为"成都市新成长型学校"，取得了令社会瞩目的办学业绩，为彭州市教育发展做出了自己的贡献。

生命教育得到各级领导的充分肯定。中央电视台、四川电视台、成都电视台、光明日报、四川日报、成都日报等多家媒体也来白马中学采访报道，宣传成都市灾后教育科学重建、生命教育的新成果。2009 年 9 月 1 日，该校举行规模宏大的以"感恩·励志"为主题的开学典礼，四川卫视对其进行现场直播；2010 年 1 月，中央电视台 CCTV-2《经济半小时》栏目组就"盘点 2009 民生工程"来学校对成都教育均衡发展战略进行了采访报道。白马中学还是成都市、四川省灾后重建校长培训基地校，分六批次接待了 1000 余名校长来校培训考察，使生命教育的理念、举措在全省都具有巨大的辐射和引领作用。

开展生命教育是教育改革与发展的必由之路，正如华东师范大学博士生导师叶澜教授所说："我们把教学改革的实践目标定为探索、创造

充满生命活力的课堂教学，因为只有在这样的课堂上，师生才是全身心投入的，他们不只在教和学，他们还在感受课堂中生命的涌动和成长；也只有在这样的课堂上，学生才能获得多方面的满足和发展，教师的劳动才会闪现出人性的魅力，教学才会体现出育人的本质。"

（六）生命的关怀

成都市金堂县赵家中学作为农村中学，在课题组的指导下，在语文、数学、外语、历史、生物、体育等学科中渗透生命教育，开展了一系列生命教育体验活动，如成长手拉手、青年志愿者服务、十八岁成人教育、理财教育等。赵家中学通过这些课程的设置及活动的开展，使广大师生强烈认同了"活着、活好、活出价值"的生命教育理念。师生更加珍惜生命、热爱生命，学会了关心自己、关心他人、关心自然、关心社会，提升了生命质量，理解了生命的意义和价值，初步形成了学校的办学特色。

赵家中学还专门开展了"农村留守儿童的生命关怀教育研究"，对本地区农村留守儿童的生命现状进行调查研究，建立了农村留守儿童档案，对他们进行专门的生命教育，并依托石室中学长期无私的援助，在学校设立了文翁石室奖学金，初步实现了学校的跨越式发展，极大地促进了农村留守儿童的成长。

（七）辐射全川

石室中学开展生命教育研究以来，得到了上级的大力推动。四川省和成都市相继以"海峡两岸生命教育的研究与实践""生命教育校本课程"和"生命教育学科渗透"等为主题，在石室中学召开生命教育现场会，向集团学校、全市乃至全省宣传及推广生命教育的成果，为集团学校树立了榜样，为成都市的生命教育提供了典范，为地震灾区人们的心理重建提供了可借鉴的手段和途径。

这几年来，石室中学还参与了地震灾区、藏区生命教育课本的编写和教师培训，利用石室中学祥云教育网络，让地震灾区、少数民族地区和其他地方的师生共享优质的生命教育教学资源，带动其他兄弟学校开展生命教育。

随着影响的扩大，石室中学生命教育研究引起了社会的广泛关注。香港、台湾、北京、上海、广州等地的 30 多所学校纷纷来访，重点了解、交流生命教育的开展情况。由此可见，当前的教育越来越关注生命，开展生命教育已经逐步成为全川、全国乃至全世界的共识。

教育改革就是为了实现人的全面、自由、充分发展，真正实现教育的价值与人的价值的融合。引导教育回归生命原点，立足学生生活实践，构建全新教育生态，学生的生命将拥有自由舒展的空间，朝气蓬勃的教育景象将会向我们走来！

参考文献

车文博．人本主义心理学[M]．杭州：浙江教育出版社，2003．

恩格斯．自然辩证法[M]．北京：人民出版社，1971．

冯建军．生命教育在于唤醒人的生命意识[J]．河南教育，2006(12)．

弗兰克·戈布尔．第三思潮：马斯洛心理学[M]．上海：上海译文出版社，1987．

华东师范大学"生命·实践"教育学研究院．"生命·实践"教育学研究[M]．上海：上海教育出版社，2017．

刘志春．生命教育：学校教育的题中应有之义[J]．河南师范大学学报（哲学社会科学版），2005，32(4)．

马克思恩格斯全集(第2卷)[M]．北京：人民出版社，2005．

平子．生命教育：道德教育的超越与提升——肖川博士访谈录[J]．班主任之友，2002(9)．

吴增强．生命教育的历史追寻及其启示[J]．思想理论教育，2005(17)．

许世平．生命教育及层次分析[J]．中国教育学刊，2002(4)．